KB126833

10분 만에 완전절친되는

OPIc

BASIC IM

10분 만에 완전절친되는
OPIc BASIC IM

초판 1쇄 발행 2018년 9월 5일
3쇄 발행 2022년 10월 10일

지은이 전미성, 글로벌21 어학연구소
기획 및 편집 오혜순
디자인 김효진, 이미경
마케팅 정병건

펴낸곳 ㈜글로벌21
출판등록 2019년 1월 3일
주소 서울시 강남구 논현로76길 24
전화 02)6365-5169 팩스 02)6365-5179
www.global21.co.kr

ISBN 978-89-8233-311-8 13740

머리말

오픽을 처음 접하는 분들이 흔히 어려워하는 것은 설문조사와 난이도 선택이라는 낯선 시험 방식입니다. 또한 정해진 형식에 따라 말해야 하는 다른 영어 말하기 시험과 다르게, 오픽은 특별한 시험 패턴이나 규칙이 없어 보입니다. 그리고 그러한 점이 오픽을 더욱 어려워 보이게 하는 것 같습니다. 그러나 자세히 들여다보면 오픽도 시험다운 일정한 패턴과 형식을 갖추고 있습니다. 본 책 『10분 만에 완전절친되는 OPIc Basic』은 이러한 오픽의 특징을 정확히 짚어 내고, 응시자가 차근차근 준비할 수 있도록 오픽에 대해 알기 쉽게 풀어 놓고 있습니다.

오픽에 대한 흔한 오해는 영어로 길게 말하면 더 좋은 등급을 받을 것이라는 생각입니다. 오픽에서는 많은 말을 하는 것보다, 문제에 정확하고 명쾌하게 답하는 것이 더 중요합니다. 질문의 요지에 맞는 몇 문장만 정확히 말해도 높은 등급을 받으실 수 있습니다. 시중의 많은 책이 원어민식 표현의 어렵고 긴 답변을 싣고 있습니다. 하지만 본 책은 우리가 쉽게 접하는 영어 위주의 간결하고 명확한 답변들로 구성되어 있습니다.

저는 오픽 수험서를 여러 권을 집필했지만 그때마다 책에 담고 싶은 게 많아서 그 분량을 조절하기가 어려웠습니다. 한꺼번에 많은 것을 하려고 욕심 부리는 것보다, 할 수 있는 것에 집중하는 것이 더 현명한 것임을 잘 알고 있으면서도, 그것을 책에 녹여내는 일이 참 어려웠습니다. 그동안의 집필 경험을 토대로, 본 책은 아쉬움이 별로 남지 않을 만큼 만족스러운 결과물이 된 것 같습니다. 오픽을 처음 접하는 분들도 두려움 없이 시작할 수 있는 길잡이로서 충분하다고 생각합니다. 본 책을 통해 여러분이 원하는 등급을 받을 수 있기를 온 마음으로 기원해 봅니다.

All my best wishes!
Shane

CONTENTS

OPIc 시험 정보
OPIc 시험 미리보기
OPIc 목표 달성 꿀팁

기본 문법 알고 가기

01 Be동사로 자기/지인 소개하기
02 일반동사로 자기/지인 소개하기
03 관계대명사로 지인 묘사하기
04 접속사로 이유 설명하기
05 There로 장소 묘사하기
06 전치사로 위치 말하기
07 수동태로 건물 위치나 풍경 말하기
08 형용사로 첫인상 말하기
09 현재시제로 습관 말하기
10 전치사와 접속사로 습관 말하기
11 접속사로 하는 일 말하기
12 접속사로 미래 계획 말하기
13 빈도부사로 취미 말하기
14 과거시제로 최근의 일 말하기
15 완료시제로 경험 말하기
16 분사로 느낌과 소감 말하기
17 비교급으로 과거와 현재 비교하기
18 의문사로 직접 질문하기
19 의문문으로 상황에 맞는 질문하기
20 조동사로 상황에 따른 대안 제시하기

CHAPTER 1
개인신상

설문조사 미리보기_1~3번
자기소개하기_학생과 직장인

UNIT 01 학교 생활과 수업 66
UNIT 02 학교 친구나 선생님 소개 72
UNIT 03 직장 생활과 업무 78
UNIT 04 프로젝트 경험 84
UNIT 05 테크놀로지 90
UNIT 06 사는 곳에 대해 말하기 96
UNIT 07 동네와 이웃에 대해 말하기 102
UNIT 08 홈 프로젝트 108

CONTENTS

CHAPTER 2 설문주제

설문조사 미리보기_4~7번

여가 활동

UNIT 01 영화 보기 118
UNIT 02 콘서트 보기·공연 보기 124
UNIT 03 공원 가기 130
UNIT 04 박물관 가기 136
UNIT 05 게임하기 142
UNIT 06 카페/커피전문점에 가기 148

취미 관심사

UNIT 07 음악 감상하기 154
UNIT 08 애완동물 기르기 160
UNIT 09 여행 관련 잡지나 블로그 읽기 166

운동

UNIT 10 농구·야구·축구 172
UNIT 11 조깅·걷기 178
UNIT 12 헬스 184

휴가 출장

UNIT 13 국내/해외 여행 190
UNIT 14 국내/해외 출장 196

CHAPTER 3
롤플레이

롤플레이 미리보기

UNIT 01 전화로 예약/예매 하기 206
UNIT 02 전화로 정보 얻기 213
UNIT 03 상황에 따라 질문하기 220
UNIT 04 상황 설명하고 대안 제시하기 227
UNIT 05 관련 경험 말하기 234
콤보로 롤플레이 문제 풀어보기

CHAPTER 4
돌발주제

돌발질문 미리보기

UNIT 01 쇼핑 246
UNIT 02 외식 252
UNIT 03 TV·DVD 258
UNIT 04 인터넷 서핑 264
UNIT 05 전화 270
UNIT 06 독서 276
UNIT 07 가구 282
UNIT 08 건강·병원 288
UNIT 09 교통수단 294
UNIT 10 약속 300
UNIT 11 집안일 306
UNIT 12 호텔 312

이 책의 구성

기본 문법 알고 가기

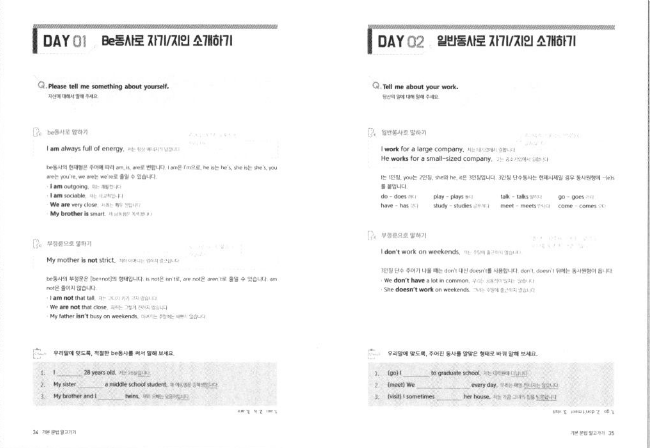

답변할 때 흔히 저지르는 문법적인 실수를 예방하고자 OPIc 기본 문법을 정리했습니다.
자기소개를 비롯해 장소 묘사, 사람 묘사, 경험 이야기하기, 빈도 이야기하기, 질문하기 등 OPIc의 문제 유형에 맞추어 필수적이고 실용적인 문법 내용을 담았습니다.

- 자기소개
- 질문하기
- 장소 묘사
- 과거 경험
- 사람 묘사
- 빈도 말하기

OPIc 문제 미리보기

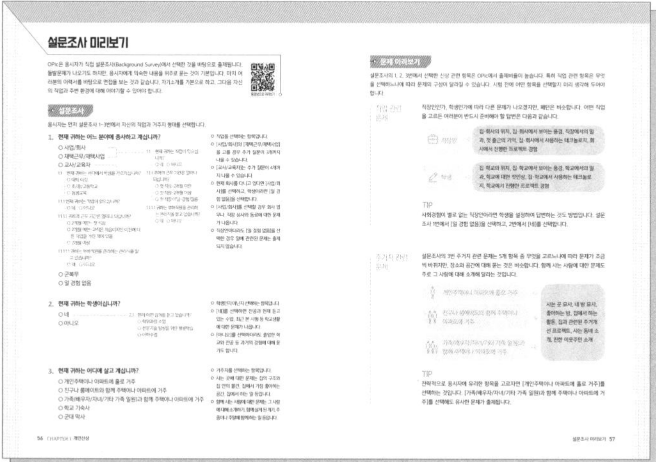

OPIc 문제를 크게 4가지 유형으로 나눠 4개 Chapter로 구성했습니다.

1. 개인신상
2. 설문주제
3. 롤플레이
4. 돌발주제

개인신상과 설문주제는 시험 직전 응시자의 설문조사에 따라 문제가 달라집니다. 롤플레이와 돌발주제는 어떤 주제가 나올지 모르지만 문제 유형이 정해져 있습니다. 학습하기 전에 출제될 수 있는 문제를 Chapter별로 미리 살펴보고, 어떻게 답변할지 감을 잡도록 돕습니다.

기출문제 공략하기

UNIT마다 대표 기출문제를 알려줍니다. 단계별로 학습하세요.

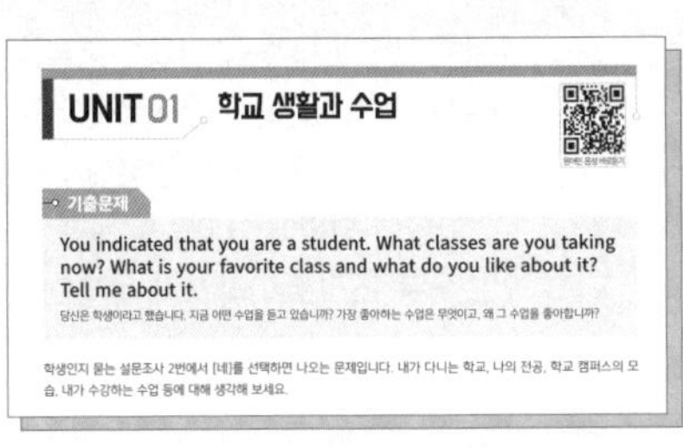

UNIT 01 학교 생활과 수업

기출문제

You indicated that you are a student. What classes are you taking now? What is your favorite class and what do you like about it? Tell me about it.

당신은 학생이라고 했습니다. 지금 어떤 수업을 듣고 있습니까? 가장 좋아하는 수업은 무엇이고, 왜 그 수업을 좋아합니까?

학생인지 묻는 설문조사 2번에서 [네]를 선택하면 나오는 문제입니다. 내가 다니는 학교, 나의 전공, 학교 캠퍼스의 모습, 내가 수강하는 수업 등에 대해 생각해 보세요.

기출문제 확인하기

UNIT마다 대표 기출문제로 시작합니다. OPIc은 컴퓨터 화면에 문제를 띄어 주지 않습니다. 오직 듣기만으로 문제에서 요구하는 것을 파악해야 합니다. 시험 전에 미리 기출문제를 익혀 두는 것과 그렇지 않은 것에는 큰 차이가 있습니다. 기출문제를 파악하고 나의 답변에 포함시켜야 하는 내용으로는 어떤 것이 있는지 미리 생각해 보세요.

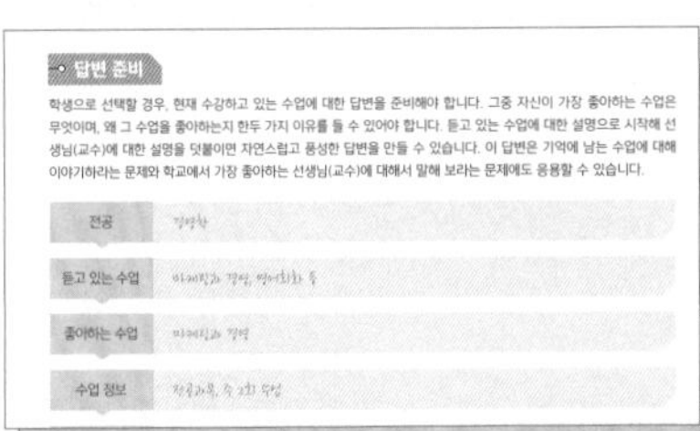

답변 준비

학생으로 선택할 경우, 현재 수강하고 있는 수업에 대한 답변을 준비해야 합니다. 그중 자신이 가장 좋아하는 수업은 무엇이며, 왜 그 수업을 좋아하는지 한두 가지 이유를 들 수 있어야 합니다. 듣고 있는 수업에 대한 설명으로 시작해 선생님(교수)에 대한 설명을 덧붙이면 자연스럽고 풍성한 답변을 만들 수 있습니다. 이 답변은 기억에 남는 수업에 대해 이야기하라는 문제와 학교에서 가장 좋아하는 선생님(교수)에 대해서 말해 보라는 문제에도 응용할 수 있습니다.

전공	경영학
듣고 있는 수업	마케팅과 경영, 영어회화 등
좋아하는 수업	마케팅과 경영
수업 정보	전공과목, 주 2회 수업

답변 준비하기

어떤 내용을 어떤 순서로 담아낼지 생각해 보는 단계입니다. 답변을 만드는 팁과 함께 효율적으로 준비할 수 있는 전략을 담았습니다. 좀 더 완결성 있는 답변 구성을 생각해 볼 수 있을 것입니다. 샘플답변의 예시를 따라서 구성된 키워드들을 따라가다 보면 나만의 답안을 쉽게 준비할 수 있습니다.

따라 읽기

다음 샘플답변을 따라 읽어 보세요. 그리고 샘플답변을 참고해서 나만의 답변을 생각해 보세요.

MP3 011

As I'm majoring in business administration, I'm taking Marketing and Management this semester. Also, good English skills are very important in the job market these days, so I'm attending an English conversation class, too. My favorite class is Marketing and Management. I have this class every Monday and Wednesday. In the class, I can practice a lot of interesting presentations and learn practical marketing skills. My goal is to work in a related field in the future, so I can utilize the knowledge I have learned from the class.

듣고 있는 수업
자신의 전공을 언급하면서 자연스럽게 현재 자신이 듣고 있는 전공수업을 언급합니다. 전공을 비롯해 그 외의 과목들도 언급하되, 현재 듣고 있는 모든 과목을 열거할 필요는 없습니다. 다른 과목들을 듣는 이유에 대해 덧붙이는 게 좋습니다. 전공에 도움이 된다거나, 구직활동을 위해서, 또는 평소에 관심이 있어서 듣는다는 등 여러 가지 이유를 들 수 있습니다.

좋아하는 수업과 이유
좋아하는 수업을 한 가지 꼽고, 그 수업에 대한 간단한 정보를 줍니다. 이 수업이 좋은 이유에 대해서는 조금 더 구체적이어도 좋습니다.

앞으로의 계획
앞으로 그 수업에서 자신이 어떻게 할 것

따라 읽기, 따라 말하기

기출문제에 대한 샘플답변을 제공합니다. 샘플답변을 원어민 음성으로 한 번 듣고, 이후에는 한 문장씩 따라 말해 보세요. 그 후 두 문장씩 따라 하고, 이어서 문장의 개수를 늘려가며 따라 말해 보세요. 샘플답변이 모범답안은 아닙니다. 하지만 샘플답변을 따라 읽으면서 어떤 말을 해야 할지 감을 잡으실 수 있을 것입니다. 여기에 답변 팁과 유용한 표현들을 이용하여 나만의 답변을 수월하게 만들 수 있을 것입니다.

나만의 답변

자주 쓰는 표현을 이용해 나만의 답변을 만들어 보세요.

You indicated that you are a student. What classes are you taking now? What is your favorite class and what do you like about it? Tell me about it.

나만의 답변 만들기

제시된 샘플답변과 표현들을 이용해 최종적으로 나만의 답변을 만들어 볼 수 있습니다.

이 책의 구성

자주 쓰는 표현 알아보기

주제별 빈출문제에 꼭 필요한 어휘들과 유용한 표현들을 예문으로 정리했습니다. 원어민 음성으로 반복해서 듣고, 나만의 답변에 100% 응용할 수 있도록 큰 소리로 따라 말해 보세요.

콤보문제

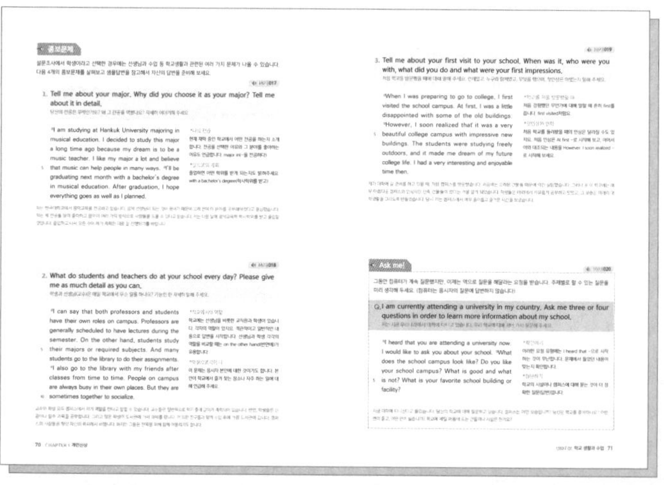

OPIc에는 한 가지 주제에 관하여 2~3개의 문제가 나옵니다. 이러한 형식을 '콤보문제'라고 합니다. UNIT마다 대표 기출문제와 함께 출제될 수 있는 콤보문제 유형을 3가지 더 담았습니다. 여기에 응시자가 컴퓨터에 직접 질문하는 ASK ME 유형을 추가하여 콤보문제에 만반의 준비를 기할 수 있도록 했습니다.

콤보문제 자세히 보기

콤보문제

[박물관 가기]와 관련된 질문은 반드시 박물관이 아니더라도 예술품을 감상할 수 있는 미술관을 상상하면서 준비해도 좋습니다. 다음 4개의 콤보문제를 살펴보고 샘플답변을 참고해서 자신의 답변을 준비해 보세요.

MP3 **115**

1. You indicated in the survey that you go to museums. Can you tell me about your favorite museum?
당신은 박물관에 간다고 했습니다. 당신이 가장 좋아하는 박물관에 대해 말해줄 수 있습니까?

■My favorite museum is Seoul History Museum in Seoul. It is an urban history museum that shows the history and culture of Seoul City. ●Every time I visit this place, I feel like I am traveling to Seoul in the past. ◆However, they display not only old artifacts but also the latest contemporary art. Opening hours are from 9:00 am to 7:00 pm, so I go there on weekends rather than on weekdays.

■좋아하는 박물관
박물관에 대한 구체적인 정보를 요구하는 질문입니다. 대표적으로 전시하는 물품에 대해 설명할 수 있어야 합니다.

●박물관의 특징
역사박물관이라는 과거의 물건을 전시하는 장소가 갖는 특성이 드러나는 답변을 준비합니다.

◆전시품
artifact란 자연물이 아닌 인공물, 인간이 만든 공예품을 의미합니다. contemporary art는 현대미술을 뜻합니다.

제가 가장 좋아하는 박물관은 서울에 있는 서울역사박물관입니다. 서울시의 역사와 문화를 보여주는 도시의 역사박물관입니다. 이곳을 방문할 때마다 오래 전의 서울로 여행하고 있는 것처럼 느껴집니다. 그러나 박물관에서는 오래된 유물뿐만 아니라 최신 현대미술도 전시합니다. 오픈 시간은 오전 9시부터 저녁 7시이여서 저는 평일보다 주말에 이곳을 찾습니다.

MP3 **116**

2. What do you do when you go to the museum? Do you have a special routine when you go to the museum?
박물관에 가서 무엇을 합니까? 박물관에 갈 때마다 특별하게 하는 일이 있습니까?

■When I go to the museum, first of all, I check the schedule of the exhibition and learn about the exhibition as much as possible. I usually make plans with my friends, but if they're busy, I just go by myself. When I go to the exhibition, I upload pictures and my reviews to SNS to share them with people. After the exhibition, I like to go to a nice restaurant and talk about the exhibition with my friends.

■박물관에 갈 때 하는 일
질문에서 special routine을 묻고 있으므로, 박물관에 갈 때부터 나올 때까지 순차적으로 이야기합니다. 첫 문장의 first of all에서 마지막 문장의 after the exhibition까지 모두 담아내도록 하세요.

박물관에 갈 때 가장 먼저 저는 전시회 일정을 확인하고 가능하면 전시에 대해 공부를 합니다. 보통 친구들과 계획을 세우지만 친구들이 바쁘면 그냥 혼자 갑니다. 전시회에 가면 SNS에 사진과 감상을 올려 공유합니다. 전시회가 끝난 후에는 친구들과 좋은 레스토랑에 가서 전시에 대해 이야기하는 것을 좋아합니다.

기출문제

오직 듣기만으로 문제에서 요구하는 것을 파악해야 하는 OPIc 시험에 대비하기 위해, 가능한 한 다양한 기출문제를 담으려고 노력했습니다. 실전에서 어떻게 답해야 하는지 생생한 팁을 샘플답변과 함께 담았습니다.

샘플답변과 팁

기출문제마다 요구하는 답변의 핵심을 파악할 수 있도록 샘플답변에 팁을 달았습니다. 문제의 키 포인트와 답변 안에 꼭 담아야 할 주요 내용은 샘플답변과 팁에 네모■로 표시했습니다. 그리고 추가 표현이나 구체적인 팁은 해당 내용에 동그라미●와 다이아몬드◆로 표시하였습니다.

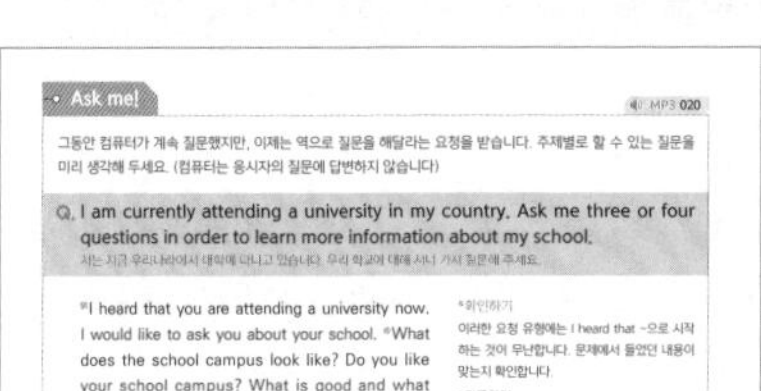
Ask me!

MP3 020

그동안 컴퓨터가 계속 질문했지만, 이제는 역으로 질문을 해달라는 요청을 받습니다. 주제별로 할 수 있는 질문을 미리 생각해 두세요. (컴퓨터는 응시자의 질문에 답변하지 않습니다)

Q. I am currently attending a university in my country. Ask me three or four questions in order to learn more information about my school.

■I heard that you are attending a university now. I would like to ask you about your school. ●What does the school campus look like? Do you like your school campus? What is good and what is not? What is your favorite school building or facility?

■확인하기
이러한 요청 유형에는 I heard that ~으로 시작하는 것이 무난합니다. 문제에서 들었던 내용이 맞는지 확인합니다.

●질문하기
학교의 시설이나 캠퍼스에 대해 묻는 것이 더 정확한 질문(답변)입니다.

ASK ME

OPIc은 주로 컴퓨터로부터 질문을 받는 시험이지만, 역으로 컴퓨터에게 질문해야 하는 문제도 출제됩니다. 콤보문제 세트의 마지막에 나올 가능성이 크니, 주제마다 질문할 것을 미리 준비해야 합니다. ASK ME 또한 샘플답변과 함께 유용한 팁과 표현들을 해당 내용에 네모■와 동그라미●로 표시했습니다.

OPIc 시험 정보

OPIc은 면대면 인터뷰인 OPI를 최대한 실제 인터뷰와 가깝게 만든 iBT기반의 응시자 친화형 외국어 말하기 평가입니다. 단순히 문법이나 어휘 등을 얼마나 많이 알고 있는가를 측정하는 시험이 아니라, 실생활에서 얼마나 효과적이고 적절하게 언어를 사용할 수 있는가를 측정하는 객관적인 언어평가도구입니다.

<table>
<tr><td>시험 형식</td><td colspan="3">iBT기반(컴퓨터 기기를 이용한 시험)</td></tr>
<tr><td rowspan="2">시험 시간</td><td colspan="2">오리엔테이션</td><td>20분</td></tr>
<tr><td colspan="2">본 시험</td><td>40분</td></tr>
<tr><td>문항 수</td><td colspan="3">12~15문항
(난이도 설정 Self Assessment 선택에 따라 다름)</td></tr>
<tr><td>문제 유형</td><td colspan="3">- 설문조사를 통한 개인 맞춤형 문제
- 직업, 여가생활, 취미, 관심사, 운동, 여행 등에 대한 문제</td></tr>
<tr><td>특징</td><td colspan="3">- 응시자 개인 맞춤형 말하기 시험
- 실제 인터뷰와 근접한 시험
- 문항별 성취도 측정이 아닌 종합적인 시험
- 회화 능숙도를 평가하는 시험</td></tr>
<tr><td rowspan="3">평가 등급</td><td colspan="3">총9개 등급</td></tr>
<tr><td>Novice
(초급)</td><td>Intermediate
(중급)</td><td>Advanced
(상급)</td></tr>
<tr><td>3개 등급</td><td>5개 등급</td><td>1개 등급</td></tr>
<tr><td>응시료</td><td colspan="3">78,100원(VAT 포함, 2022년 기준)</td></tr>
</table>

OPIc은 절대평가방식입니다.

응시자의 녹음 내용은 ACTFL 공인평가자에게 전달되며, 이는 'ACTFL Proficiency Guidelines Speaking (Revised 2012)' 말하기 기준에 따라 절대평가되어 Novice Low에서 Advanced Low까지의 등급을 부여받게 됩니다.

오픽은 다른 말하기 시험과는 다른 몇 가지 독특한 특징을 갖고 있습니다.

1 총체적인 평가로 실질적인 어학능력 측정

OPIc은 응시자가 외국어를 활용해 어떤 일을 할 수 있는지, 실생활의 목적에 맞게 언어기술을 사용할 수 있는지를 측정하는 시험입니다. 문법과 어휘, 발음 등은 평가영역 중 일부에 불과합니다.

2 응시자 친화적인 말하기 평가

시험 전 오리엔테이션 시간에 설문조사(Background Survey)를 통하여, 응시자가 하는 일, 경험, 관심 분야, 선호도 등의 문제 출제 범위를 고를 수 있습니다.

3 답변 시간 조절이 자유로운 시험

OPIc은 12~15문제가 출제되는데, 총 시험 시간은 40분입니다. 이 시간 이내로만 모든 답변을 끝내면 됩니다. 답변 시간과 점수가 비례하는 것은 아니기 때문에 억지로 길게 답변할 필요가 없습니다.

4 응시자가 직접 난이도를 설정하는 시험

시험 직전에 응시자가 직접 난이도(1~6단계)를 선택할 수 있고, 그에 따라 문제의 수준과 개수가 달라집니다. 예를 들어, 초급(2단계 이하)일 경우 12문제가 출제되고, 문제를 비교적 또박또박 들려줍니다.

5 문제를 두 번 들을 수 있는 시험

문제가 컴퓨터 화면에 제공되지 않기 때문에 응시자는 오로지 듣기에만 의존해야 합니다. 이때 다시듣기(Replay) 버튼을 눌러 다시 한 번 문제를 확인할 수 있고, 더불어 답변을 준비할 시간도 벌 수 있습니다.

OPIc 시험 정보

OPIc 등급 체계

OPIc의 평가는 ACTFL Proficiency Guidelines-Speaking에 따라 절대평가로 진행되며, 이는 말하기 능숙도(Oral Proficiency)에 대한 ACTFL의 공식언어능력기준입니다. 일상생활에서 해당 언어를 얼마나 효과적이고 적절하게 구사할 수 있는가를 측정합니다.

Advanced	Low	AL
Intermediate	High	IH
	Mid	IM
	Low	IL
Novice	High	NH
	Mid	NM
	Low	NL

➡

이 책의 목표
IM 3
IM 2
IM 1

이 책의 목표는 IM2와 IM3입니다.

IM은 Intermediate Mid(middle)의 줄임말입니다. 전체 등급의 중급 수준입니다. IM은 다시 **IM1 < IM2 < IM3**으로 세분화됩니다. IM은 일상적인 소재뿐 아니라 개인적으로 익숙한 상황에서 자연스럽게 말할 수 있고, 다양한 문장형식이나 어휘를 실험적으로 사용하려고 하며, 상대방이 조금만 배려해 주면 오랜 시간 대화가 가능한 수준입니다.

OPIc 시험 요약

오리엔테이션(약 20분)

볼륨 조절 시험 녹음 〉 설문조사 선택하기 〉 난이도 선택하기 〉 화면 안내 따라하기

본 시험(최대 40분)

자기소개 〉 첫 번째 세션 〉 난이도 재조정 〉 두 번째 세션

응시에 제한이 있나요?

연령 등의 응시자격에 관한 제한은 없으나, 한 번 시험 본 뒤 25일이 지나야 다음 시험에 응시할 수 있는 '25일 응시제한 규정'이 있습니다. 다만, 25일 이내에 재응시할 수 있는 기회가 150일마다 한 번씩 부여됩니다. (웨이버 Waiver 정책)

언제, 어디에서 시험을 볼 수 있나요?

시험 접수는 오픽 공식 홈페이지에서 온라인으로 접수할 수 있습니다. 정기시험은 거의 매일 치러지며, 시험 시간과 장소는 응시 지역의 상황에 따라 달라질 수 있습니다. 자세한 내용은 공식 홈페이지를 참고하세요.

시험 당일에 필요한 게 있나요?

시험 당일 규정 신분증을 반드시 지참해야 합니다. 신분증을 지참하지 않은 경우 시험에 응시할 수 없습니다. 일반인은 주민등록증, 국내운전면허증, 기간만료 전의 여권, 공무원증, 장애인 복지카드가 규정 신분증이며, 모바일 신분증은 인정되지 않습니다. 그 외 초/중/고등학생, 외국인 등은 공식 홈페이지를 참고하세요.

시험 도중에 필기도구를 사용해도 되나요?

부정행위 예방을 위해 컴퓨터 책상 위에는 규정 신분증 외에는 어떤 것도 올려놓지 않는 것이 원칙입니다. 휴대전화를 꺼야 하고, 종이를 내 놓거나 필기도구를 사용할 수 없습니다. 같은 맥락에서 대리응시 예방을 위해 시험 직전 모니터에 내장된 카메라로 응시자의 얼굴을 촬영합니다.

아무 자리에나 앉으면 되나요?

시험장에 들어서기 전에 수험표와 신분증을 제시하면 감독관이 자리 번호를 지정해 줍니다. 그 자리에 앉아 지시에 따라 헤드셋을 착용하고 오리엔테이션부터 시작하면 됩니다. 오리엔테이션 중에 감독관이 해당 시험의 고유번호를 알려주니, 제때 컴퓨터에 입력하세요.

출처_www.opic.or.kr

OPIc 시험 미리보기

오리엔테이션(약 20분)

"지금부터 시험 진행을 위한 오리엔테이션을 시작하겠습니다."

볼륨 조절과 시험 녹음 Setting Volumes

감독관의 지시에 따라 헤드셋을 끼고 오리엔테이션을 시작합니다. 이상이 있을 때에는 바로 감독관에게 알려 조치를 취하게끔 합니다. 이상이 없으면 Next 버튼을 눌러 계속해서 진행하세요.

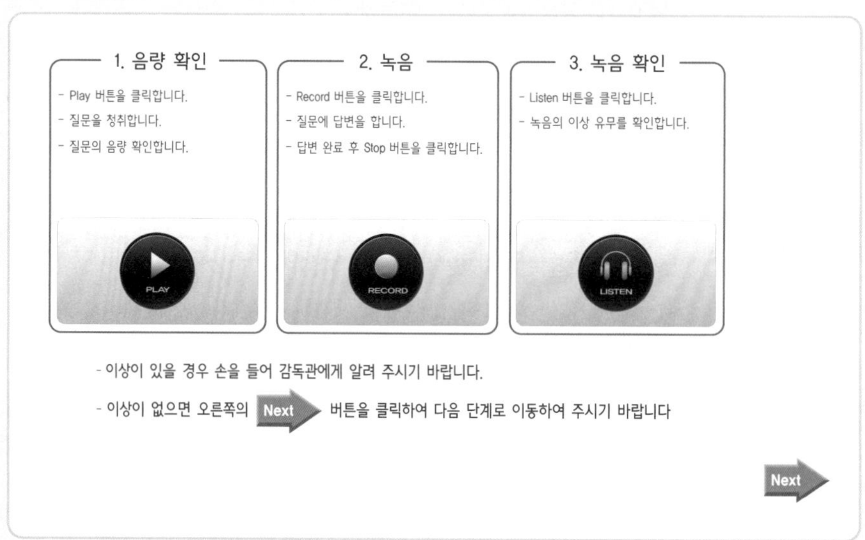

1 음량 확인 우선 Play 버튼을 눌러 음량이 적당한지 확인합니다. "Hello. My name is Eva. What is your name?"이라는 음성이 나옵니다.

2 녹음 답변 녹음이 제대로 되는지 확인하기 위해 Record 버튼을 누르고 여러분의 음성을 녹음합니다. 예를 들어, "Hello. My name is 자기 이름. Nice to meet you."라고 합니다.

3 녹음 확인 Listen 버튼을 누르고 자기 음성을 들어 본 뒤 헤드셋의 마이크 볼륨을 적당히 조절하세요.

설문조사 선택하기 Background Survey

개인 맞춤형 문제가 출제되는 OPIc의 특성상 응시자는 설문조사를 해야 합니다. 질문을 읽고 해당하는 항목에 체크하세요. 설문에 대한 응답을 기초로 개인별 문항이 출제됩니다.

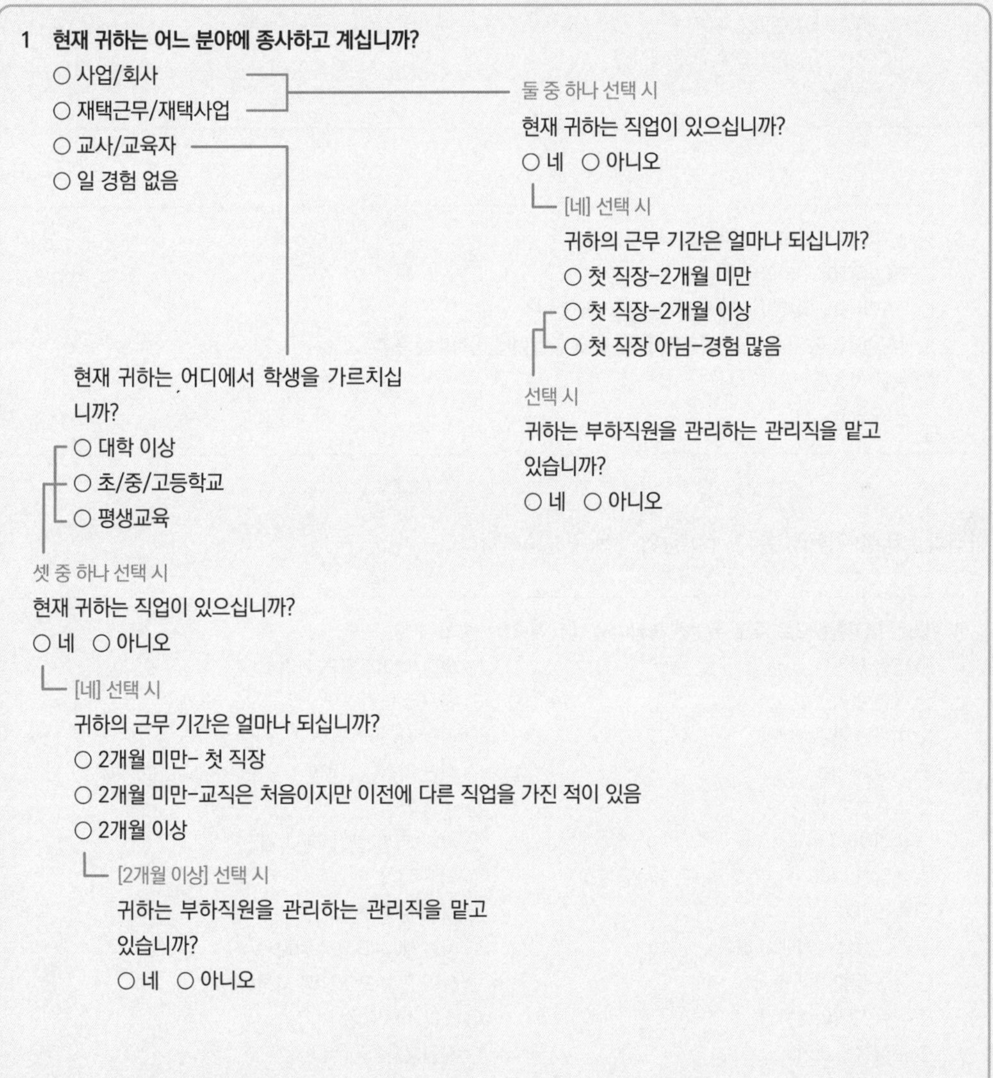
1 **현재 귀하는 어느 분야에 종사하고 계십니까?**

○ 사업/회사
○ 재택근무/재택사업
○ 교사/교육자
○ 일 경험 없음

둘 중 하나 선택 시
현재 귀하는 직업이 있으십니까?
○ 네 ○ 아니오

[네] 선택 시
귀하의 근무 기간은 얼마나 되십니까?
○ 첫 직장-2개월 미만
○ 첫 직장-2개월 이상
○ 첫 직장 아님-경험 많음

선택 시
귀하는 부하직원을 관리하는 관리직을 맡고 있습니까?
○ 네 ○ 아니오

현재 귀하는 어디에서 학생을 가르치십니까?
○ 대학 이상
○ 초/중/고등학교
○ 평생교육

셋 중 하나 선택 시
현재 귀하는 직업이 있으십니까?
○ 네 ○ 아니오

[네] 선택 시
귀하의 근무 기간은 얼마나 되십니까?
○ 2개월 미만- 첫 직장
○ 2개월 미만-교직은 처음이지만 이전에 다른 직업을 가진 적이 있음
○ 2개월 이상

[2개월 이상] 선택 시
귀하는 부하직원을 관리하는 관리직을 맡고 있습니까?
○ 네 ○ 아니오

OPIc 시험 미리보기

2 현재 귀하는 학생이십니까?

○ 네 ○ 아니오

└ [네] 선택 시

현재 어떤 강의를 듣고 있습니까?

○ 학위과정 수업

○ 전문기술 향상을 위한 평생학습

○ 어학수업

3 현재 귀하는 어디에 살고 계십니까?

○ 개인주택이나 아파트에 홀로 거주

○ 친구나 룸메이트와 함께 주택이나 아파트에 거주

○ 가족(배우자/자녀/기타 가족 일원)과 함께 주택이나 아파트에 거주

○ 학교 기숙사

○ 군대 막사

아래의 설문(4~7)에서 총12개 이상의 항목을 선택하십시오.

4 귀하는 여가활동으로 주로 무엇을 하십니까? (두 개 이상 선택)

○ 영화 보기

○ 공연 보기

○ 박물관 가기

○ 캠핑하기

○ 스포츠 관람

○ 술집/바에 가기

○ 게임하기(비디오, 카드, 보드, 휴대폰 등)

○ 체스하기

○ 친구들과 문자대화 하기

○ 뉴스를 보거나 듣기

○ 차로 드라이브하기

○ 구직활동 하기

○ 클럽/나이트클럽 가기

○ 콘서트 보기

○ 공원 가기

○ 해변 가기

○ 주거 개선

○ 카페/커피전문점에 가기

○ 당구 치기

○ SNS에 글 올리기

○ 시험 대비 과정 수강하기

○ 요리 관련 프로그램 시청하기

○ 스파/마사지숍 가기

○ 자원봉사하기

5 귀하의 취미나 관심사는 무엇입니까? (한 개 이상 선택)

○ 아이에게 책 읽어주기
○ 악기 연주하기
○ 춤추기
○ 그림 그리기
○ 애완동물 기르기
○ 신문 읽기
○ 사진 촬영하기
○ 음악 감상하기
○ 혼자 노래 부르거나 합창하기
○ 글쓰기(편지, 단문, 시 등)
○ 요리하기
○ 주식투자 하기
○ 여행 관련 잡지나 블로그 읽기

6 귀하는 주로 어떤 운동을 즐기십니까? (한 개 이상 선택)

○ 농구
○ 미식축구
○ 골프
○ 배드민턴
○ 자전거
○ 조깅
○ 하이킹/트레킹
○ 태권도
○ 야구/소프트볼
○ 하키
○ 배구
○ 탁구
○ 스키/스노보드
○ 걷기
○ 낚시
○ 운동 수업 수강하기
○ 축구
○ 크리켓
○ 테니스
○ 수영
○ 아이스 스케이트
○ 요가
○ 헬스
○ 운동을 전혀 하지 않음

7 귀하는 어떤 휴가나 출장을 다녀온 경험이 있습니까? (한 개 이상 선택)

○ 국내출장
○ 해외출장
○ 집에서 보내는 휴가
○ 국내여행
○ 해외여행

설문조사를 끝냈다면 Next 버튼을 눌러 오리엔테이션을 계속 진행하세요.

OPIc 시험 미리보기

난이도 선택하기 Self Assessment

이제 6단계의 샘플답변을 들어 보고 본인의 실력과 비슷한 난이도를 선택할 순서입니다. 이때 선택한 수준에 따라 시험의 난이도가 결정되고, 목표 등급에 도달할 수 있는 조건을 갖출 수 있습니다. 상단의 첫 번째 샘플답변을 가장 쉬운 1단계라고 할 때, IM3를 목표로 하는 응시자는 3단계를 클릭하면 무난합니다.

- 본 Self Assessment에 대한 응답을 기초로 개인 맞춤형 문항이 출제됩니다. 아래 여섯 단계의 샘플답변을 들어보고, 본인의 실력과 비슷한 수준을 선택하시기 바랍니다.

- 샘플답변 듣기 나는 10단어 이하의 단어로 말할 수 있습니다.
- 샘플답변 듣기 나는 기본적인 물건, 색깔, 요일, 음식, 의류, 숫자 등을 말할 수 있습니다. 나는 항상 완벽한 문장을 구사하지 못하고 간단한 질문도 하기 어렵습니다.
- 샘플답변 듣기 나는 나 자신, 직장, 친한 사람과 장소, 일상에 대한 기본적인 정보를 간단한 문장으로 전달할 수 있습니다. 간단한 질문을 할 수 있습니다.
- 샘플답변 듣기 나는 나 자신, 일상, 일/학교와 취미에 대해 간단한 대화를 할 수 있습니다. 나는 이 친근한 주제와 일상에 대해 쉽게 간단한 문장들을 만들 수 있습니다. 나는 또한 내가 원하는 질문도 할 수 있습니다.
- 샘플답변 듣기 나는 친근한 주제와 가정, 일, 학교, 개인과 사회적 관심사에 대해 자신 있게 대화할 수 있습니다. 나는 일어난 일과 일어나고 있는 일, 일어날 일에 대해 합리적으로 자신 있게 말할 수 있습니다. 필요한 경우 설명도 할 수 있습니다. 일상생활에서 예기치 못한 상황이 발생하더라도 임기응변으로 대처할 수 있습니다.
- 샘플답변 듣기 나는 개인적, 사회적 또는 전문적 주제에 나의 의견을 제시하여 토론할 수 있습니다. 나는 다양하고 어려운 주제에 대해 정확하고 다양한 어휘를 사용하여 자세히 설명할 수 있습니다.

난이도 1, 2 선택	• 12개의 문제가 출제됩니다. • 문제 읽어 주는 속도가 비교적 느립니다. • 이 단계를 선택하면 IM 이하의 점수대를 받을 가능성이 높습니다.
난이도 3, 4 선택	• 15개의 문제가 출제됩니다. • 보통 빠르기로 문제를 읽어 줍니다. • 이 책의 목표인 IM3를 목표로 한다면 이 단계를 선택해야 합니다.
난이도 5, 6 선택	• 15개의 문제가 출제됩니다. • 한 가지 주제에 3개 이상의 문제가 연달아 나오는 콤보문제가 출제됩니다. • IH 이상을 목표로 한다면 이 단계를 선택해야 합니다.

화면 안내 따라하기 Overview of OPIc

화면에 나와 있는 버튼들을 클릭해 컴퓨터 화면의 구성과 각 버튼의 기능을 익혀 보세요. 실제 시험에서 당황하지 않도록 문항 청취 방법과 답변 시작 표시를 반드시 알아 두세요.

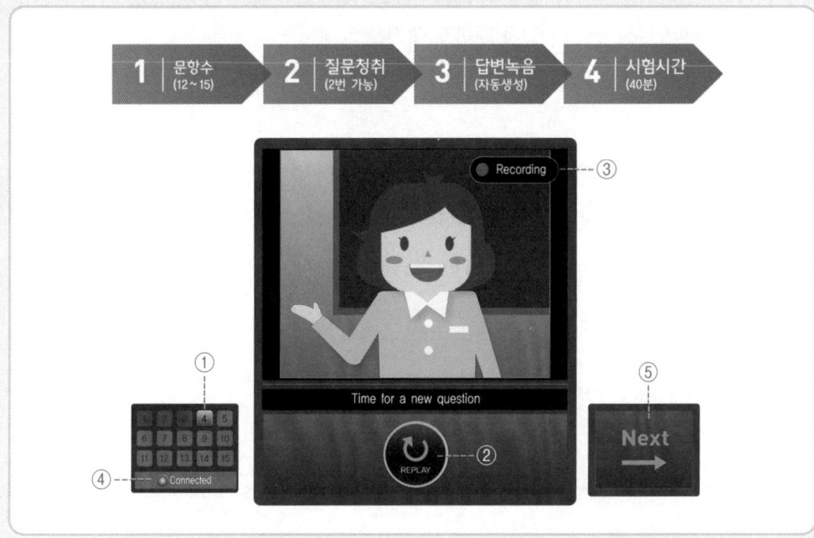

① **현재 문제 번호** 지금 풀고 있는 문제가 몇 번인지 확인할 수 있습니다. 난이도 3 이상을 선택하면 15문제가 표시됩니다.

② **문제 듣기** PLAY 버튼을 눌러야 문제가 출제됩니다. 한 번 듣고 5초 이내에 REPLAY 버튼을 누르면 다시 한 번 문제를 들을 수 있어서, 문제를 2번까지 들을 수 있습니다. 듣는 횟수가 점수에 영향을 미치지는 않습니다.

③ **녹음 중 표시** 화면에 녹음 버튼이 따로 없습니다. 질문이 끝나면 자동으로 녹음이 진행됩니다. 이때 Recording으로 표시됩니다.

④ **답변 녹음 시간** 시험이 시작되면 응시자가 답변을 녹음한 시간이 안내됩니다. 각 문항당 제한 시간은 없으나 모든 문제를 40분 내에 다 끝내야 합니다.

⑤ **다음 문제로 이동** 문제에 대한 답변을 마쳤다면 화면의 Next 버튼을 한 번만 클릭하고 기다립니다. 여러 번 클릭하면 여러 개의 문제를 건너뛸 수 있습니다.

OPIc 시험 미리보기

몸풀기 문제 풀어보기 Sample Question

"What is the weather like in your city today?"

본격적인 시험을 시작하기 전에 위와 같은 몸풀기 질문이 나옵니다. 시험 당일의 날씨는 어떤가요? 이에 대한 대답은 성적에 영향을 미치지 않습니다. 간단히 대답하세요. 대답을 마쳤다면 이제 본 시험에 임할 준비가 다 된 것입니다. 감독관의 시험 시작 안내가 있을 때까지 대기해 주세요.

본 시험(최대 40분)

이제부터 시작하는 본 시험의 문제는 OPIc의 15문제가 어떻게 구성되는지를 보여주는 대표적인 예시입니다. 실제 시험과 다를 수 있습니다.

시험 시작

이제 Start Test 버튼을 눌러서 본 시험을 시작합니다. 긴장하지 말고 편안한 마음으로 임하세요.

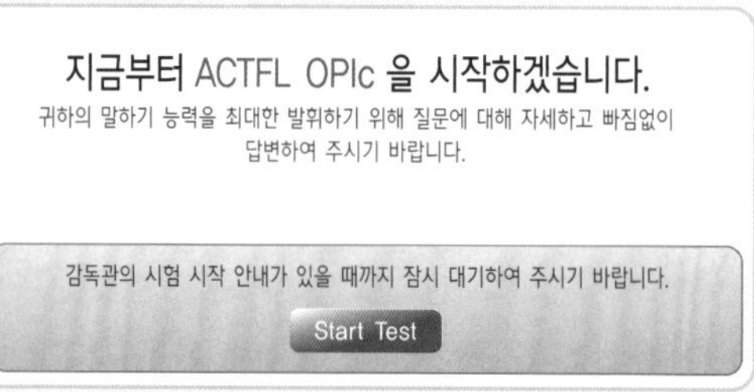

첫 번째 문제

OPIc의 첫 번째 문제는 언제나 자기소개입니다. 문제를 듣고 화면에 Recording 표시가 뜨면 준비한 자기소개를 시작하세요

1 Let's start the interview now. Tell me about yourself.	자기소개하기

자기소개를 마치면 Next 버튼을 한 번 클릭하고 기다리세요. 본격적인 문제가 시작됩니다.

첫 번째 세션

이제부터 설문조사 기반의 질문입니다. 여러분이 주거지 관련해서 주택이나 아파트에 거주를 골랐을 때 다음과 같이 사는 곳에 관한 문제가 나올 수 있습니다.

2 Please tell me about your house. How many rooms do you have in your house? Where is your favorite place in your house? Tell me about it.	사는 곳
3 How is your current home different from home you grew up in when you were a child? How has it changed? Please tell me in detail.	과거와 현재 집 비교
4 Tell me about some issues or problems that happened in your home. When did it happen and what caused the problem? Explain in as much detail as possible.	집 관련 경험

여러분이 여가활동으로 [클럽/나이트클럽 가기]를 골랐을 때 다음과 같은 문제가 나올 수 있습니다.

5 You indicated in the survey that you like to go to clubs. How often do you go? Who do you go with? Which club do you go to most often? Where is it?	클럽에 가는 습관
6 You said you were going to clubs. Describe your favorite club. Where is it located? Describe the inside and outside of the club.	자주 가는 클럽 묘사
7 Please tell me about the most memorable time you had at a club. When was it? Who were you with? I'd like to know everything about what you did and what happened in the club. Tell me the story in as much detail as possible.	가장 기억에 남는 일

OPIc에서는 위와 같이 하나의 주제에 대해서 2~3개의 문제가 연달아 나옵니다. 이러한 문제를 콤보문제라고 합니다.

OPIc 시험 미리보기

난이도 재조정

첫 번째 세션이 끝나고 두 번째 세션을 시작하기 전에 여러분은 난이도를 재조정할 수 있습니다. 이전보다 쉬운 질문, 또는 비슷한 질문, 또는 어려운 질문으로 재조정할 수 있습니다. IM3를 목표로 하고, 처음 난이도 3을 선택했다면 비슷한 질문 버튼을 클릭하세요.

다음 단계의 시험에서는

쉬운 질문 을 원하십니까?	쉬운 질문
비슷한 질문 을 원하십니까?	비슷한 질문
아니면 어려운 질문 을 원하십니까?	어려운 질문

두 번째 세션

설문조사에서 선택하지 않은 주제에 대한 문제가 나옵니다. 이러한 문제를 OPIc에서는 돌발문제라고 부르는데, Let's talk about ~이라는 문장으로 시작합니다. 다음은 날씨에 대한 돌발문제입니다.

8 Let's talk about the weather in your country. Which season do you like most? What is the weather like during that season? And what are the things you like to do in that season?

날씨와 계절 전반

9 What is the weather like today? Is it cold or warm? Do you like today's weather? What kind of weather do you like most, and why?

오늘의 날씨

10 There have been some changes in the weather due to the variation of the weather patterns because of stresses on the environment. Tell me about the weather from your past. What was the weather like in the past? How was it different from the weather of today?

날씨의 변화

이제 문제에서 상황이 주어집니다. 여러분은 일종의 역할극을 해야 합니다. 이러한 문제를 OPIc에서는 롤플레이 문제라고 부르는데, I'd like to give you a situation and ask you to act it out.이라는 문장으로 시작합니다. 다음은 출장에 대한 롤플레이 문제입니다.

11 I'd like to give you a situation and ask you to act it out. You are planning to go on a business trip to a local spot. Call your business partner and ask three or four questions about the place.	전화 걸어 정보 얻기

12 I am sorry, but there's a problem that you need to solve. You were supposed to meet your business partner during a business trip. But you cannot make it to the meeting on time. Call your partner, explain the situation, and offer three or four suggestions.	상황 설명하고 대안 제시하기

13 Excellent. That's the end of the situation. Have you ever been late for an important meeting? When was it? What happened? Tell me why you couldn't get to the meeting on time and how you dealt with the situation.	관련 경험 말하기

이제 남은 문제는 OPIc에서 유일하게 2단 콤보로 나오는 문제들입니다. 14번에서는 어떤 주제에 대한 설명을 요구하고, 15번에서는 역으로 되묻는 것을 요구하는 문제가 출제됩니다.

14 Tell me the kind of movies you like to see. What kind of movies do you like? Why?	좋아하는 영화

15 You indicated that you like watching movies. I like watching movies as well. Please ask me three or four questions about the movie I like.	직접 질문하기

OPIc 시험 미리보기

시험 종료

본 시험 시간이 40분이 채 되지 않았어도 15번 문제까지 답변을 마쳤다면 이제 시험이 끝난 것입니다. 모니터에 오른쪽과 같은 화면이 나오면 다른 응시자들에게 방해가 되지 않게 조용히 퇴실하면 됩니다.

수고하셨습니다.
ACTFL OPIc 이 종료되었습니다.

조용히 퇴실하여 주시기 바랍니다.

OPIc 성적 확인하기

성적은 시험 응시일로부터 7일 후 공식 홈페이지를 통해 확인할 수 있습니다. 이때의 성적은 시험 응시일로부터 2년간 유효합니다.

눈치 채셨나요? OPIc 15문제 중에서 자기소개 문제 빼고 14문제는 콤보문제 5세트로 이루어져 있습니다. 우선 5개 주제 중에서 개인신상 관련(직업과 사는 곳) 질문이 적어도 1세트가 나옵니다(2~4번). 그리고 설문주제 1세트, 돌발주제 1세트, 롤플레이 1세트가 이어집니다. 가끔 개인신상 관련해서 2세트가 나오기도 하는데, 만약 1세트만 나온다면 돌발주제가 1세트 더 나올 가능성이 큽니다.

OPIc 목표 달성 꿀팁

지금까지 OPIc 시험이 어떻게 진행되는지 알아봤습니다. 이제부터 여러분이 목표로 하는 OPIc 등급 달성을 위해 경험자들이 꿀팁을 드리겠습니다.

시험 시작 전에 입 풀기는 필수예요.

OPIc은 의사소통을 위한 영어 말하기 시험입니다. 가끔 우리말로 대화할 때에도 긴장하면 목소리가 잠겨서 말이 안 나올 때가 있지요. 시험장에 들어서기 전에는 큰 소리로 말해 보는 발성연습을 하세요. 그리고 시험장 안에서는 입모양으로 '아, 에, 이, 오, 우' 하면서 안면근육을 풀어주는 게 좋습니다. 긴장하지 말고 편안한 자세로 시험에 임하면 원하는 등급 이상이 나올 수 있습니다.

자기소개는 무조건 준비하세요.

OPIc의 1번 문제는 자기소개입니다. 가벼운 마음으로 자연스럽게 자기소개를 하는 연습을 해 두세요. 자기소개뿐만 아니라, 가족과 친구, 동료를 비롯한 이웃까지 주변인을 소개해 달라는 문제도 종종 출제됩니다. 평소 생각해 본 적이 없는 이웃에 대해 말해 달라는 문제를 받으면 순간적으로 당황할 수 있으니, 미리 생각해 두세요.

지금 생각해도 등골이 오싹해요.

OPIc에는 거주지와 학교 캠퍼스, 회사 등 장소를 묘사해 달라는 문제가 자주 출제됩니다. 특색이 없어서 말할 거리가 없다고 생각하는 보통의 아파트에 거주하는 응시자들은 거주지에 대한 문제를 받으면 당황해서 말문이 턱 막히는 경험을 합니다. 이제부터 우리 집, 내 방에 대해 뭐라고 말할 수 있을지 한번 생각해 보세요.

문제는 꼭 두 번 들으세요!

OPIc은 모니터의 화면 속 Play 버튼을 누르면 문제를 들을 수 있습니다. 그런데 여기서 중요한 것은 문제 음성이 끝나고 5초 내에 버튼을 한 번 더 클릭하면 문제를 다시 들을 수 있다는 것입니다. 그동안 여러분은 답변할 내용을 조금이라도 더 머릿속으로 정리할 수 있습니다. 별것 아닌 것 같지만 그 시간이 등급 올리는 데 정말 큰 도움이 됩니다. 듣는 횟수는 성적에 영향을 주지 않아요.

OPIc 문제 유형을 아는 것과 모르는 것은 천지 차이예요.

컴퓨터 기반 말하기 시험인 OPIc 시험장에는 수험번호 자리마다 모니터가 있습니다. 그래서 어떤 분들은 문제가 화면에 글자로 나올 거라고 예상하지만, 틀렸습니다. OPIc 문제는 음성으로만 제시됩니다. 문제가 긴 OPIc의 특성상 영어 듣기에 자신이 있는 분들도 문제의 핵심을 놓치기 일쑤입니다. 반드시 OPIc의 대표 문제 유형을 미리 공부하고 가세요.

문제를 따라 말해 보세요!

문제 음성을 들으면서 키워드를 따라 말해 보세요. 문제에서 You indicated that you like watching movies. I like watching movies as well.이라고 하면 키워드인 like watching movies를 따라서 말해 보는 것입니다. 이렇게 하면 질문 내용을 더 잘 기억할 수 있고, 세부 내용도 빠뜨리지 않고 답할 수 있습니다. 또 문제 주제에서 벗어나지 않고 이야기할 수 있습니다.

OPIc 목표 달성 꿀팁

1분 30초! 답변 시간을 생각하세요.

OPIc은 답변할 때 문제당 시간제한이 없습니다. 본 시험 시간 40분 이내로 15문제를 다 풀었다면 언제든 퇴실할 수 있습니다. 40분에서 (두 번) 문제 듣는 시간 15분을 빼면, 문제당 평균 답변 시간은 1분 30초입니다. 그러니 최대 90초가 넘지 않는 선에서 답변을 구성하는 연습을 하세요.

첫 번째 문제는 말을 아끼세요.

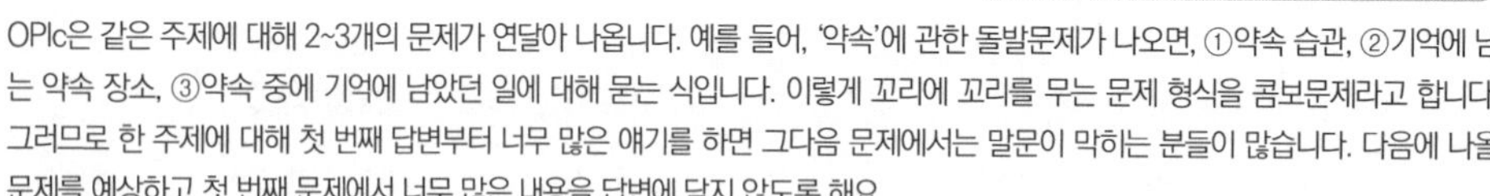

OPIc은 같은 주제에 대해 2~3개의 문제가 연달아 나옵니다. 예를 들어, '약속'에 관한 돌발문제가 나오면, ①약속 습관, ②기억에 남는 약속 장소, ③약속 중에 기억에 남았던 일에 대해 묻는 식입니다. 이렇게 꼬리에 꼬리를 무는 문제 형식을 콤보문제라고 합니다. 그러므로 한 주제에 대해 첫 번째 답변부터 너무 많은 얘기를 하면 그다음 문제에서는 말문이 막히는 분들이 많습니다. 다음에 나올 문제를 예상하고 첫 번째 문제에서 너무 많은 내용을 답변에 담지 않도록 해요.

설문조사 항목을 미리 정해 놓으세요.

OPIc은 설문조사 기반 시험이니, 반드시 어떤 항목을 선택할지 생각해 두고 시험장에 가야 합니다. 설문조사는 자신에게 맞는 항목을 선택해야 문제를 받아도 답변할 내용이 있습니다. 학생인데 직장인으로 설정한다든가, 직장인인데 학생으로 설정한다든가 하면 낭패를 볼 수도 있습니다. 또 직업 관련해서 질문을 받고 싶지 않아서 [일 경험 없음]을 선택한 분들에게는, 상대적으로 돌발주제가 많이 출제될 수 있는 함정이 있습니다.

딱 12개만 선택하세요!

설문조사 4~7번은 최소한 12개 항목을 선택해야 합니다. 그런데 나에게 해당되는 대로 고른 항목이 12개를 초과해 버린다면? 그만큼 준비할 주제가 많아지니 자제하세요. 어떤 문제가 나올지 모르는 OPIc도 설문조사 항목을 잘 정하면 학습 범위를 줄일 수 있습니다. 우선은 나와 관련이 있는 항목을 추려 보고, 나머지는 답변하기 쉽고 비슷한 항목을 고르세요. 비슷한 주제끼리 묶어서 답변을 준비할 수 있습니다. 예를 들어, [조깅]과 [걷기], [공원 가기] 이 3가지 항목을 묶어서 스토리를 만들 수 있습니다. 비슷한 운동인 조깅과 걷기를 공원에서 한다고 설정하는 것이지요.

대본처럼 달달 외우는 게 좋을까요?

주제별, 유형별로 1분가량의 답변을 준비해서 열심히 외우는 분들이 있습니다. 정말 대단한 노력인데, 실제로 시험장에서 열심히 암기한 답변이 100% 나올 리가 만무합니다. 또, 설문조사에서 선택한 항목이 모두 문제로 나오는 게 아닙니다. 많아야 3~4가지 항목에 대해서만 문제가 나오지요. 그러니 단순암기는 효율적인 학습방법이 아닌 것 같습니다.

저는 직접 문제를 만들어 봤어요!

롤플레이 문제와 돌발문제에서 어떤 주제가 나올지 모릅니다. 하지만 OPIc 문제 유형을 익히고 직접 문제를 만들어 본다면? 가능한 한 많은 OPIc 기출문제를 접하고 꾸준히 답변 아이디어를 정리해 두세요. 주제와 유형마다 답변 순서를 짜고 키워드를 떠올리는 연습을 지속적으로 하면 시험장에서 어떤 주제가 나와도 당황하지 않을 수 있어요.

학습 계획

나의 목표 등급 : ___등급

나의 학습 계획 : ___일 완성!

목표 시험 날짜 : ___월 ___일

시험까지 앞으로: ___일!

체크! 체크!

☞ 문법 데이(day)별로 학습한 내용을 V체크하세요.

01	V	02		03		04		05		06		07		08		09		10	
월 / 일		/		/		/		/		/		/		/		/		/	
11		12		13		14		15		16		17		18		19		20	
/		/		/		/		/		/		/		/		/		/	

☞ 챕터 1부터 유닛(unit)별로 학습한 내용을 V체크하세요.

Chapter 1																		Chapter 2	
자기 소개	V	01		02		03		04		05		06		07		08		01	
월 / 일		/		/		/		/		/		/		/		/		/	
Chapter 2																			
02		03		04		05		06		07		08		09		10		11	
/		/		/		/		/		/		/		/		/		/	
Chapter						Chapter 3										Chapter 4			
12		13		14		01		02		03		04		05		01		02	
/		/		/		/		/		/		/		/		/		/	
Chapter 4																			
03		04		05		06		07		08		09		10		11		12	
/		/		/		/		/		/		/		/		/		/	

학습 전 오픽 시험방법과 유의사항을 숙지하고 공부하면 효과가 배가 됩니다. [OPIc 시험 미리보기](16쪽)를 꼭 먼저 읽어 보세요. 여러분의 이해를 돕기 위해 영상도 제공합니다. 16쪽 [오픽 가이드 바로보기] QR코드를 스마트폰으로 찍으면 확인하실 수 있습니다.

여러분의 문법지식이 오픽 등급에 미치는 영향은 미미합니다. 하지만 문법의 기본은 알고 있어야 제대로 된 문장으로 말할 수 있습니다. [기본 문법 알고 가기]는 오픽 문제 유형에 딱 맞춘 문법들로만 이루어져 있습니다. 본격적으로 Chapter 1을 열어보기 전에 워밍업으로 훑어보시길 권합니다.

원어민 음성을 듣는 법 하나, 스마트폰 이용 학습자를 위해 본 교재 곳곳에 QR코드가 있습니다. 문제와 샘플답변, 자주 쓰는 표현의 음성 QR코드는 UNIT이 시작할 때마다 나옵니다. 스마트폰으로 QR코드를 찍으세요.
둘, 컴퓨터 이용 학습자를 위해 자사 홈페이지에서 MP3파일을 제공해 드리고 있습니다. global21.co.kr에 접속하여 학습자료실에서 다운받으실 수 있습니다.

친절한 오픽 가이드로서 본 교재는 오픽 시험을 치르는 방법이나 오픽 주제별·유형별 미리보기 안내를 영상으로 제공해 드리고 있습니다. Chapter별 미리보기마다 있는 QR코드를 스마트폰으로 찍으면 영상을 확인하실 수 있습니다.

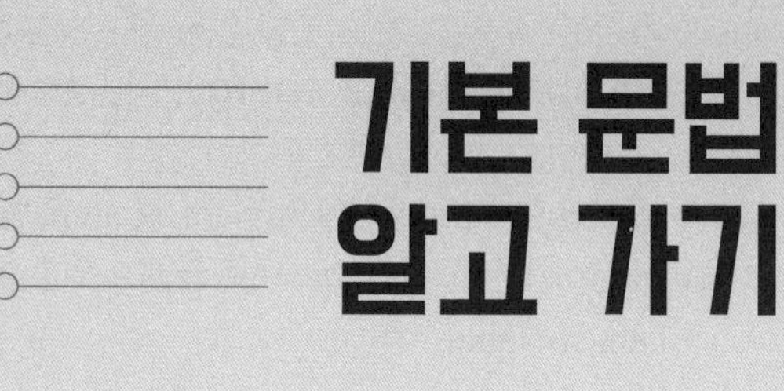

기본 문법 알고 가기

01 Be동사로 자기/지인 소개하기
02 일반동사로 자기/지인 소개하기
03 관계대명사로 지인 묘사하기
04 접속사로 이유 설명하기
05 There로 장소 묘사하기
06 전치사로 위치 말하기
07 수동태로 건물 위치나 풍경 말하기
08 형용사로 첫인상 말하기
09 현재시제로 습관 말하기
10 전치사와 접속사로 습관 말하기
11 접속사로 하는 일 말하기
12 접속사로 미래 계획 말하기
13 빈도부사로 취미 말하기
14 과거시제로 최근의 일 말하기
15 완료시제로 경험 말하기
16 분사로 느낌과 소감 말하기
17 비교급으로 과거와 현재 비교하기
18 의문사로 직접 질문하기
19 의문문으로 상황에 맞는 질문하기
20 조동사로 상황에 따른 대안 제시하기

DAY 01 Be동사로 자기/지인 소개하기

Q. Please tell me something about yourself.

자신에 대해 말해 주세요.

be동사로 말하기

주어가 I이므로 be동사는 am입니다.

I am always full of energy. 저는 항상 에너지가 넘칩니다.

be동사의 현재형은 주어에 따라 am, is, are로 변합니다. I am은 I'm으로, he is는 he's, she is는 she's, you are는 you're, we are는 we're로 줄일 수 있습니다.

- **I am** sociable. 저는 사교적입니다.
- **We are** very close. 저희는 매우 친합니다.
- **My brother is** smart. 제 남동생은 똑똑합니다.

부정문으로 말하기

is not은 isn't로 줄일 수 있습니다.

My mother **is not** strict. 저희 어머니는 엄하지 않으십니다.

be동사의 부정문은 [be+not]의 형태입니다. is not은 isn't로, are not은 aren't로 줄일 수 있습니다. am not은 줄이지 않습니다.

- I **am not** that tall. 저는 그다지 키가 크지 않습니다.
- We **are not** that close. 저희는 그렇게 친하지 않습니다.
- My father **isn't** busy on weekends. 아버지는 주말에 바쁘지 않으십니다.

Check 우리말에 맞도록, 적절한 be동사를 써서 말해 보세요.

1. I ________ 28 years old. 저는 28살입니다.
2. My sister ________ a middle school student. 제 여동생은 중학생입니다.
3. My brother and I ________ twins. 오빠와 저는 쌍둥이입니다.

1. am 2. is 3. are

DAY 02 일반동사로 자기/지인 소개하기

Q. Tell me about your work.
당신의 일에 대해 말해 주세요.

일반동사로 말하기

주어에 따라 동사의 현재형이 달라집니다.

I **work** for a large company. 저는 대기업에서 일합니다.
He **works** for a small-sized company. 그는 중소기업에서 일합니다.

I는 1인칭, you는 2인칭, she와 he, it은 3인칭입니다. 3인칭 단수동사는 현재시제일 경우 동사원형에 -(e)s를 붙입니다.

do - does 하다	play - plays 놀다	talk - talks 말하다	go - goes 가다
have - has 갖다	study - studies 공부하다	meet - meets 만나다	come - comes 오다

부정문으로 말하기

일반동사 앞에 do not, 줄여서 don't를 붙여 부정문을 만듭니다.

I **don't** work on weekends. 저는 주말에 출근하지 않습니다.

3인칭 단수 주어가 나올 때는 don't 대신 doesn't를 사용합니다. don't, doesn't 뒤에는 동사원형이 옵니다.

· We **don't have** a lot in common. 우리는 공통점이 많지는 않습니다.
· She **doesn't work** on weekends. 그녀는 주말에 출근하지 않습니다.

Check 우리말에 맞도록, 주어진 동사를 알맞은 형태로 바꿔 말해 보세요.

1. (go) I ________ to graduate school. 저는 대학원에 다닙니다.
2. (meet) We ________ ________ every day. 우리는 매일 만나지는 않습니다.
3. (visit) He sometimes ________ my house. 그는 가끔 우리 집을 방문합니다.

1. go **2.** don't meet **3.** visits

DAY 03 관계대명사로 지인 묘사하기

Q. Tell me about the first time you met your neighbor.
이웃을 처음 만났을 때에 대해 말해 주세요.

주격 관계대명사

who lives next door to me는 The man에 대한 부연 설명입니다.

The man who lives next door to me is very friendly.
제 옆집에 사는 남자는 매우 친절합니다.

'~하는 사람'이라는 뜻으로 관계대명사 who를 사용해 설명합니다. 주격 관계대명사 다음에는 동사가 이어집니다.

· the man **who lives with me** 나와 함께 사는 남자
· the man **who is friendly** 친절한 남자

목적격 관계대명사

whom I worked with once는 My friend에 대한 부연 설명입니다.

My friend whom I worked with once moved to my neighborhood.
제가 한때 같이 일했던 친구가 우리 동네로 이사 왔습니다.

목적격 관계대명사는 생략될 수도 있습니다. 그 뒤에는 [주어+동사]가 이어집니다.

· the man **(whom) I gave a hand** 내가 도와준 남자
· the woman **(whom) my mother works with** 어머니와 함께 일하는 여자

Check 알맞은 관계대명사를 골라 말해 보세요.

1. The man (who, whom) was my coworker moved into my neighborhood.
   동료였던 그 남자가 우리 동네로 이사 왔습니다.
2. The woman with (who, whom) I play tennis is my next-door neighbor.
   제가 함께 테니스를 치는 여자는 옆집에 사는 이웃입니다.
3. Jin-ho (who, whom) is a high school teacher lives near my house.
   고등학교 선생님인 진호는 우리 집 근처에 삽니다.

1.who 2. whom 3. who

DAY 04 접속사로 이유 설명하기

Q. Why did you choose your major?

전공을 선택한 이유가 무엇입니까?

이유 말하기

I chose to major in mathematics **because** it's interesting.

저는 수학이 흥미롭기 때문에 수학을 전공으로 택했습니다.

because는 '~ 때문에'라는 의미의 접속사입니다.

이유를 나타낼 때는 because, since, as, that's why를 사용할 수 있습니다.

· **As** I studied more about English literature, I decided to major in English.
  영문학 공부를 더 하고 싶어서 저는 영어를 전공으로 선택했습니다.

· **That's why** I majored in history.
  (앞에서 이유를 설명하고) 그래서 저는 역사를 전공했습니다.

목적 말하기

I chose education **so that** I could become a teacher.

저는 선생님이 되기 위해서 교육학을 선택했습니다.

so that은 '~하기 위해'라는 의미로 목적을 나타내는 접속사입니다.

so that, in order to 등을 사용하면 의도나 목적을 설명할 수 있습니다.

· I studied medicine **in order to** help the sick.
  아픈 사람들을 돕기 위해 저는 의학을 공부했습니다.

Check 우리말에 맞도록, 알맞은 접속사를 넣어 말해 보세요.

1. I wanted to help sick people. ________ ________ I became a nurse.
저는 아픈 사람을 돕고 싶었습니다. 그래서 저는 간호사가 되었습니다.

2. I majored in economics ________ ________ I could take over my father's business.
저는 아버지의 뒤를 잇기 위해서 경제학을 전공했습니다.

3. I was good at printing, ________ I majored in art.
저는 그림 그리는 데 소질이 있어서 미술을 전공했습니다.

1. That's why **2.** so that **3.** so

DAY 05 There로 장소 묘사하기

Q. What is around your house?
당신의 집 주변에는 무엇이 있습니까?

실외 묘사하기

There are some stores around the house.
집 근처에는 몇 개의 가게가 있습니다.

there are는 '~이 있습니다'라는 의미입니다.

there are는 뒤따라오는 명사가 복수일 때, there is는 단수일 때 사용합니다.

- **There are** many restaurants around my house. 집 주변에는 식당이 많습니다.
- **There is** a bus stop in front of the gate. 문 앞에 버스 정류장이 있습니다.

위치 묘사하기

There are tall buildings **in front of** my office.
저희 사무실 앞에 큰 건물들이 있습니다.

전치사구를 덧붙여 주변에 대해 더 자세히 설명할 수 있습니다.

there은 문장 앞에 오는데, 뒤에 위치나 장소를 나타내는 전치사구[on/in/near+장소 명사]가 오기도 합니다.

in my neighborhood 동네에
on the same floor 같은 층에
next door 옆집에
near my office 사무실 주변에

Check 우리말에 맞도록, 문장을 완성하고 말해 보세요.

1. There is a meeting room ________ ________ ________ my desk.
제 책상 앞에 회의실이 있습니다.

2. ________ ________ many cafes and restaurants near my office.
사무실 근처에 카페와 식당이 많이 있습니다.

3. There are many trees and flowers ________ ________ ________.
정원에는 나무와 꽃이 있습니다.

1. in front of 2. There are 3. in the garden

DAY 06 전치사로 위치 말하기

Q. What things are in your room?
당신의 방에는 무엇이 있습니까?

위치 말하기

My laptop is **on** the desk. 제 노트북이 책상 위에 있습니다.

on은 '(바로) ~ 위에'라는 뜻입니다.

위치를 나타내는 전치사로는 next to, in, on, under, between, behind, near 등이 있습니다.

next to the desk 책상 옆에
under the bed 침대 아래에
behind the couch 소파 뒤에
in my room 내 방에
between windows 창문들 사이에
near the flowerpots 화분 가까이에

방향 말하기

A mobile is hanging **from** the ceiling. 모빌이 천장에 매달려 있습니다.

from은 '~로부터'라는 의미입니다.

사물의 방향이나 움직임에 대해 설명할 때도 전치사를 사용합니다.

from the ceiling 천장으로부터
across the room 방을 가로질러
toward the window 창문 쪽으로
along the railing 난간을 따라

Check 우리말에 맞도록, 다음 문장을 자연스럽게 완성해 말해 보세요.

1. There is a big brown closet ________ ________ the bed.
   커다란 갈색 옷장이 침대 옆에 있습니다.
2. My desk faces the east ________ the window.
   제 책상은 창문 방향으로 동쪽을 바라보고 있습니다.
3. There is a big bookshelf ________ the couch.
   소파 뒤에 큰 책장이 있습니다.

1. next to 2. toward 3. behind

DAY 07 수동태로 건물 위치나 풍경 말하기

Q. Where is your company located?
당신이 다니는 회사는 어디에 있습니까?

위치 말하기

My office **is located in** Seocho-dong.
저희 회사는 서초동에 있습니다.

[be located in+장소]은 '~에 위치해 있다'라는 의미입니다.

[be동사+과거분사]의 형태를 수동태라고 합니다. 학교 또는 회사의 위치와 연혁을 수동태로 표현할 수 있습니다.

be founded in (연도)에 설립되다　　be established by ~에 의해 설립되다

풍경 말하기

My office **is surrounded by** tall buildings.
우리 사무실은 높은 빌딩으로 둘러싸여 있습니다.

be surrounded by는 '~으로 둘러싸이다'라는 의미로 주변의 풍경을 설명합니다.

[be동사+과거분사+전치사]로 장소의 분위기나 풍경을 묘사할 수 있습니다.

· My workplace **is crowded with** clients. 제가 일하는 곳은 고객들로 붐빕니다.
· My room **is decorated with** figures. 제 방은 피규어들로 장식되어 있습니다.

Check 우리말에 맞도록, 주어진 단어를 사용해 말해 보세요.

1. 본사가 미국에 위치해 있습니다. (the head office, locate)
→ ______________________________

2. 저희 회사는 Tom Johnson에 의해 설립되었습니다. (establish)
→ ______________________________

3. 저희 사무실은 많은 나무로 둘러싸여 있습니다. (surround)
→ ______________________________

1. The head office is located in the US. **2.** My company was established by Tom Johnson. **3.** My office is surrounded by lots of trees.

DAY 08 형용사로 첫인상 말하기

Q. What was your first impression of your school?

학교에 대한 첫인상은 어떘습니까?

[형용사+명사]로 말하기

It was a very **impressive campus.**
매우 인상적인 캠퍼스였습니다.

명사 앞에서 형용사가 명사를 꾸며줍니다.

사람이나 사물의 성질, 모양, 크기, 색깔 등을 묘사할 때 형용사를 사용합니다.

comfortable place 편안한 장소 | **cozy** home 안락한 집 | **crowded** street 붐비는 거리
good relationship 좋은 관계 | **small** family 식구가 적은 가족 | **cute** puppy 귀여운 강아지

[be동사+형용사]로 말하기

When I first saw my apartment, it **was warm and bright.**
처음 봤을 때 아파트는 따뜻하고 밝았습니다.

명사 없이 형용사가 be동사 뒤에 옵니다.

첫인상을 말할 때는 부정적인 형용사보다 긍정적인 형용사를 사용합니다.

interesting 재미있는 | exciting 흥미진진한 | fantastic 환상적인, 멋진
convenient 편리한 | quiet 조용한 | neat 깔끔한

주어진 문장에서 형용사에 표시하고 강조해서 말해 보세요.

1. My neighbors are all very friendly.
2. My company has a cooperative atmosphere.
3. I feel very happy living in my neighborhood with nice people.

1. friendly 2. cooperative 3. happy, nice

DAY 09 현재시제로 습관 말하기

Q. Tell me about the responsibilities that you and your family members have at home.

당신과 당신의 가족이 집에서 맡은 일에 대해서 말해 주세요.

반복되는 일 말하기

> 집 안에서의 역할이나 회사에서 맡은 직무를 말할 때는 현재시제로 말합니다.

My mom **makes** breakfast for me. 어머니께서 제게 아침을 만들어 주십니다.

반복되는 일, 현재의 습관, 불변의 일, 과학적 사실에 대해 말할 때는 현재시제를 사용합니다.

- My father **washes** the dishes after dinner. 저녁식사 후에 아버지는 설거지를 하십니다.
- My brother **is** the breadwinner of the family. 오빠가 집안의 가장 역할을 합니다.

습관 이야기하기

> every evening은 습관을 나타냅니다.

I **take** my dogs for a walk every evening. 매일 저녁 저는 개들을 산책시킵니다.

변하지 않는 습관이나 규칙은 지속적인 것이므로 현재시제를 사용합니다.

- My brother **helps** my father do the gardening. 오빠는 아버지가 정원을 가꾸는 것을 돕습니다.
- We **have** quality time together every weekend. 우리는 주말마다 오붓한 시간을 보냅니다.

Check [illegible]도록, 알맞은 동사의 형태를 골라 말해 보세요.

1. I (sleep, slept, will sleep) until 10 on Sundays.
저는 일요일에는 10시까지 잠을 잡니다.

2. My mom usually (get up, gets up, got up) early.
어머니는 보통 일찍 일어나십니다.

3. My brother always (separate, separates, will separate) the trash after dinner.
오빠는 항상 저녁식사 후에 분리수거를 합니다.

1. sleep 2. gets up 3. separates

DAY 10 전치사와 접속사로 습관 말하기

Q. You may read books. When do you usually read books?
당신은 책을 읽을 것입니다. 주로 언제 책을 읽습니까?

전치사로 말하기

during은 '~ 동안에'라는 의미의 전치사입니다.

I read books **during** vacation. 저는 휴가 중에 책을 읽습니다.

전치사를 이용해 구체적인 시간을 말할 수 있습니다. [in+연도/월], [on+요일/날짜]를 사용합니다. during은 특정 기간을 나타내고 for는 구체적인 시간을 나타냅니다.

in the afternoon[evening] 오후[저녁]에 **on** Sundays 일요일마다 **at** midnight[noon] 자정[정오]에
before breakfast 아침 먹기 전에 **after** school 방과 후에 **for** an hour 한 시간 동안

접속사로 말하기

while은 '~하는 동안에'라는 의미의 접속사입니다.

I read the news online **while** I work out. 저는 운동하는 동안 온라인 뉴스를 읽습니다.

시간을 나타내는 접속사는 before, after, while, when 등이 있습니다. [접속사+주어+동사]의 형태로 써야 하지만, 주어를 생략하고 동사를 분사형태로 바꿔 [접속사+동사-ing]로 사용할 수도 있습니다.

when ~할 때 as soon as ~하자마자 before ~하기 전에 after ~한 후에

· **Before** going to bed, I usually read a book. 잠자리에 들기 전에 저는 보통 책을 읽습니다.

Check 우리말에 맞도록, 알맞은 전치사 또는 접속사를 넣어 말해 보세요.

1. I play games ________ about 30 minutes every evening.
저는 매일 저녁 약 30분 동안 게임을 합니다.

2. I used to read a lot of fairy tales ________ I was little.
저는 어렸을 때 동화책을 많이 읽었습니다.

3. ________ ________ ________ I get back home, the first thing I do is take a shower. 저는 집에 오자마자 샤워를 합니다.

1. for 2. when 3. As soon as

DAY 11 접속사로 하는 일 설명하기

Q. What do you usually do in the park?
공원에서 보통 무슨 일을 합니까?

대등 접속사

여러 가지 활동들을 나열할 때 접속사를 사용합니다.

We usually take some food **and** enjoy a picnic.
우리는 보통 음식을 싸가서 소풍을 즐깁니다.

접속사 and, but, or, so는 문장에서 단어와 단어, 구와 구, 절과 절을 대등하게 연결합니다.

· Some people bring a tent **and** camping equipment. 어떤 사람들은 텐트와 캠핑장비를 가져옵니다.

· We listen to music **or** read a book. 우리는 음악을 듣거나 책을 봅니다.

상관 접속사

both는 and와 함께 사용합니다.

The park is the best place to spend time for **both** families **and** couples.
공원은 가족이나 연인들이 시간을 보내기에 좋은 장소입니다.

both A and B(A와 B 둘 다), not only A but also B(A뿐만 아니라 B도), either A or B(A나 B 둘 중 하나), neither A nor B(A도 B도 아닌)는 각각 쌍으로 움직입니다.

· Many people in the park **either** do outdoor activities **or** just enjoy the sunshine.
공원의 많은 사람들이 야외활동을 하거나 햇살을 즐깁니다.

· I bring **not only** some food **but also** some drinks when I go to the park.
저는 공원에 갈 때 음식뿐 아니라 음료도 챙깁니다.

Check 우리말에 맞도록, 알맞은 접속사를 넣어 말해 보세요.

1. At the park, I take a walk ________ jog. 저는 공원에서 산책 또는 조깅을 합니다.
2. My friend ________ I ride a bike at the park. 친구와 저는 공원에서 자전거를 탑니다.
3. It's a peaceful place, ________ I feel comfortable. 평화로운 장소라서 저는 편안함을 느낍니다.

1. or 2. and 3. so

DAY 12 접속사로 미래 계획 말하기

Q. Which country or city do you want to travel to in the future?
앞으로 여행하고 싶은 도시나 나라는 어디인가요?

가정해서 말하기

If I could travel abroad, I would love to go to Paris.
해외여행을 가게 된다면, 파리에 가고 싶습니다.

현재 일어나지 않은 사실을 말하면서 '만약 ~한다면'의 의미를 나타낼 때 if를 사용합니다. '~하지 않다면'이라는 부정의 의미는 unless를 사용합니다.

- **If** I have enough money, I want to go to New York. 돈이 충분하다면 뉴욕에 가고 싶습니다.
- **Unless** I am busy, I would take a two-week vacation. 바쁘지 않다면 2주간 휴가를 가고 싶습니다.

양보 의미 나타내기

Although I've been to New York twice, I want to go to New York again.
뉴욕에 두 번이나 다녀왔지만, 뉴욕에 다시 가고 싶습니다.

although, even though, though는 '~임에도 불구하고'라는 의미입니다.

- **Although** I don't have enough money, I will travel abroad soon.
  돈이 충분하지 않지만 저는 곧 해외여행을 갈 것입니다.
- **Even though** I am busy preparing for the exam, I will take a week of vacation.
  시험 준비로 바쁘더라도 일주일간 휴가를 갈 것입니다.

Check **우리말에 맞도록, 알맞은 접속사를 넣어 말해 보세요.**

1. ________ it is rainy, I'm supposed to go hiking. 비가 오지 않는다면 저는 하이킹하러 가야 합니다.
2. ________ my friend is off tomorrow, we will go to an amusement park.
   내일 친구가 쉰다면, 우리는 놀이공원에 갈 예정입니다.
3. ________ ________ my parents are busy, they are going to Europe this summer.
   부모님은 바쁘더라도, 이번 여름에 유럽에 가실 예정입니다.

1. Unless 2. If 3. Even though

DAY 13 빈도부사로 취미 말하기

Q. How often do you go for a walk?
얼마나 자주 산책을 합니까?

횟수로 빈도 말하기

I go for a walk **once a week.** 일주일에 한 번씩 산책을 합니다.

once a week는 '일주일에 한 번'이라는 뜻입니다.

일정 기간 동안 조깅을 하는 횟수를 언급할 때는 [횟수+기간]의 형태를 사용합니다.

twice a week 일주일에 두 번 **three times** a week 일주일에 세 번
once a month 한 달에 한 번 **twice** a month 한 달에 두 번

빈도부사로 말하기

I **always** go for a walk after dinner. 저는 저녁을 먹은 뒤 항상 산책을 합니다.

always, often, usually 등은 빈도부사로, 어떤 일을 하는 빈도를 나타낼 때 사용합니다. 빈도부사는 be동사와 조동사의 다음, 일반동사의 앞에 위치합니다.

often 자주 usually 보통 sometimes 가끔 never 전혀 ~ 않는

· The park is **usually** crowded during the weekends. 공원은 보통 주말에 붐빕니다.

Check 우리말에 맞도록, 빈도부사를 사용해서 문장을 완성하고 말해 보세요.

1. I go for a walk with my mother at least ________ ________ ________.
저는 최소한 일주일에 두 번 엄마와 함께 산책을 나갑니다.
2. I ________ go to the park near my house. 저는 보통 집 근처에 있는 공원에 갑니다.
3. My brother ________ goes for a walk. 남동생은 절대로 산책을 하지 않습니다.

1. twice a week 2. usually 3. never

DAY 14 과거시제로 최근의 일 말하기

Q. Tell me about the last sporting event you watched.
최근에 본 스포츠 경기에 대해서 말해 주세요.

최근의 일 말하기

과거형을 만들 때는 동사원형에 -ed를 붙입니다.

I **watched** a baseball game on TV **a week ago.**
일주일 전에 TV로 야구경기를 보았습니다.

과거의 일을 명확히 나타내기 위해 ago, last, since를 사용할 수 있습니다.

two days **ago** 이틀 전에 | **last** week 지난주에 | **since** Saturday 토요일 이후로

불규칙 동사로 말하기

become의 과거형은 became입니다.

We **became** a huge fan of baseball **then.**
그때 우리는 열렬한 야구팬이 되었습니다.

동사의 과거형은 대부분 규칙적으로 -ed가 붙지만, 불규칙하게 동사의 모양이 완전히 변하기도 합니다.

is - was 이다
are - were 이다
have - had 가지다
know - knew 알다
come - came 오다
go - went 가다
bring - brought 가져오다
begin - began 시작하다
feel - felt 느끼다
break - broke 깨다
sing - sang 노래하다
find - found 찾다

Check 알맞은 동사 형태를 골라 말해 보세요.

1. When I was young, I (am not, wasn't, won't be) a big fan of baseball.
어렸을 때 저는 대단한 야구팬은 아니었습니다.
2. Yesterday's game eventually (end, ended, will end) in a tie.
어제 있었던 경기는 결국 동점으로 끝났습니다.
3. It (was, were, be) such an exciting game. 정말 흥미진진한 경기였습니다.

1. wasn't 2. ended 3. was

DAY 15 완료시제로 경험 말하기

Q. You said that you travel overseas. Where have you been before?
당신은 해외여행을 한다고 했습니다. 전에 어느 곳을 다녀왔습니까?

경험 말하기

I **have been** to New York two times.
저는 뉴욕에 두 번 다녀왔습니다.

과거의 경험을 나타낼 때 [have/has+과거분사]를 사용합니다.

경험의 의미를 강조할 때 ever, never 등의 부사를 사용할 수 있습니다.

· New York is the best place that I**'ve ever been** to. 뉴욕은 제가 가본 곳들 중 가장 좋은 곳입니다.
· I**'ve never been** to Europe. 저는 유럽에 가본 적이 없습니다.

기간 말하기

I **have worked** for this company **for ten years.**
저는 이 회사에서 10년 동안 일하고 있습니다.

일정 기간 동안 계속된 것을 표현할 때도 완료시제를 사용합니다.

[for+기간], [since+시작된 시점]의 형태로 지속된 기간을 말할 수 있습니다.

· We **have known** each other **for two years.** 우리는 2년 동안 알고 지내왔습니다.
· He **has been** the department manager **since** 2010. 그는 2010년부터 부서장이었습니다.

Check **우리말에 맞도록, 주어진 단어를 사용해 말해 보세요.**

1. 저는 그곳을 여러 번 방문했습니다. (visit there several times)
→ ______________________________

2. 저는 일본에 출장을 다녀온 적이 있습니다. (be on a business trip)
→ ______________________________

3. 그는 제가 만나 본 사람들 중 가장 친절한 동료입니다. (the kindest colleague)
→ ______________________________

1. I have visited there several times. **2.** I have been on a business trip to Japan. **3.** He is the kindest colleague that I've ever met.

DAY 16 분사로 느낌과 소감 말하기

Q. How was the last concert you went to?
마지막으로 갔었던 콘서트는 어땠나요?

현재분사로 말하기

disappointing은 현재분사로, '(일이) 실망스러운'을 의미합니다.

The concert was **disappointing.** 그 콘서트는 실망스러웠습니다.

상태나 감정을 나타내는 동사의 -ing 형태를 현재분사라고 합니다. 현재분사는 사물이나 상황의 상태나 느낌을 나타낼 때 사용합니다.

amusing 놀라운
embarrassing 당황케 하는
surprising 놀라운
exciting 재미있는, 흥분시키는
confusing 혼란시키는
annoying 짜증나게 하는

과거분사로 말하기

disappointed는 과거분사로, '(사람이) 실망한'을 의미합니다.

I was **disappointed** in the concert. 저는 그 콘서트에 실망했습니다.

감정이나 느낌을 나타내는 동사의 -ed 형태를 과거분사라고 합니다. 어떤 대상에 대해 사람이 느끼는 감정을 묘사하며, 사람이 주어로 옵니다.

amused (at/by) ~에 놀란
embarrassed (of/by) ~ 때문에 난처한
surprised (at/by) ~에 깜짝 놀란
excited (about) ~에 흥분한
confused (by) ~에 혼란스러운
annoyed (by) ~로 짜증나는, 성가신

알맞은 분사 형태를 골라 말해 보세요.

1. The opera was really (touching, touched).
그 오페라는 아주 감동적이었습니다.

2. I was (exhausting, exhausted) by the day's events.
그날 행사 때문에 저는 완전히 지쳤습니다.

3. I have been (interesting, interested) in music since I was young.
저는 어려서부터 음악에 관심이 있었습니다.

1. touching **2.** exhausted **3.** interested

DAY 17 비교급으로 과거와 현재 비교하기

Q. How is your current house different from the previous house?

지금 살고 있는 집과 예전의 집이 어떻게 다른가요?

비교해 말하기

My current house is **much newer** than before.
지금 살고 있는 집이 전에 살던 집보다 훨씬 더 새 집입니다.

[much+형용사의 비교급]은 '훨씬 더 ~한'이라는 의미를 나타냅니다.

형용사의 원급에 -er을 붙이면 비교급이 됩니다. 비교의 대상을 언급할 때는 비교급 다음에 [than+비교 대상]을 붙여 줍니다.

close – closer 가까운 – 더 가까운　　big – bigger 큰 – 더 큰　　pretty – prettier 예쁜 – 더 예쁜

· This apartment is **bigger than** the old one. 이 아파트는 예전 아파트보다 더 큽니다.

[more+형용사]로 말하기

My room in this house is **more spacious**. 이 집의 제 방이 더 넓습니다.

spacious는 '넓은'이라는 의미의 형용사입니다.

모음이 3개 이상인 단어의 비교급은 형용사 앞에 more를 붙입니다. 이외에도 비교급이 불규칙 변화하는 형용사가 있습니다.

convenient – more convenient 편리한 – 더 편리한　　expensive – more expensive 비싼 – 더 비싼
comfortable – more comfortable 편리한 – 더 편리한
good – better 좋은 – 더 좋은　　bad – worse 나쁜 – 더 나쁜　　far – farther 먼 – 더 먼

Check 우리말에 맞도록, 주어진 형용사를 알맞은 형태로 바꿔 말해 보세요.

1. (good) The neighborhood that I moved into is ________.
제가 이사 온 동네가 더 좋습니다.

2. (close) This house is ________ ________ to the school.
이 집이 학교에서 훨씬 더 가깝습니다.

3. (convenient) The facilities in the neighborhood are ________ ________.
주변 시설이 더 편리합니다.

1. better **2.** much closer **3.** more convenient

DAY 18 의문사로 직접 질문하기

Q. I also go to the movies. Ask me three or four questions about the movie I like to watch.

저도 영화를 보러 갑니다. 제가 보고 싶은 영화에 관해서 서너 가지 질문해 주세요.

의문사로 질문하기

장소에 관한 질문을 할 때는 where을 사용합니다.

Where do you go to see movies?
영화를 보러 어디로 갑니까?

의문사 의문문은 [의문사+do(es)+주어+동사~?]의 형태입니다.

Where do(es) ~? 어디로 ~?　When do(es) ~? 언제 ~?　How do(es) ~? 어떻게 ~?
Why do(es) ~? 왜 ~?　What do(es) ~? 무엇을 ~?　Who do(es) ~? 누가 ~?

[의문사+형용사/명사]로 묻기

how often은 '얼마나 자주'라는 의미로 횟수나 빈도를 물을 때 사용합니다.

How often do you go to the theater?
얼마나 자주 극장에 갑니까?

[How+형용사(부사)~?] 또는 [What+명사~?]와 같은 형식으로 여러 가지 의미를 나타낼 수 있습니다.

How many(much) 얼마나 많이　How long 얼마나 오래
What kind of 어떤 종류의　How far 얼마나 멀리

Check 우리말에 맞도록, 알맞은 의문사를 사용해 말해 보세요.

1. _________ _________ of movies do you like? 어떤 영화를 좋아합니까?
2. _________ do you go to see movies with? 누구와 영화를 보러 갑니까?
3. _________ _________ movies have you seen? 얼마나 많은 영화를 봤습니까?
4. _________ do you like movies? 왜 영화를 좋아합니까?

1. What kinds 2. Who(m) 3. How many 4. Why

DAY 19 의문문으로 상황에 맞는 질문하기

Q. You are planning to have a birthday party. Call your friend and invite him or her to your birthday party.

당신은 생일파티를 계획하고 있습니다. 친구에게 전화해서 생일파티에 초대하세요.

be동사로 질문하기

Are you busy tomorrow? 너 내일 바쁘니?

You are busy tomorrow.에서 be동사가 문장의 앞으로 이동합니다.

Are you ~, Are we ~, Is he ~, Is she ~의 형태로 의문문을 만들 수 있습니다.

- **Are you** free tomorrow? 너 내일 시간 있니?
- **Are you** able to come to my birthday party? 내 생일파티에 올 수 있니?

일반동사로 질문하기

Do you have any plans on Sunday? 너 일요일에 약속 있니?

일반동사의 의문문은 문장 앞에 Do가 옵니다.

3인칭 단수 주어가 나올 때는 does를 사용합니다. do, does 다음에는 동사원형이 옵니다.

- **Do you have** some time tomorrow? 너 내일 시간 있니?
- **Does she work** tomorrow? 그녀는 내일 일하니?

Check 주어진 평서문을 의문문으로 바꿔 말해 보세요.

1. You have plans on Friday.
→ ______________________ 금요일에 약속 있니?

2. You are available tomorrow.
→ ______________________ 내일 시간되니?

3. You are going to a movie with your husband.
→ ______________________ 남편과 영화를 보러 갈 거니?

1. Do you have any plans on Friday? **2.** Are you available tomorrow? **3.** Are you going to a movie with your husband?

DAY 20 조동사로 상황에 따른 대안 제시하기

Q. Let's assume that you are very sick on the day of your meeting. Call your boss, explain your situation and give three or four alternatives.

회의가 있는 날에 당신이 매우 아프다고 가정해 봅시다. 상사에게 전화해서 상황을 설명하고 대안을 서너 가지 제시하세요.

조동사로 대안 제시하기

I **have to** go to the hospital. I **can't** come in to work.
저는 병원에 가야 합니다. 오늘 출근하지 못합니다.

have to는 '~해야 한다'는 뜻입니다. can't(cannot)는 '~할 수 없다'의 의미입니다.

가능의 의미를 나타내는 can, 미래의 의미를 나타내는 will을 조동사라고 합니다. will not을 줄여서 won't로 말할 수 있습니다. 조동사 다음에는 항상 동사원형을 씁니다.

can(=be able to) ~할 수 있다
will(=be going to) ~할 예정이다
must(=have to) ~해야 한다

· I **won't be** long. 오래 걸리지 않을 거예요.

조동사로 질문하기

Can you postpone the meeting? 회의를 연기해 줄 수 있습니까?

조동사 의문문은 문장 앞에 조동사가 옵니다.

조동사 의문문은 문장 맨 앞에 조동사가 오고, 다음에 [주어+동사원형]이 옵니다.

· **Can I tell** you about my idea via e-mail? 이메일로 제 아이디어를 말씀드려도 될까요?
· **Will you be** able to prepare for the meeting in my place? 저 대신에 회의 준비를 할 수 있겠어요?

우리말에 맞도록, 알맞은 조동사를 골라 말해 보세요.

1. I (won't, must) be in the office today. 저는 오늘 사무실에 없을 것입니다.
2. I (can, will) come in to work on Monday. 저는 월요일에 출근할 수 있습니다.
3. He (can, must) finish the work by noon. 그는 12시까지 그 일을 끝내야 합니다.

1. won't 2. can 3. must

CHAPTER 01 개인신상

- 설문조사 미리보기_1~3번
- 자기소개하기_학생과 직장인

UNIT 01 학교 생활과 수업
UNIT 02 학교 친구나 선생님 소개
UNIT 03 직장 생활과 업무
UNIT 04 프로젝트 경험
UNIT 05 테크놀로지
UNIT 06 사는 곳에 대해 말하기
UNIT 07 동네와 이웃에 대해 말하기
UNIT 08 홈 프로젝트

설문조사 미리보기

OPIc 문제는 응시자가 직접 설문조사(Background Survey)에서 선택한 것을 바탕으로 출제됩니다. 돌발문제가 나오기도 하지만, 응시자에게 익숙한 내용을 위주로 묻는 것이 기본입니다. 마치 여러분의 이력서를 바탕으로 면접을 보는 것과 같습니다. 자기소개를 기본으로 하고, 그다음 자신의 직업과 주변 환경에 대해 이야기할 수 있어야 합니다.

설문조사

응시자는 먼저 설문조사 1~3번에서 자신의 직업과 거주지 형태를 선택합니다.

1. 현재 귀하는 어느 분야에 종사하고 계십니까?

- ○ 사업/회사
- ○ 재택근무/재택사업
  - 1.1 현재 귀하는 직업이 있으십니까?
    - ○ 네 ○ 아니오
  - 1.1.1 귀하의 근무 기간은 얼마나 되십니까?
    - ○ 첫 직장-2개월 미만
    - ○ 첫 직장-2개월 이상
    - ○ 첫 직장 아님-경험 많음
  - 1.1.1.1 귀하는 부하직원을 관리하는 관리직을 맡고 있습니까?
    - ○ 네 ○ 아니오
- ○ 교사/교육자
  - 1.1 현재 귀하는 어디에서 학생을 가르치십니까?
    - ○ 대학 이상
    - ○ 초/중/고등학교
    - ○ 평생교육
  - 1.1.1 현재 귀하는 직업이 있으십니까?
    - ○ 네 ○ 아니오
  - 1.1.1.1 귀하의 근무 기간은 얼마나 되십니까?
    - ○ 2개월 미만- 첫 직장
    - ○ 2개월 미만-교직은 처음이지만 이전에 다른 직업을 가진 적이 있음
    - ○ 2개월 이상
  - 1.1.1.1.1 귀하는 부하직원을 관리하는 관리직을 맡고 있습니까?
    - ○ 네 ○ 아니오
- ○ 군복무
- ○ 일 경험 없음

○ 직업을 선택하는 항목입니다.
○ [사업/회사]와 [재택근무/재택사업]을 고를 경우 추가 설문이 3개까지 나올 수 있습니다.
○ [교사/교육자]는 추가 설문이 4개까지 나올 수 있습니다.
○ 현재 회사를 다니고 있다면 [사업/회사]를 선택하고, 학생이라면 [일 경험 없음]을 선택합니다.
○ [사업/회사]를 선택할 경우 회사 업무나, 직장 상사와 동료에 대한 문제가 나옵니다.

2. 현재 귀하는 학생이십니까?

- ○ 네
  - 2.1 현재 어떤 강의를 듣고 있습니까?
    - ○ 학위과정 수업
    - ○ 전문기술 향상을 위한 평생학습
    - ○ 어학수업
- ○ 아니오

○ 학생인지 아닌지 선택하는 항목입니다.
○ [네]를 선택하면 전공과 현재 듣고 있는 수업, 최근 본 시험 등 학교생활에 대한 문제가 나옵니다.
○ [아니오]를 선택하더라도 졸업한 학교와 전공 등 과거의 경험에 대해 묻기도 합니다.

3. 현재 귀하는 어디에 살고 계십니까?

- ○ 개인주택이나 아파트에 홀로 거주
- ○ 친구나 룸메이트와 함께 주택이나 아파트에 거주
- ○ 가족(배우자/자녀/기타 가족 일원)과 함께 주택이나 아파트에 거주
- ○ 학교 기숙사
- ○ 군대 막사

○ 거주지를 선택하는 항목입니다.
○ 사는 곳에 대한 문제는 집의 구조와 집에서 가장 좋아하는 공간, 집에서 하는 일 등입니다.
○ 함께 사는 사람에 대한 문제는 그 사람에 대해 소개하기, 함께 살게 된 계기, 주중이나 주말에 함께 하는 일 등입니다.

문제 미리보기

설문조사의 1, 2, 3번에서 선택한 신상 관련 항목은 출제비율이 높습니다. 특히 직업 관련 항목은 무엇을 선택하느냐에 따라 문제의 구성이 달라질 수 있습니다. 시험 전에 어떤 항목을 선택할지 미리 생각해 두어야 합니다.

직업 관련 문제

직장인인가, 학생인가에 따라 다른 문제가 나오겠지만, 패턴은 비슷합니다. 어떤 직업을 고르든 여러분이 반드시 준비해야 할 답변은 다음과 같습니다.

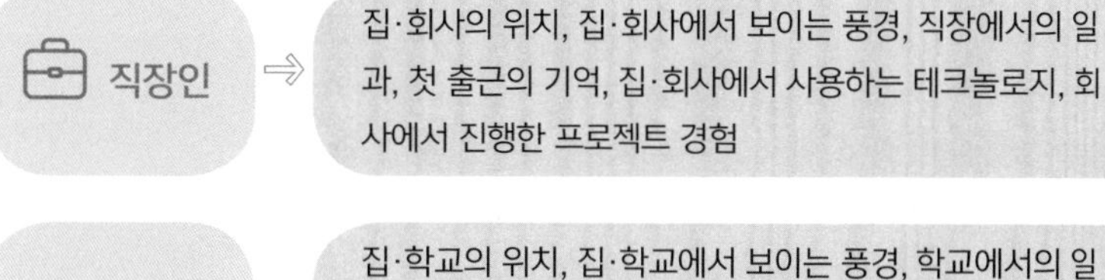

직장인
집·회사의 위치, 집·회사에서 보이는 풍경, 직장에서의 일과, 첫 출근의 기억, 집·회사에서 사용하는 테크놀로지, 회사에서 진행한 프로젝트 경험
학생
집·학교의 위치, 집·학교에서 보이는 풍경, 학교에서의 일과, 학교에 대한 첫인상, 집·학교에서 사용하는 테크놀로지, 학교에서 진행한 프로젝트 경험

TIP

사회경험이 별로 없는 직장인이라면 학생을 설정하여 답변하는 것도 방법입니다. 설문조사 1번에서 [일 경험 없음]을 선택하고, 2번에서 [네]를 선택합니다.

주거지 관련 문제

설문조사의 3번 주거지 관련 문제는 5개 항목 중 무엇을 고르느냐에 따라 문제가 조금씩 바뀌지만, 장소와 공간에 대해 묻는 것은 비슷합니다. 함께 사는 사람에 대한 문제도 주로 그 사람에 대해 소개해 달라는 것입니다.

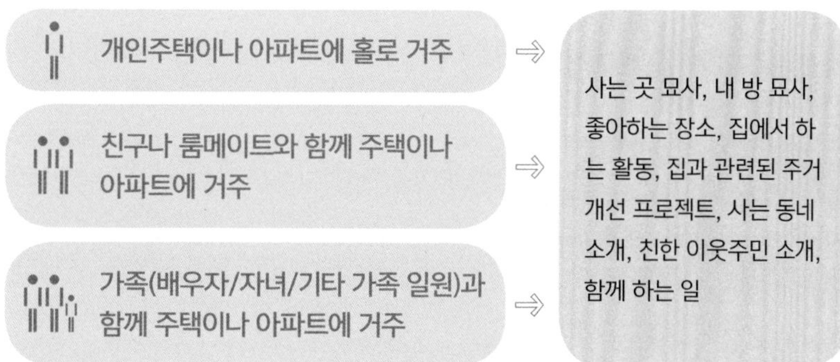

TIP

전략적으로 응시자에 유리한 항목을 고르자면 [개인주택이나 아파트에 홀로 거주]를 선택하는 것입니다. 함께 사는 사람에 관한 문제를 피할 수 있습니다.

INTRO 학생의 자기소개

기출문제

Let's start the interview now. Tell me a little bit about yourself.

이제 인터뷰를 시작하겠습니다. 자신에 대해서 간단히 이야기해 주세요.

OPIc의 첫 문제는 항상 자기소개입니다. 학생은 설문조사 1번에서 [일 경험 없음], 2번에서 [네]를 선택합니다. 학생으로서 자신을 가장 잘 설명할 수 있는 특징을 몇 가지 떠올려 답해 보세요.

답변 준비

우선 자기 이름을 말한 다음, 어떤 일(전공)을 하는지로 자연스럽게 말을 이어갑니다. 그다음으로 사는 곳과 함께 사는 사람, 나의 성격이나 취미를 차근차근 이어서 말해 보세요. 자기소개는 진실한 자신의 이야기를 담아 표현해야 기억하기에 좋고, 다른 문제의 답변에 그 표현을 그대로 활용할 수도 있습니다.

이름과 나이	김선희, 23살
학교와 전공	한국대학교 경영학과
사는 곳	분당의 아파트, 서울과 가까운 도시
함께 사는 사람	부모님
나의 성격	사교적이고 활기찬 성격, 목표지향적인 성격
취미와 관심사	야외활동, 운동
장래희망	경영전문가

따라 읽기

다음 샘플답변을 듣고 따라 읽어 보세요. 샘플답변을 참고해서 나만의 답변을 생각해 보세요.

MP3 001

1 My name is Sun-hee Kim, and I'm in my early 20s. 2 Sun-hee sounds similar to sunny, so friends gave me the nickname "Sunny". 3 I am a senior at Hankuk University, and I'm majoring in management. 4 I live in Bundang with my parents. 5 We moved here two years ago. 6 I like our new apartment because I think it's a quiet and convenient place. 7 I'm sociable and I like to meet new people. 8 I'm also very energetic so I like outdoor activities. 9 I'm a goal-oriented person and I hope to be an expert in my field someday.

1 제 이름은 김선희이고, 저는 20대 초반입니다. 2 선희가 단어 sunny와 비슷하게 들리기 때문에 친구들은 저를 Sunny라고 부릅니다. 3 저는 한국대학교 4학년으로, 경영학을 전공하고 있습니다. 4 저는 분당에서 부모님과 함께 살고 있습니다. 5 우리 가족은 2년 전에 이곳으로 이사를 왔습니다. 6 저는 우리 가족의 새로운 아파트를 좋아합니다. 조용하고 편리한 장소라고 생각하거든요. 7 저는 사교적인 성격이라 새로운 사람들을 만나는 것을 좋아합니다. 8 그리고 아주 활동적이어서 야외활동을 좋아합니다. 9 저는 목표지향적인 사람이라서 언젠가는 제 분야에서 전문가가 되고 싶습니다.

1 이름과 나이
자기소개는 이름과 나이로 시작합니다. 정확한 나이를 말해도 되지만, I'm in my early 20s.와 같이 어림잡아 말해도 됩니다. 영어 이름이나 별명이 있다면 함께 이야기하는 것도 좋습니다.

3 학교와 전공
학생으로서 재학 중인 학교와 학년, 자신의 전공을 언급합니다.

4 사는 곳과 가족관계
사는 곳에 관련해서는 최근 이사를 했다거나 태어날 때부터 산 집이라는 등의 특징을 덧붙여도 좋습니다. 함께 사는 사람과 관련해서는 간단하게는 가족관계를 언급할 수 있습니다. 그 외에 결혼 여부라든지, 함께 살고 있는 룸메이트에 대해 간단하게 말합니다.

7 성격과 취미
성격은 자신을 표현할 수 있는 커다란 특징 중 하나입니다. 성격과 함께 취미와 여가생활을 언급하면 자연스럽습니다. 사교적인 성격 때문에 친구들을 자주 만난다고 말할 수 있고, 조용한 성격 때문에 혼자 하는 일을 즐긴다고 말할 수도 있습니다.

9 장래희망이나 꿈
미래의 목표를 언급하면서 마무리하면 자신감이 넘치고 깔끔한 인상을 줄 수 있습니다.

PLUS

대학교 기준 학년
freshman 신입생
sophomore 2학년
junior 3학년
senior 4학년

• 자주 쓰는 표현

OPIc 답변으로 유용한 표현들을 듣고, 나에게 필요한 것을 골라 큰 소리로 말해 보세요.

1. 이름과 나이 MP3 002

- **My name is** Bom Kim. / **I am** Bom Kim. 제 이름은 김봄입니다.
- **My name means** spring. 제 이름은 봄을 뜻합니다.
- **My English name is** Jasmine. 영어 이름은 Jasmine입니다.
- **My nickname is** Uncle Jack. 별명은 Uncle Jack입니다.
- **My friends call me** Uncle Jack. 친구들은 저를 Uncle Jack이라고 부릅니다.
- **I am** 24 **years old.** 저는 24살입니다.
- **I'm in my** mid 20s. 저는 20대 중반입니다.

PLUS
early 초반
mid 중반
late 후반

My name is ___________ and I'm in my ___________.

2. 학교와 전공 MP3 003

- I am **studying at** ABC University. / I am **attending** ABC University.
  저는 ABC대학을 다니고 있습니다.
- I am **majoring in** sociology. / **I'm a** sociology **major.**
  저는 사회학을 전공하고 있습니다.
- I'll be **graduating** next month **with a degree in** computer engineering.
  저는 다음 달에 전자공학과를 졸업할 예정입니다.
- I'm going to **receive a bachelor's degree** when I graduate.
  졸업하면 저는 학사학위를 취득할 것입니다.

PLUS
bachelor's degree 학사학위
master's degree 석사학위
doctorate 박사학위

I am attending ___________ and majoring in ___________.

3. 사는 곳과 함께 사는 사람 MP3 004

- **I live in** Seoul. / **My house is in** Seoul. 저는 서울에 살고 있습니다.
- **My house is located in** Gangnam, south of the center of Seoul.
  우리 집은 서울 중심부의 남쪽인 강남에 있습니다.
- I live **in the heart of Seoul** so I am surrounded by skyscrapers.
  저는 서울 중심부에 살아서 고층건물에 둘러싸였습니다.
- **I live** in a studio **by myself.** 저는 혼자 원룸에서 삽니다.
- **There are** four people **in my family.** 우리 가족은 4명입니다.
- I have **a large[small] family.** 우리 가족은 많습니다[적습니다].
- I'm **the oldest.** 저는 첫째입니다.
- I'm **an only child.** 저는 외동입니다.
- I have two **brothers** and a **sister.**
  저는 남자 형제가 두 명이고 여자 형제가 한 명입니다.

PLUS
the second oldest 둘째
the youngest 막내

I live in ____________.
There are ____________ in my family.

4. 성격/취미/관심사/꿈 MP3 005

+ **I am an** outgoing **person. / I'm** outgoing. 저는 활발한 성격입니다.
+ **I get along with** my classmates. 저는 반 친구들과 잘 어울려 지냅니다.
+ **I like to** do outdoor activities. 저는 야외활동을 좋아합니다.
+ **I enjoy** doing yoga. 저는 요가를 즐겨 합니다.
+ **My hobby is** swimming. 제 취미는 수영입니다.
+ I take photos **as a hobby.** 저는 취미로 사진을 찍습니다.
+ **I am interested in** K-pop. 저는 한국가요에 관심이 있습니다.
+ **I'm into** gardening. 저는 정원 가꾸기에 빠져 있습니다.
+ **My future goal** is to be a successful CEO.
  성공한 사업가가 되는 것이 저의 장래희망입니다.
+ **My lifelong dream is to** travel all over the world.
  제 평생의 꿈은 전 세계를 여행하는 것입니다.

I am a(n) ____________ person.
I enjoy ____________ and I am also interested in ____________.

PLUS

adventurous 모험심이 강한 ambitious 야심이 있는 courageous 용감한 considerate 배려하는 generous 관대한 reliable 신뢰할 수 있는 diligent 성실한 industrious 부지런한 frank 솔직한 practical 실리적인 rational 합리적인 inventive 창의적인 witty 기지 있는 introverted 내향적인 extroverted 외향적인 sociable 붙임성 있는 talkative 수다스러운 upbeat 긍정적인

나만의 답변

자주 쓰는 표현을 이용해 나만의 답변을 만들어 보세요.

Let's start the interview now. Tell me a little bit about yourself.

INTRO 직장인의 자기소개

기출문제

Let's start the interview now. Tell me a little bit about yourself.

이제 인터뷰를 시작하겠습니다. 자신에 대해서 간단히 이야기해 주세요.

설문조사 1번에서 [사업/회사]를 선택한다면, 자신의 회사 생활을 중심으로 자기소개를 준비할 수 있습니다.

답변 준비

직장인일 경우 자신이 다니는 기업에 대해 소개할 수 있습니다. 기업의 연혁이나 사업분야에 대해 이야기할 수 있지만, 너무 자세히 설명할 필요는 없습니다. 어려운 전문용어를 말하거나 특수한 업무에 대해 설명하는 것보다는, 일반인이 이해할 수 있는 내용이면 충분합니다. 먼저 회사 이름과 자신의 직책을 밝히고, 회사의 설립연도나 사무실의 위치를 언급합니다. 회사를 대표하는 상품이나 서비스에 대한 이야기를 해도 좋습니다. 자신의 일에 대한 보람이나 앞으로의 계획과 포부로 답변을 마무리합니다.

나의 신상	박재인, 30살, 한강대학교 컴퓨터공학 전공
하는 일	ABC Technology의 대리
회사 정보	서울에 위치한 중소기업
사업 분야	컴퓨터 프로그래밍 회사, 시장에서 경쟁력 있음
앞으로의 계획	좋은 경력을 쌓는 것

따라 읽기

다음 샘플답변을 듣고 따라 읽어 보세요. 샘플답변을 참고해서 나만의 답변을 생각해 보세요.

MP3 006

1 My name is Jae-in Park. I'm 30 years old. 2 I graduated from Hangang University with a bachelor's degree in computer science four years ago. 3 I am now working at ABC Technology as an assistant manager. 4 I have been working for the company since last year. 5 My company is a mid-sized company located in Seoul. It was established in 1999. 6 My company is well known for newly developed computer programs. 7 These programs are currently selling well in the market. 8 I'm very proud that I'm working for the company. 9 I want to build my career here because I like what I do now.

1 저는 박재인이라고 하고, 30살입니다. 2 4년 전에 컴퓨터공학 학사로 한강대학교를 졸업했습니다. 3 저는 현재 ABC 테크놀로지에서 대리로 일하고 있습니다. 4 저는 작년부터 이 회사에서 일했습니다. 5 회사는 서울에 위치한 중소기업이며, 1999년도에 설립되었습니다. 6 저희 회사는 새로 개발된 컴퓨터 프로그램으로 유명합니다. 7 이 프로그램은 현재 시장에서 잘 팔리고 있습니다. 8 저는 이런 회사에 다니고 있다는 게 무척 자랑스럽습니다. 9 저는 지금하고 있는 일을 좋아하기 때문에 여기서 제 경력을 만들고 싶습니다.

1 나의 신상
자기소개는 이름과 나이로 시작합니다. 이어서 학교를 언제 졸업했으며 무엇을 전공했는지 말합니다.

3 하는 일
직장인으로서 지금 다니고 있는 회사의 이름과 그곳에서 맡은 직책과 직무에 대해 말합니다.

5 회사 정보
회사의 위치와 연혁 등 기본적인 정보를 말합니다. 너무 전문적인 상품이나 서비스에 대한 설명은 자제하세요. 그리고 회사의 단점보다는 장점에 대해 언급하는 것이 좋습니다. proud, satisfied 등의 형용사를 사용하여 회사에 대한 감정을 표현할 수 있습니다.

9 앞으로의 계획
마무리하는 느낌으로 앞으로 회사 생활을 통해 자신이 이루고 싶은 것에 대해 말합니다.

PLUS

회사
enterprise, firm 회사
corporation 법인
association 협회
public enterprise 공기업
foreign company 외국계 기업
small and mid-sized enterprise 중소기업
large corporation 대기업

회사의 설립연도
- It was established in + 연도
- It was founded in + 연도

자주 쓰는 표현

OPIc 답변으로 유용한 표현들을 듣고, 나에게 필요한 것을 골라 큰 소리로 말해 보세요.

1. 직업과 하는 일 MP3 007

- **I am a** banker. 저는 은행원입니다.
- I am **working for** ABC Electronics. 저는 ABC전자에서 일합니다.
- I am **working for** a government organization.
  저는 정부기관에서 일하고 있습니다.
- I am **working at** ABC Electronics **as** a manager.
  저는 ABC전자에서 과장으로 일하고 있습니다.
- I **work for** ABC Design **as** a web designer.
  저는 ABC디자인에서 웹디자이너로 일하고 있습니다.
- **I have been working for the company for** 5 years.
  저는 이 회사에서 5년간 근무했습니다.
- I have been working for this company **since** 2018.
  저는 2018년부터 이 회사에서 일하고 있습니다.
- I'm currently **working part-time** as an intern.
  저는 현재 인턴으로서 시간제로 일하고 있습니다.
- **I am responsible for** customer service.
  저는 고객서비스를 맡고 있습니다.
- **I am responsible for** checking products.
  저는 제품을 확인하는 책무를 맡고 있습니다.

PLUS

new comer 신입사원
staff member 사원
assistant manager 대리
manager 과장
director, supervisor 감독관
general manager 부장, 임원

I work for ____________ as a(n) ____________.
I have been working for the company for ____________.

2. 회사 정보 MP3 008

- **My company is located in** Samseong-dong, Seoul.
  우리 회사는 서울의 삼성동에 있습니다.
- **My company was established in** 2000.
  우리 회사는 2000년도에 설립되었습니다.
- **It has been** 25 **years** since it was founded.
  창립 이래 25주년이 되었습니다.
- **This year is the** 5th **anniversary** of the company's foundation.
  올해는 회사 창립 5주년이 되는 해입니다.
- It is **a large company** in Korea.
  한국에서 대기업에 속하는 회사입니다.

My company is located in ____________.
It has been ____________ years since it was founded.

3. 사업분야와 특징 MP3 009

- My company **belongs in** the advertising field.
  우리 회사는 광고업에 속합니다.
- We **specialize in** web design. / We **mainly work on** web design.
  우리 회사는 웹디자인을 전문으로 합니다.
- My company is **well known for** our cutting edge technology.
  우리 회사는 첨단기술로 잘 알려져 있습니다.
- Our products **are selling well** in the market.
  우리의 제품은 시장에서 잘 팔리고 있습니다.
- My company is **a leading company** in its field.
  우리는 이 분야를 선도하는 기업입니다.
- The company **has good benefits** for employees.
  회사는 직원들에게 좋은 복지를 제공합니다.
- Our company **has almost doubled in size** in recent years.
  우리 회사는 최근에 거의 두 배에 가까운 성장을 했습니다.

PLUS

trade business 무역
tourism 관광
food service 외식
manufacturing 제조
construction 건설
medicine 의료
electrical goods 전자기기
transportation 운송
entertainment 연예
broadcasting 방송
insurance 보험

My company is well known for ____________.

4. 회사와 일에 대한 생각과 앞으로의 계획 MP3 010

- I **take pride in** my work. 저는 제 일에 자부심을 가지고 있습니다.
- I'm very **proud to** work for the company. 저는 회사를 위해 일한다는 것이 자랑스럽습니다.
- I think being a teacher is **rewarding**. 선생님이 되는 것은 보람 있는 일이라고 생각합니다.
- I'm very **satisfied with** what I am doing. 저는 제가 하는 일에 만족하고 있습니다.
- I find my work to be **fulfilling**. 저는 제 일이 성취감을 준다고 생각합니다.
- I want to **gain a lot of experience** here. 저는 여기서 좋은 경력을 쌓고 싶습니다.
- I hope I can **contribute to** the company so that it can grow even more.
  회사가 더욱 성장할 수 있도록 제가 기여할 수 있기를 바랍니다.

I'm very satisfied with ____________.

나만의 답변

자주 쓰는 표현을 이용해 나만의 답변을 만들어 보세요.

Let's start the interview now. Tell me a little bit about yourself.

UNIT 01 학교 생활과 수업

기출문제

You indicated in the survey that you are a student. What classes are you taking now? What is your favorite class and what do you like about it? Tell me about it.

당신은 학생이라고 했습니다. 지금 어떤 수업을 듣고 있습니까? 가장 좋아하는 수업은 무엇이고, 왜 그 수업을 좋아합니까?

학생인지 묻는 설문조사 2번에서 [네]를 선택하면 나오는 문제입니다. 내가 다니는 학교, 나의 전공, 학교 캠퍼스의 모습, 내가 수강하는 수업 등에 대해 생각해 보세요.

답변 준비

학생으로 선택할 경우, 현재 수강하고 있는 수업에 대한 답변을 준비해야 합니다. 그중 자신이 가장 좋아하는 수업은 무엇이며, 왜 그 수업을 좋아하는지 한두 가지 이유를 들 수 있어야 합니다. 듣고 있는 수업에 대한 설명으로 시작해 선생님(교수)에 대한 설명을 덧붙이면 자연스럽고 풍성한 답변을 만들 수 있습니다. 이 답변은 기억에 남는 수업에 대해 이야기하라는 문제와 학교에서 가장 좋아하는 선생님(교수)에 대해서 말해 보라는 문제에도 응용할 수 있습니다.

전공	경영학
듣고 있는 수업	마케팅과 경영, 영어회화 등
좋아하는 수업	마케팅과 경영
수업 정보	전공과목, 주 2회 수업
좋아하는 이유	발표가 흥미롭고, 실무를 배울 수 있다.
계획	수업에서 배운 지식을 활용할 수 있는 분야에서 일할 것

따라 읽기

다음 샘플답변을 듣고 따라 읽어 보세요. 샘플답변을 참고해서 나만의 답변을 생각해 보세요.

MP3 011

1 As I'm majoring in business administration, I'm taking Marketing and Management this semester. 2 Also, good English skills are very important in the job market these days, so I'm attending an English conversation class, too. 3 My favorite class is Marketing and Management. 4 I have this class every Monday and Wednesday. 5 In the class, I can practice a lot of interesting presentations and learn practical marketing skills. 6 My goal is to work in a related field in the future, so I can utilize the knowledge I have learned from the class.

1 저는 경영학을 전공하고 있기 때문에 이번 학기에 '마케팅과 경영'이라는 과목을 듣고 있습니다. 2 또한 요즘 취업시장에서 영어가 매우 중요하기 때문에 영어 회화 수업도 듣고 있습니다. 3 제가 가장 좋아하는 수업은 '마케팅과 경영'입니다. 4 저는 매주 월요일과 수요일에 이 수업을 듣습니다. 5 이 수업에서 저는 여러 가지 흥미로운 발표를 연습하고 실질적인 마케팅 정보를 배울 수 있습니다. 6 제 목표는 미래에 이 수업에서 배운 지식을 활용할 수 있는 관련 분야에서 일하는 것입니다.

1 듣고 있는 수업

자신의 전공을 언급하면서 자연스럽게 현재 자신이 듣고 있는 전공수업을 언급합니다. 전공수업 이외의 수업들도 언급하되, 듣고 있는 모든 수업을 열거할 필요는 없습니다. 그 수업을 듣는 이유를 덧붙이는 게 좋습니다. 전공에 도움이 된다거나, 구직활동을 위해서, 또는 평소에 관심이 있어서 듣는다는 등 여러 가지 이유를 들 수 있습니다.

3 좋아하는 수업과 이유

좋아하는 수업을 한 가지 꼽고, 그 수업에 대한 간단한 정보를 줍니다. 이 수업이 좋은 이유에 대해서는 조금 더 구체적이어도 좋습니다.

6 앞으로의 계획

앞으로 자신이 어떻게 할 것인지 각오를 드러내는 말로 답변을 마무리합니다. 목표 학점을 언급하거나, 더 학습하기 위해 어떤 공부를 할 것인지를 말해도 좋습니다.
utilize the knowledge(지식을 활용하다)

PLUS

대학의 전공
Korean[English] literature 국[영]문학
diplomatic science 외교학
political science 정치학
history 사학
sociology 사회학
statistics 통계학
economics 경제학
business 경영학
physics 물리학
biology 생물학
chemistry 화학
engineering 공학
architecture 건축학
pre-medical science 의예과
veterinary medicine 수의학
nursing 간호학과
pharmacy 약학

• 자주 쓰는 표현

OPIc 답변으로 유용한 표현들을 듣고, 나에게 필요한 것을 골라 큰 소리로 말해 보세요.

1. 입학과 전공 MP3 012

- I **started university** in March of this year. 저는 올해 3월에 입학했습니다.
- I **entered university** with a scholarship. 저는 장학금을 받고 입학했습니다.
- I'm a college student **majoring in** economics. 저는 경제학을 전공하고 있는 대학생입니다.
- I'm **a college senior** in South Korea. 저는 한국에서 대학교 4학년에 재학 중입니다.
- I'm **minoring in** Japanese. 저는 일본어를 부전공으로 하고 있습니다.
- I'm **double majoring in** statistics. 저는 통계학을 복수전공하고 있습니다.

PLUS
minor 부전공하다
double major 복수전공하다

I'm a college student majoring in ____________.

2. 전공을 선택한 이유 MP3 013

- **I chose my major because** I like children.
  저는 아이들을 좋아하기 때문에 제 전공을 선택했습니다.
- I chose to major in business **in order to** get a good job.
  좋은 직업을 갖기 위해 경영학을 전공으로 골랐습니다.
- I chose economics because my teacher **suggested it to me**.
  선생님이 제안하셔서 저는 경제학을 선택했습니다.
- **I have been interested in** music **since** childhood. 저는 어릴 때부터 음악에 관심이 있었습니다.
- **I decided to study this major because** my dream is to be a successful computer programmer.
  성공한 컴퓨터 프로그래머가 되는 것이 꿈이기 때문에 이 분야를 공부해야겠다고 결심했습니다.

I decided to study this major because my dream is to be a(n) ____________.

3. 학교생활 MP3 014

- I'm **attending** 7 **classes a week**. 저는 일주일에 7과목을 듣고 있습니다.
- I am **taking** 23 **credits** this semester. 저는 이번 학기에 23학점을 듣고 있습니다.
- I'm only taking **elective courses**. 저는 선택과목만 듣고 있습니다.
- I have to take 2 **mandatory courses** this semester.
  저는 이번 학기에 필수과목 2개를 들어야 합니다.
- I am **a member of** the soccer club in university.
  저는 대학에서 축구 동아리의 회원입니다.
- I **withdrew from** the club last semester.
  저는 지난 학기에 그 동아리에서 탈퇴했습니다.
- I **spend most of my time in** the library.
  저는 대부분의 시간을 도서관에서 보냅니다.

PLUS
classroom 강의실
library 도서관
auditorium 강당
cafeteria 학생식당
student union 학생회관
student lounge 학생휴게실
administrative office 행정실

- I **enjoy having a meal** in the cafeteria because it is delicious and cheap.
  학교 식당의 밥이 맛있고 저렴해서 그곳에서 밥 먹는 걸 좋아합니다.

> I'm attending ____________ classes a week.

4. 시험과 성적 MP3 015

- I **have a midterm exam** this week. 이번 주에 중간고사가 있습니다.
- There will be **a final exam** in a few weeks. 몇 주 내에 기말고사가 있습니다.
- My professor likes to **give a pop quiz**. 저희 교수님은 쪽지시험을 좋아합니다.
- I have to **cram the night** before the test. 저는 시험 전에 벼락치기를 해야 합니다.
- **I got a** good[poor] **score** last semester. 저는 지난 학기에 좋은[좋지 않은] 점수를 받았습니다.
- I **failed** this course when I was a freshman. 제가 신입생이었을 때 이 과목에서 낙제를 했습니다.
- I **got an A** in mathematics. 저는 수학에서 A학점을 받았습니다.

> I got a ____________ score last semester.

5. 휴학과 졸업 MP3 016

- I **took** two years **off of school** to study abroad.
  저는 외국에서 공부하기 위해 2년 동안 휴학을 했습니다.
- I attended a French university **through an exchange program** for a year.
  저는 1년 동안 교환학생으로 프랑스의 대학을 다녔습니다.
- I think education **isn't for me**, so I decided to **change my major to** engineering.
  저는 교육학이 적성에 맞지 않아 공학으로 전공을 바꾸기로 하였습니다.
- I will **apply to graduate school** after graduation.
  저는 대학교 졸업하고 대학원에 진학할 예정입니다.

> I attended ____________ through an exchange program for ____________.

나만의 답변

자주 쓰는 표현을 이용해 나만의 답변을 만들어 보세요.

You indicated in the survey that you are a student. What classes are you taking now? What is your favorite class and what do you like about it? Tell me about it.

• 콤보문제

설문조사에서 학생이라고 선택한 경우에는 선생님과 수업 등 학교생활과 관련된 여러 가지 문제가 나올 수 있습니다. 다음 4개의 콤보문제를 살펴보고 샘플답변을 참고해서 자신의 답변을 준비해 보세요.

MP3 017

1. Tell me about your major. Why did you choose it as your major? Tell me about it in detail.

당신의 전공에 대해 이야기해 주세요. 왜 그 전공을 택했나요? 자세히 이야기해 주세요.

■I am studying at Hankuk University majoring in musical education. I decided to study this major a long time ago because my dream is to be a music teacher. I like my major a lot and believe that music can help people in many ways. ●I'll be graduating next month with a bachelor's degree in musical education. After graduation, I hope everything goes as well as I planned.

■나의 전공

현재 재학 중인 학교에서 어떤 전공을 하는지 소개합니다. 전공을 선택한 이유와 그 분야를 좋아하는 이유도 언급합니다. major in(~을 전공하다)

●앞으로의 계획

졸업하면 어떤 학위를 받게 되는지도 밝혀 주세요. with a bachelor's degree(학사학위를 받고)

저는 한국대학교에서 음악교육을 전공하고 있습니다. 음악 선생님이 되는 것이 꿈이기 때문에 오래 전에 이 분야를 공부해야겠다고 결심했습니다. 저는 제 전공을 많이 좋아하고 음악이 여러 가지 방식으로 사람들을 도울 수 있다고 믿습니다. 저는 다음 달에 음악교육학 학사학위를 받고 졸업할 것입니다. 졸업하고 나서 모든 것이 제가 계획한 대로 잘 진행되기를 바랍니다.

MP3 018

2. What do students and teachers do at your school every day? Please give me as much detail as you can.

학생과 선생님(교수)은 매일 학교에서 무슨 일을 하나요? 가능한 한 자세히 말해 주세요.

■I can say that both professors and students have their own roles on campus. Professors are generally scheduled to have lectures during the semester. On the other hand, students study their majors or required subjects. And many students go to the library to do their assignments. ●I also go to the library with my friends after classes from time to time. People on campus are always busy in their own places. But they are sometimes together to socialize.

■학교에서의 역할

학교에는 선생님을 비롯한 교직원과 학생이 있습니다. 각자의 역할이 있지요. 객관적이고 일반적인 내용으로 답변을 시작합니다. 선생님과 학생 각각의 역할을 비교할 때는 on the other hand(반면에)가 유용합니다.

●학생으로서의 나

이 문제는 응시자 본인에 대한 질문이기도 합니다. 본인이 학교에서 즐겨 찾는 장소나 자주 하는 일에 대해 언급해 주세요.

교수와 학생 모두 캠퍼스에서 자기 역할을 한다고 말할 수 있습니다. 교수들은 일반적으로 학기 중에 강의가 계획되어 있습니다. 반면, 학생들은 전공이나 필수 과목을 공부합니다. 그리고 많은 학생이 도서관에 가서 과제를 합니다. 저 또한 친구들과 함께 수업 후에 가끔 도서관에 갑니다. 캠퍼스의 사람들은 항상 자신의 위치에서 바쁩니다. 하지만 그들은 친목을 위해 함께 어울리기도 합니다.

MP3 019

3. Tell me about your first visit to your school. When was it? Who were you with? What did you do and what were your first impressions?

처음 학교를 방문했을 때에 대해 말해 주세요. 언제였나요? 누구와 함께였나요? 무엇을 했으며, 첫인상은 어땠나요?

■When I was preparing to go to college, I first visited the school campus. ●At first, I was a little disappointed with some of the old buildings. However, I soon realized that it was a very beautiful college campus with impressive new buildings. The students were studying freely outdoors, and it made me dream of my future college life. I had a very interesting and enjoyable time then.

■학교를 처음 방문했을 때

처음 경험했던 무언가에 대해 말할 때 흔히 first를 씁니다. I first visited처럼요.

●첫인상의 변화

처음 학교를 둘러봤을 때의 인상은 달라질 수도 있지요. 처음 인상은 At first ~로 시작해 보고, 이어서 이와 대조되는 내용을 However, I soon realized ~로 시작해 보세요.

제가 대학에 갈 준비를 하고 있을 때, 처음 학교 캠퍼스를 방문했습니다. 처음에는 오래된 건물들 때문에 약간 실망했습니다. 그러나 곧 이 학교에는 매우 아름다운 캠퍼스와 인상적인 신축 건물들이 있다는 것을 알게 되었습니다. 학생들은 야외에서 자유롭게 공부하고 있었고, 그 모습은 제 미래의 대학생활을 그리도록 만들었습니다. 당시 저는 매우 흥미롭고 즐거운 시간을 보냈습니다.

• Ask me!

MP3 020

그동안 컴퓨터가 계속 질문했지만, 이제는 역으로 질문을 해달라는 요청을 받습니다. 주제별로 할 수 있는 질문을 미리 생각해 두세요. (컴퓨터는 응시자의 질문에 답변하지 않습니다)

Q. I am currently attending a university in my country. Ask me three or four questions in order to learn more information about my school.

저는 지금 우리나라에서 대학에 다니고 있습니다. 저희 학교에 대해 서너 가지 질문해 주세요.

■I heard that you are attending a university now. I would like to ask you about your school. ●What does the school campus look like? Do you like your school campus? What is good and what is not? What is your favorite school building or facility?

■확인하기

이러한 문제 유형에는 I heard that ~으로 시작하는 것이 무난합니다. 문제에서 들었던 내용이 맞는지 확인합니다.

●질문하기

학교의 시설이나 캠퍼스에 대해 묻는 것이 더 정확한 질문(답변)입니다.

지금 대학에 다니신다고 들었습니다. 당신의 학교에 대해 질문하고 싶습니다. 캠퍼스는 어떤 모습입니까? 당신은 학교 캠퍼스를 좋아하나요? 어떤 면이 좋고, 어떤 면이 싫습니까? 학교에서 제일 마음에 드는 건물이나 시설은 뭔가요?

UNIT 02 학교 친구나 선생님 소개

원어민 음성 바로듣기

기출문제

Please tell me about your close friend at school. When did you meet for the first time? What kind of person is he or she? Why do you think he or she is close to you?

학교의 친한 친구에 대해 말해 주세요. 언제 처음 만나게 되었나요? 그 친구는 어떤 사람인가요? 왜 가까워졌다고 생각하나요?

학생인지 묻는 설문조사 2번에서 [네]를 선택하면 나오는 지인 소개 문제입니다. 학교에서 가장 친한 친구, 그 친구의 성격, 가장 좋아하는 교수님 등을 떠올려 보세요.

답변 준비

학생으로 선택할 경우, 학교의 친한 친구나 좋아하는 교수님에 대한 문제에 대비해야 합니다. 왜 그 사람을 좋아하는지, 좋아하게 된 계기가 무엇인지 한두 가지 이유를 들 수 있어야 합니다. 사람을 소개할 때는 자기소개와 마찬가지로 이름을 먼저 언급하는 것이 좋습니다. 처음에 어떻게 만나게 되었으며, 친해진 계기는 무엇인지가 문제의 핵심이므로 이 부분을 중점적으로 이야기합니다. 이때 '3년 전', '내가 신입생일 때'와 같이 구체적으로 과거의 시점을 언급하면 더욱 그럴 듯한 답변을 완성할 수 있습니다.

친구의 신상	김준호, 나보다 1살 위
친구의 특징	잘생김, 매너가 좋음, 여행을 좋아함
처음 만난 계기	신입생일 때 같은 수업을 들었다.
친하게 된 계기	리포트를 쓸 때 도움을 많이 받았다.
친한 이유	내 고민을 잘 들어 주는 편이고, 나와 성격이 잘 맞는다.

따라 읽기

다음 샘플답변을 듣고 따라 읽어 보세요. 샘플답변을 참고해서 나만의 답변을 생각해 보세요.

MP3 021

1 My best friend is Jun-ho Kim. 2 He is a year older than me but we are very good friends. 3 He is a good-looking gentleman. 4 Also, he is an adventurous person, so he likes travelling. 5 I met him when I was a freshman. 6 We took the same classes and studied together on the same team for a project. 7 At that time, I had difficulty writing my paper and Jun-ho helped me a lot. 8 Since then, we have become best friends. 9 We are good friends who understand each other and comfort each other whenever we have a hard time.

1 저와 가장 친한 친구는 김준호입니다. 2 그는 저보다 한 살이 많지만 우리는 좋은 친구입니다. 3 그는 잘생긴 신사입니다. 4 그리고 그는 모험을 좋아해서 여행하는 것을 좋아합니다. 5 제가 신입생이었을 때 그를 만났습니다. 6 우리는 같은 수업을 들었고 프로젝트를 위해 같은 팀에서 함께 공부했습니다. 7 당시에 저는 보고서를 쓰느라 힘들었는데 준호가 저를 많이 도와줬습니다. 8 그 후로 우리는 가장 친한 친구가 되었습니다. 9 우리는 서로를 이해해 주고 힘들 때마다 서로를 위로해 주는 좋은 친구 사이입니다.

1 이름과 나이

친구의 이름과 나이로 시작하면 답안을 구성하기 쉽습니다.

3 성격과 외모

그 친구의 대표적인 이미지를 드러낼 수 있는 성격이나 그가 좋아하는 것, 또는 특징적인 외모를 묘사해도 좋습니다.

5 처음 만난 계기

처음 만난 날이나, 친해진 계기를 설명할 때는 언제, 어디서, 누구와 무엇을 했는지 육하원칙에 맞춰 설명하면 보다 생생하게 들립니다. 과거의 일은 과거시제로 말해야 한다는 기본 원칙도 잘 지켜야 합니다.

7 친하게 된 계기

친해지게 된 계기에 대해 상세히 기술하다가는 답변 시간이 모자랄 수 있습니다. 두 문장 분량으로 언급합니다. 역시 과거의 일이므로 과거시제를 사용합니다.

9 우정

어떤 의미로 그 친구와 내가 친한 친구 사이인지를 언급하며 마무리합니다.

PLUS

자신을 기준으로 나이가 많을 때는 older than me, 어릴 때는 younger than me 라고 합니다. 동갑이라면? We are of the same age.

• 자주 쓰는 표현

OPIc 답변으로 유용한 표현들을 듣고, 나에게 필요한 것을 골라 큰 소리로 말해 보세요.

1. 친구 소개 MP3 022

- We **became good buddies.** 우리는 좋은 친구가 되었습니다.
- We've been **pals** since we were kids. 우리는 어렸을 적부터 친구였습니다.
- He is **one of my colleagues** from the office. 그는 직장 동료 중 한 사람입니다.
- He **used to be** one of my teammates. 그는 제 팀 동료였습니다.

PLUS

best[close] friend 친한 친구
teammate 팀 동료
colleague, fellow worker 동료

We've been ____________ since we were ____________.

2. 성격 MP3 023

- She **has a strong drive.** 그녀는 추진력이 강합니다.
- My friend is so **energetic.** 제 친구는 아주 열정적입니다.
- She is **a real go-getter.** 그녀는 목적을 정하고 꼭 이룹니다.
- He is a **role model** for other colleagues. 그는 다른 동료에게 좋은 본보기가 됩니다.
- He helped me to **set realistic goals.** 그는 제가 현실적인 목표를 세우는 데 도움을 주었습니다.
- I think she is very **trustworthy.** 그녀는 믿을 만한 사람이라고 생각합니다.

____________ is very ____________. Also, he/she is ____________.

3. 친구와의 관계 MP3 024

- I **have a good relationship with** my classmates. 저는 반 친구들과 사이가 좋습니다.
- I'm very **close with[to]** my classmates. / My classmates and I **are very tight.**
  저는 반 친구들과 매우 가깝습니다.
- We **are not that close.** 우리는 그렇게 친하지 않습니다.
- We **have a lot in common.** 우리는 비슷한 점이 많습니다.
- We **have nothing in common.** 우리는 공통점이 없습니다.
- Sometimes we **argue.** 우리는 가끔 말싸움을 합니다.
- Since he respects me all the time, I like him.
  그가 항상 저를 존중해 주기 때문에 저는 그를 좋아합니다.
- Although we have opposite points of view on all matters, I think that I **learn from** her.
  우리는 모든 면에서 서로 반대의 가치관을 갖고 있지만 저는 그녀로부터 무언가를 배운다고 생각합니다.

We have ____________ in common.

4. 학교 MP3 025

- We are studying **in a friendly atmosphere.**
  우리는 우호적인 분위기에서 공부하고 있습니다.
- We totally **depend on each other.**
  우리는 서로를 전적으로 의지하고 있습니다.
- **The atmosphere in the class** is highly competitive.
  학급 분위기는 매우 경쟁적입니다.
- **There is an atmosphere of** mutual trust between professors and students.
  교수와 학생 사이에 서로 신뢰하는 분위기가 형성되어 있습니다.
- **The most talked about issue among school friends is** tuition.
  학교 친구들 사이에 가장 많이 거론되는 이슈는 수업료입니다.
- Tuition has **gone up and up.**
  등록금이 오르고 또 올랐습니다.
- Students **are suffering from** large student loans.
  막대한 학자금 대출로 고통 받고 있습니다.
- We need to **have a strict policy** to stop bullying.
  왕따를 막기 위한 엄격한 정책이 필요합니다.
- Schools need to **pay attention to security issues** on campus.
  학교는 캠퍼스의 안전 문제에 신경을 써야 합니다.

PLUS

challenging 도전적인
fast-paced 활력 넘치는
rewarding 보람 있는
satisfying 만족스러운
pleasing 기분이 좋은
fulfilling 성취감을 주는

We are studying in a(n) ____________ atmosphere.
The most talked about issue among school friends is ____________.

나만의 답변

자주 쓰는 표현을 이용해 나만의 답변을 만들어 보세요.

Please tell me about your close friend at school. When did you meet for the first time? What kind of person is he or she? Why do you think he or she is close to you?

콤보문제

설문조사에서 학생이라고 선택한 경우에는 친한 친구를 비롯해 학교생활과 관련된 여러 가지 문제가 나올 수 있습니다. 다음 4개의 콤보문제를 살펴보고 샘플답변을 참고해서 자신의 답변을 준비해 보세요.

MP3 026

1. You indicated that you are a student. Who is your favorite teacher in school? Why do you like the teacher? Tell me about him or her in detail.

당신은 학생이라고 했습니다. 가장 좋아하는 선생님(교수)은 누구입니까? 왜 그분을 좋아하나요? 그분에 대해 말해 주세요.

■My favorite professor is Professor Kim who teaches major subjects. I admire her because she always works hard in her field and gives the best lectures. ●I took her class last year and I thought that class was so good and I learned a lot. I personally visited the professor's office later to discuss some issues. When I was worried about my future career, I also got a lot of help from her.

■좋아하는 선생님(교수)

지인을 소개할 때는 장점을 주로 말합니다. 보통 학생이 선생님을 좋아하는 이유는 훌륭한 학자이자 멘토로서의 역할을 해주기 때문일 것입니다. I admire her because(~ 때문에 존경하다)

●만난 계기

선생님을 만나게 된 계기도 언급해 주세요. 샘플답변처럼 수업을 들었다(took her class)는 내용이 무난합니다.

제가 가장 좋아하는 교수님은 전공과목을 가르치시는 김 교수님입니다. 그분을 존경하는 이유는 항상 자신의 분야에서 열심히 연구하고 최선을 다해서 강의를 하시기 때문입니다. 작년에 교수님 수업을 들었는데 수업이 너무 좋았고 많이 배웠습니다. 이후에 개인적으로 몇 가지 이슈에 대해 토론하기 위해 교수실에 찾아갔던 적도 있습니다. 제가 진로에 대해 고민할 때에도 교수님께 많은 도움을 받았습니다.

MP3 027

2. Have you ever had any problems of difficulties with friends at school? What kind of problems did you have? How did you fix the relationship?

학교 친구와 문제가 있었던 적이 있습니까? 어떤 문제였나요? 어떻게 관계를 회복했습니까?

■I recently had a special graduation project with several students. In the process of preparing and working together, we had become more sensitive. One of my teammates and I had an argument and he wanted to leave the team. ●To finish the project, I tried to fix the relationship, but he refused to come back. We had no choice but to finish the project without him and fortunately, the final score was not so bad.

■친구와의 문제

recently를 써서 최근에 있었던 일을 준비합니다. 문제가 생긴 원인과 그로 인해 어떤 일이 일어났는지 밝힙니다. in the process of(~하는 과정에서)

●회복을 위한 노력

문제 해결을 위한 나의 노력을 언급합니다. 상황이 어떻게 마무리되었는지 밝히며 답변을 끝냅니다. fix(바로잡다), had no choice but to(~할 수밖에 없었다)

저는 최근에 여러 학생들과 졸업 프로젝트를 진행했습니다. 함께 준비하고 협력하는 과정에서 우리는 예민해졌습니다. 팀원 중 한 명과 제가 논쟁을 했고, 그는 팀을 떠나고 싶어 했습니다. 프로젝트를 끝내기 위해 그와 화해하려 했지만, 그는 되돌아오기를 거절했습니다. 우리는 그 없이 프로젝트를 끝낼 수밖에 없었고, 다행히 최종 점수가 그렇게 나쁘지 않았습니다.

MP3 028

3. Let's talk about some of the events or issues that your classmates talked about recently. Why is it an issue to you and your school friends? Give me a detailed description of it.

최근 학교 친구들이 이야기하는 사건이나 쟁점에 관해 이야기해 봅시다. 왜 그것이 당신과 학교 친구들에게 그렇게 이슈가 되었습니까? 자세히 설명해 주세요.

■The most talked about issue among school friends recently is post-graduation employment. As the job market in Korea becomes more and more competitive, many students worry about their career after graduation. Because of high tuition, there are many friends who need to work immediately after graduation. ●It is one of the big problems that every college student in Korea is worried about. I am also concerned about this and I am trying to prepare for it.

■학교의 이슈

The most talked about issue among school friends recently is로 시작합니다. 조금 길지만 입에 붙도록 반복해서 연습해 보세요. 굳이 학교에만 국한된 문제를 말할 필요는 없습니다. 취업 문제처럼 사회 전반의 문제를 준비하면 다른 문제에도 답변으로 응용할 수 있습니다.

●공감 유도

문제에 대해 깊게 파고드는 것보다는 본인도 공감하고 있다는 말로 마무리합니다. I am also concerned about(저도 ~에 대해 걱정합니다)

최근 학교 친구들 사이에 가장 많이 거론되는 이슈는 졸업 후 취업에 관한 이야기입니다. 요새 취업이 점점 어려워지면서 많은 학생들이 졸업 후의 진로에 대해 걱정합니다. 등록금이 비싸기 때문에 졸업 후 바로 취업을 해야 하는 친구들이 많아서 그렇습니다. 이것은 모든 한국의 대학생들이 걱정하고 있는 큰 문제들 중 하나입니다. 저 역시 이 부분에 대해 걱정하고 그에 대비하려고 노력합니다.

Ask me!

MP3 029

그동안 컴퓨터가 계속 질문했지만, 이제는 역으로 질문을 해달라는 요청을 받습니다. 주제별로 할 수 있는 질문을 미리 생각해 두세요. (컴퓨터는 응시자의 질문에 답변하지 않습니다)

Q. I am attending school now as well. Ask me three or four questions about my school mates.

저 역시 학교에 다니고 있습니다. 저의 학교 친구에 대해 서너 가지 질문해 보세요.

I heard that you are attending school now. ■I would like to ask you about your school mates. ●Do you have many school friends? What is the name of your best friend among them? Why do you like that friend? Through what occasion did you and your friend become close?

■정중하게 시작하기

I would like to ask you about은 정중하게 질문을 시작할 때 유용한 표현입니다.

●질문하기

의문사로 시작하는 의문문뿐만 아니라, Do you ~?로 시작하는 일반의문문을 적절히 섞어서 질문(답변)합니다.

현재 학교에 다니신다고 들었습니다. 저는 당신의 학교 친구들에 대해 질문하고 싶습니다. 당신은 학교 친구가 많습니까? 그중 가장 친한 친구의 이름은 뭔가요? 왜 그 친구가 좋습니까? 두 사람은 어떤 계기로 가까워졌나요?

UNIT 03 직장 생활과 업무

기출문제

You indicated in the survey that you work. Can you tell me about your typical day at work?

설문조사에서 당신은 일을 한다고 했습니다. 회사에서의 전형적인 하루에 대해서 말해 주겠어요?

설문조사 1번에서 [사업/회사]를 선택하면 나오는 문제로, 하루 일과를 묘사하는 것은 OPIc의 전형적인 문제들 중 하나입니다. 회사에서 보통 어떤 일들을 하는지 떠올려 보세요.

답변 준비

직장인으로 선택할 경우, 회사생활 전반에 대한 문제에 준비해야 합니다. 특히, 회사에서의 하루 일과와 맡은 업무에 대해 설명할 수 있어야 합니다. OPIc에서는 종종 회사에서 하는 일 이외에도 출근 전후와 출근길에 겪은 일에 대해 물을 수 있으니, 미리 생각해 두는 것이 좋습니다. 위 기출문제는 회사에서의 전형적인 일상을 묻고 있으므로 시간의 순서대로 답변을 구성하는 것이 효과적입니다. 아침부터 저녁까지, 대표적인 일과를 오전과 오후로 나누어 설명합니다. 업무에 대해 자세하게 설명하기보다는 언제나 하는 일을 우선 정리해 보고, 전문용어는 쉽고 평이한 단어로 바꿔서 표현해 봅니다.

업무 시작	9시 출근
오전 업무	이메일 확인, 직원 회의
점심시간	12시부터 1시까지 1시간, 식후 산책하기
오후 업무	고객과의 미팅
퇴근	오후 7시경

따라 읽기

다음 샘플답변을 듣고 따라 읽어 보세요. 샘플답변을 참고해서 나만의 답변을 생각해 보세요.

MP3 030

1 My office hours start at 9 o'clock. 2 As soon as I get to the office, I turn on my computer. 3 After that, I check my e-mail. 4 If there are any urgent ones, I reply to those e-mails. 5 My mornings usually go by very fast because most of our meetings are held in the morning. 6 My one-hour lunch break starts at noon. 7 I like to take a walk with my colleagues after lunch. 8 In the afternoon, I often visit my clients. 9 Unless there is a lot of work, I try to leave before 7.

1 저의 업무 시간은 9시부터입니다. 2 사무실에 도착하자마자 저는 컴퓨터를 켭니다. 3 그다음에는 이메일을 확인합니다. 4 급한 건이 있다면 그 이메일에 먼저 답신을 보냅니다. 5 대부분의 회의가 오전에 열리기 때문에 오전 시간은 보통 매우 빨리 지나갑니다. 6 점심시간은 한 시간인데 12시부터입니다. 7 점심을 먹은 뒤에는 동료들과 산책하는 것을 좋아합니다. 8 오후에는 고객들을 만나러 나갑니다. 9 일이 많지 않다면 보통 7시 전에 퇴근하려고 노력합니다.

1 업무 시작
하루 일과에 대한 답변은 시간의 흐름에 따라 구성하는 것이 무난합니다. 업무의 시작 시간을 언급하면서 시작해 보세요.

2 오전 업무
아침에 회사에 도착해서 처음 하는 일부터 순서대로 이야기합니다. 매일 회사에서 반복되는 습관적인 일상에 대해 언급합니다.

6 점심시간
점심시간을 기준으로 오전과 오후의 업무가 나뉘기 때문에 점심시간이나 중간의 휴식시간에 대해 언급하는 것이 좋습니다. 누구와 함께 식사를 하는지, 점심시간을 어떻게 활용하는지도 말할 수 있습니다.

8 오후 업무와 퇴근
직무별로 대표적인 업무를 한두 가지 언급하고 대략적인 퇴근 시간을 말하면서 회사에서의 전형적인 하루에 대한 답변을 마무리합니다.

PLUS

check my e-mail 이메일을 확인하다
check my schedule 일정을 확인하다
write a report 보고서를 쓰다
have a meeting 회의를 하다
give a presentation 발표하다

자주 쓰는 표현

OPIc 답변으로 유용한 표현들을 듣고, 나에게 필요한 것을 골라 큰 소리로 말해 보세요.

1. 통근 방법 MP3 031

- I **drive to work.** 저는 운전해서 출근합니다.
- I go to work **by bus.** 저는 회사까지 버스를 탑니다.
- My boss and I **carpool.** 저와 상사는 카풀을 합니다.
- I **take public transportation** to work. 저는 회사까지 대중교통을 이용합니다.
- One of my colleagues **picks** me **up** on her way to work.
  동료 중 한 명이 출근하는 길에 저를 태워 갑니다.
- **It takes** one and a half hours for me **to get to work.**
  회사까지 가는 데 한 시간 반이 걸립니다.

PLUS
by bus 버스로
by subway 지하철로
by bike 자전거로
by shuttle bus 통근버스로
on foot 걸어서

I go to work ____________. It takes ____________ to get to work.

2. 하는 일 MP3 032

- Now I'm **in charge of** overseas sales and marketing.
  저는 현재 해외 영업을 담당하고 있습니다.
- I'm **in charge of** training newcomers.
  저는 신입사원 교육을 책임지고 있습니다.
- We **have a weekly meeting** on Mondays.
  우리는 월요일마다 주간회의를 합니다.
- I **go on business trips** once or twice a month.
  저는 한 달에 한두 번 출장을 갑니다.
- **Checking my daily schedule** is very important.
  하루의 일정을 확인하는 것이 매우 중요합니다.
- I **check my e-mail accounts** and **reply to the e-mails.**
  저는 이메일을 확인하고 답신을 보냅니다.
- I research my customers' needs before **launching a new product.**
  저는 신제품을 출시하기 전에 고객의 요구를 조사합니다.
- After I finish my research, I **write a report.**
  저는 조사가 끝나면 보고서를 만듭니다.
- When we have a big project, I have to **give a presentation** to show my progress.
  큰 프로젝트를 할 때, 저는 일의 진척을 보여주기 위해 발표를 해야 합니다.

I check my e-mail and ____________.

3. 근무시간 MP3 033

- I **have a five-day workweek.** 저는 주 5일 일합니다.
- I work **40 hours a week.** 저는 일주일에 40시간 일합니다.
- We work **a two-shift system.** 우리는 2교대로 일합니다.
- I **take a 15-minute-break** every 3 hours. 저는 3시간마다 15분씩 휴식합니다.
- I **have lunch** with my colleagues. 저는 회사동료들과 점심을 먹습니다.
- We usually **eat** Korean food and sometimes we **try** Chinese and Japanese food.
  보통 한식을 먹고, 가끔 중식이나 일식을 먹기도 합니다.
- We sometimes **bring our lunches** from home. 우리는 종종 도시락을 싸오기도 합니다.
- After lunch, we **take a walk** in the park. 점심을 먹은 후에 우리는 공원에서 산책을 합니다.
- Once a month, we **have a get-together.** 한 달에 한 번 회식을 합니다.

> I work ____________ a week.
> I have lunch with ____________. We usually eat ____________.

4. 퇴근 MP3 034

- I usually **leave my office at** six. 저는 보통 6시에 퇴근합니다.
- My work **is usually over at** around 6 p.m. 저는 보통 저녁 6시쯤 일이 끝납니다.
- I **wrap up my work** around 5:30. 저는 5시 30분쯤에 업무를 정리합니다.
- I **complete my work** before noon. 저는 12시 전에 일을 끝냅니다.
- I'm **on night shift** these days. 저는 요즘 저녁 근무를 합니다.
- Sometimes I have to **work overtime** to meet deadlines.
  때때로 마감일을 맞추기 위해 초과근무를 하기도 합니다.
- I often **work through the night** in my office at the end of the month.
  월말에는 사무실에서 밤샘 작업을 자주 합니다.

> I usually leave my office at ____________.

나만의 답변

자주 쓰는 표현을 이용해 나만의 답변을 만들어 보세요.

You indicated in the survey that you work. Can you tell me about your typical day at work?

• 콤보문제

설문조사에서 직장인을 설정한 경우에는 업무 내용을 비롯해 회사생활과 관련된 여러 가지 문제가 나올 수 있습니다. 다음 4개의 콤보문제를 살펴보고 샘플답변을 참고해서 자신의 답변을 준비해 보세요.

MP3 035

1. You indicated that you work. What kind of work do you mainly do at your work? What are your responsibilities? How do you handle your responsibilities?

당신은 일한다고 했습니다. 회사에서 주로 어떤 일을 하나요? 맡은 일은 무엇인가요? 그 일을 어떻게 해내고 있습니까?

■At work, I am in charge of service management. I also help other employees at work and resolve customer complaints. ●If there is a problem, I do everything I can to solve it. I sometimes have team meetings and spend time writing reports. I like my job, but sometimes it makes me exhausted. But overall, I am satisfied with my work.

■회사에서 맡은 일

설명하기 전에 회사의 주요 사업이나, 자신의 직업을 한마디로 말해도 좋습니다. in charge of(~을 담당하는)

●세부 직무

맡은 일에 대해 좀 더 상세하게 설명합니다. 그리고 마지막으로 하는 일에 대해 좋다, 힘들다 등 전반적인(overall) 생각을 밝히며 마무리합니다.

회사에서 저는 서비스 관리를 맡고 있습니다. 다른 직원들의 업무도 도와주고 고객의 불만을 해결해 주기도 합니다. 문제가 생기면 그 문제를 해결하기 위해 제가 할 수 있는 모든 일을 다 합니다. 가끔 팀회의가 있고, 보고서를 쓰는 데 시간을 보내기도 합니다. 저는 제 일을 좋아하지만 때로 너무 지치는 날도 있습니다. 하지만 전반적으로 업무에 만족합니다.

MP3 036

2. How do you go to work on a work day? What time is your lunch break? Where do you usually eat lunch?

근무일에는 어떻게 출근합니까? 점심시간은 몇 시입니까? 어디서 점심을 주로 먹나요?

■I go to work by 9 o'clock every morning. From home to my company, it takes about an hour and I mainly use the subway. When I arrive at work, I check the day's tasks first. ●Lunch time is at 12 o'clock and I usually eat in the cafeteria where I can enjoy a variety of tasty food. After lunch, I can take a short walk around the company. In the afternoon, I do my best to finish the day's work and go home on time.

■출근 방법

무엇을 타고 출근하는지, 시간은 얼마나 걸리는지 말합니다. 시간이 '걸리다'는 [it takes+시간]으로 말합니다. 여기에 회사에 도착해서 가장 먼저 하는 일도 덧붙입니다.

●점심시간

식사에 대한 내용 이외에 식후(after lunch) 점심시간에 하는 일에 대해서도 이야기합니다.

저는 매일 아침 9시까지 일하러 갑니다. 집에서 회사까지는 약 1시간이 걸리고 저는 주로 지하철을 이용합니다. 회사에 도착하면 먼저 그날의 작업을 확인합니다. 점심시간은 12시이고, 주로 구내식당에서 먹습니다. 그곳에서는 맛있는 음식을 다양하게 즐길 수 있습니다. 점심을 먹은 후, 저는 회사 근처를 잠시 산책합니다. 오후에는 하루의 일을 마치고 정시에 집으로 돌아가려고 최선을 다 합니다.

MP3 037

3. You may have difficulties or problems while you work. Please tell me one memorable event while you work.

일하는 동안 어려움이나 문제가 있을 수 있습니다. 일하면서 기억에 남았던 에피소드를 말해 주세요.

■I have been working for this company since 2015. Once, I had a delayed release because of a major problem with a product. Pre-order customers became aware of this and raised serious complaints. ●I had a hard time dealing with customer complaints. I remember that I had to deal with this issue over and over again until the product came out. Although this is not common, we created a manual for this kind of situation in the future.

■직장에서 힘들었던 경험

에피소드를 말할 때 자칫하면 장황하게 설명하는 실수를 할 수 있습니다. OPIc은 답변에 제한시간은 없지만 문제당 최대 2분을 넘지 않도록 시간을 조절해야 합니다. 이야기를 시작하면 부연 설명이 계속 붙을 수 있으니 주의해야 합니다.

●힘들었던 일

상황은 심각하더라도 이야기를 가볍게 만드는 게 좋습니다. 아무리 경험이 많더라도 이야기가 길어지지 않도록 주의하세요. 그리고 마지막은 교훈이나 해결책으로 마무리합니다. I had a hard time -ing(~하는 데 힘들었다)

저는 2015년부터 이 회사에서 일했습니다. 한번은 제품에 큰 문제가 있어서 제품출시가 지연된 적이 있었습니다. 선주문 고객들이 이 사실을 알고 심하게 항의를 했습니다. 저는 고객불만을 처리하느라 정말 힘들었습니다. 제품이 나올 때까지 계속해서 이런 문제를 처리하느라 무척 고생했던 기억이 납니다. 이런 경우가 흔하지는 않지만 앞으로 이런 경우를 대비해서 대응매뉴얼을 만들었습니다.

Ask me!

MP3 038

그동안 컴퓨터가 계속 질문했지만, 이제는 역으로 질문을 해달라는 요청을 받습니다. 주제별로 할 수 있는 질문을 미리 생각해 두세요. (컴퓨터는 응시자의 질문에 답변하지 않습니다)

Q. You said you had work experience. I have also experienced a work environment. Ask me three or four questions about my work or workplace.

당신은 일한 경험이 있다고 했습니다. 저 역시 근무환경을 경험해 보았습니다. 제 일이나 일터에 대해 저에게 서너 가지 질문해 보세요.

■I heard that you also have work experience like me. Where is your workplace located? How long have you been at the company? What exactly do you do at work? Are you satisfied with your work? ●If so, why?

■확인하기

문제의 표현을 따라 말해 보세요. 문제를 제대로 이해했다는 인상을 줄 수 있습니다.

●질문하기

마지막에 If so, why?를 덧붙이면서 실제 대화하듯 답변을 마무리합니다.

당신도 저처럼 일한 경험이 있다고 들었습니다. 당신의 회사는 어디에 있습니까? 얼마나 오래 그 회사를 다녔나요? 회사에서 당신이 하는 일이 정확히 뭔가요? 업무에 만족합니까? 그렇다면 그 이유는 뭔가요?

UNIT 04 프로젝트 경험

기출문제

I'd like to know about your last project. What was it? Was it a group project? Tell me about it in as much detail as possible.

당신이 최근 참여한 프로젝트에 대해 알고 싶습니다. 무슨 프로젝트였나요? 그룹 프로젝트였나요? 가능한 자세히 말해 주세요.

학생이든 직장인이든 직업에 관련된 경험을 체크할 경우 공통적으로 출제되는 문제가 참여 프로젝트에 관한 것입니다. 자신이 참여한 프로젝트가 무엇이었고 어떤 특징이 있었는지 생각해 보세요.

답변 준비

프로젝트와 관련된 가장 대표적인 문제가 최근 프로젝트에 참여한 경험에 대한 것으로, 그 프로젝트가 왜 필요했는지 이야기하는 것으로 시작합니다. 프로젝트에 참가한 사람들과 일의 규모 등에 대해 이야기합니다. 업무와 관련된 프로젝트를 설명하기가 어렵다면, 업무와 상관없이 사무실에서 일어날 수 있는 간단한 프로젝트를 생각할 수 있습니다. 예를 들어, 회사의 자리 배치를 다시 했다거나, 필요한 사무용품을 공동구매했다거나 하는 등, 흔한 일이라 쉽게 설명할 수 있는 이야깃거리가 좋습니다.

프로젝트 소개	직원 휴게실 꾸미기 프로젝트
내가 한 일	작업 목록을 만들고, 팀을 꾸렸다.
진행의 과정	조를 나눠서 업무를 나눴다.
프로젝트의 결과	꽤 괜찮은 휴게실 완성
나의 생각	결과가 만족스러웠고 보람이 있었다.

따라 읽기

다음 샘플답변을 듣고 따라 읽어 보세요. 샘플답변을 참고해서 나만의 답변을 생각해 보세요.

MP3 039

1 A recent project that I was involved in was to decorate the employees' lounge. 2 My office recently moved into a new building, so we needed to decorate the workspace. 3 My job was decorating the lounge. 4 I was appointed leader, so I made a to-do list and then gathered the people. 5 After that, I divided the people into 3 groups. 6 It was a pretty tight schedule but the lounge became a very bright and lively place. 7 I was satisfied with what I'd done.

1 제가 최근에 참여한 프로젝트는 직원 휴게실을 꾸미는 일이었습니다. 2 최근 회사가 새로운 건물로 이사를 해서 작업공간을 꾸밀 필요가 있었습니다. 3 제가 맡은 일이 휴게실을 꾸미는 일이었습니다. 4 제가 리더로 뽑혔기 때문에 저는 업무 목록을 만들고 사람들을 모았습니다. 5 그러고 나서 사람들을 3개 조로 나누었습니다. 6 꽤 촉박한 일정이었지만 휴게실이 매우 밝고 활기찬 공간이 되었습니다. 7 저는 제가 한 일이 무척 마음에 들었습니다.

1 프로젝트 소개

프로젝트라고 하면 거창하고 전문적인 무언가를 말해야 할 것 같지만, 반드시 그러한 것은 아닙니다. 사내에서 일어날 수 있는 평범한 일도 프로젝트라고 할 수 있습니다. 다만, 혼자 하는 일이 아니라, 동료와 함께하는 일에 대해 이야기하는 것이 좋습니다.

3 프로젝트 진행

과거에 있었던 일에 대해 이야기할 때는 시간의 흐름에 따라 순서대로 이야기하는 것이 가장 무난합니다. after, and then 등과 같은 접속사를 적절히 사용하세요.

6 결과와 소감

프로젝트에서 잘못된 일을 들추기보다는 잘된 부분을 언급해서 답변을 간결하게 합니다. 일이 힘들었다면 그 이유도 언급합니다. 진행 과정에서 느꼈던 점으로 마무리하면 더욱 생생한 이야기가 됩니다.

PLUS

프로젝트의 종류
survey 조사
experiment 실험
presentation 발표
exhibition 전시회
homework, assignment 숙제
class paper, report 보고서
term paper 학기말 리포트
journal 기록문
thesis 논문

자주 쓰는 표현

OPIc 답변으로 유용한 표현들을 듣고, 나에게 필요한 것을 골라 큰 소리로 말해 보세요.

1. 프로젝트 소개와 맡은 업무 MP3 040

- **The project was about** marketing analysis.
  그 프로젝트는 시장조사에 관한 것이었습니다.
- I've been **working on** a new product launch.
  저는 신제품 출시 프로젝트에 참여했습니다.
- I've been **preparing to** train new employees.
  저는 신입사원 교육을 준비했습니다.
- I **was assigned to** do market research.
  저는 시장조사를 맡았습니다.
- I **was supposed to** describe the new product.
  저는 신제품을 설명해야 했습니다.
- **What I had to do** was set up a new marketing strategy.
  제가 해야 할 일은 새로운 마케팅 전략을 세우는 것이었습니다.
- My boss **assigned** each of the team members a different task.
  상사가 우리 팀 각자에게 다른 일을 맡겼습니다.
- I was assigned to **prepare** our exhibition **for** the product fair.
  저는 상품 전시회를 준비하는 업무를 맡았습니다.
- A part of my job for the project was to **set up** the training programs.
  그 프로젝트에서 제가 했던 업무는 훈련 프로그램을 만드는 일이었습니다.

> The project was about ____________. What I had to do was ____________.

2. 프로젝트의 기한 MP3 041

- It was a **tight schedule.** 기한이 매우 짧았습니다.
- I was **working on a** very tight **schedule.** 저는 매우 빠듯한 일정에 맞추어 일하고 있었습니다.
- I had **a deadline to meet** in a week. 마감이 일주일 남아 있었습니다.
- I **completed** the work **on time.** 저는 일을 제시간에 끝냈습니다.
- The project operated **on schedule.** 프로젝트가 일정대로 진행되었습니다.
- The project **was delayed.** 프로젝트가 연기되었습니다.

> I had a deadline to meet ____________.

3. 어려움 MP3 042

- **I felt a lack of** confidence. 저는 자신감이 부족했습니다.
- The staff suffered from **a lack of skill.** 직원들이 기술 부족으로 고생했습니다.

- We **had a shortage of** experienced personnel.
  우리는 경험 있는 인력이 부족했습니다.
- I had to **put all of my efforts into** the project.
  저는 그 프로젝트에 온 힘을 쏟아야 했습니다.
- I **took a lot of time to** figure out how to solve the problem.
  저는 그 문제를 어떻게 해결할지 생각하느라 시간이 많이 걸렸습니다.
- I had to **work overtime** because I was behind schedule.
  저는 일정에 뒤쳐져서 초과근무를 해야만 했습니다.
- As I had a deadline to meet, I **asked** some of my friends **to help**.
  기한을 맞춰야 해서 저는 친구에게 도움을 청했습니다.

I took a lot of time to figure out ____________.

4. 프로젝트의 결과 MP3 043

- **As a result**, the project was very **satisfying**.
  결과적으로 프로젝트는 아주 만족스러웠습니다.
- I was able to **complete the project successfully**.
  저는 그 프로젝트를 성공리에 마칠 수 있었습니다.
- I was very **happy with** the outcome.
  저는 결과물에 만족했습니다.
- It **brought about** some unexpected **results**.
  예상치 못한 결과를 낳았습니다.
- It was **beyond our expectations**.
  예상외의 결과가 나왔습니다.
- The project **produced** the desired **outcome**.
  프로젝트의 결과물이 아주 훌륭했습니다.

PLUS

successful 성공적인
challengeable 도전할 만한
pleasant 즐거운
rewarding 보람찬
exhausted 지친
unsatisfactory 불만족스러운
a lot of regrets 후회가 많은

As a result, the project was ____________.

나만의 답변

자주 쓰는 표현을 이용해 나만의 답변을 만들어 보세요.

I'd like to know about your last project. What was it? Was it a group project? Tell me about it in as much detail as possible.

콤보문제

프로젝트 관련 문제는 학생이든 직장인이든 가리지 않고 출제되는 문제이므로 돌발주제가 아니라 직업 관련 문제로 푸는 것이 맞습니다. 다음 4개의 콤보문제를 살펴보고 샘플답변을 참고해서 자신의 답변을 준비해 보세요.

MP3 044

1 Tell me about a project you finished. What steps did you take for the project? Please describe it from the beginning to end.

당신이 끝낸 프로젝트에 대해 말해 보세요. 프로젝트를 위해 어떤 단계를 밟았습니까? 처음부터 끝까지 말해 주세요.

■One of the projects I participated in was to promote a company's new product. It was a project to study how to promote a product before launching it. ●Our team worked together to conduct research and later submitted a final marketing plan based on it. Unfortunately, our report was not selected in the end. However, I was able to learn a lot from this experience because I worked hard on it with other teammates.

■참여한 프로젝트
문제에서 요구하는 것은 프로젝트의 진행 과정을 설명하는 것입니다. 기억에 남는 프로젝트에 대한 답변과 구별하여 준비합니다.

●진행 과정
프로젝트가 진행된 과정을 순차적으로 설명합니다. most of all, later 등과 같은 표현이 유용합니다.

제가 참여했던 프로젝트는 회사의 신제품을 홍보하는 것이었습니다. 출시에 앞서서 어떻게 홍보할 것인가를 연구하는 프로젝트였습니다. 저희 팀은 함께 시장조사를 했고, 이후에는 그것을 기반으로 최종 마케팅 기획서를 제출했습니다. 안타깝게도 저희 기획서가 최종 채택되지 않았습니다. 그래도 다른 팀원들과 함께 열심히 노력한 프로젝트였기 때문에 많은 걸 배울 수 있었습니다.

MP3 045

2. Did you have any problems or difficulties during the project? What kinds of problems did you have? How did you solve the problems?

프로젝트를 진행하면서 문제나 어려움은 없었나요? 무슨 문제가 있었나요? 어떻게 그 문제를 해결했나요?

■The biggest problem doing projects is that it is difficult to keep up with the schedule. The last project was also difficult to finish on time. ●We had to stay up the night before to meet the deadline and it was really annoying. We had to cancel some of the plans that we originally intended to do because of a lack of time. I do not want to repeat the same problem, but regretfully, it happens every time I do a project.

■프로젝트의 어려움
흔히 일어날 수 있는 마감일 맞추기의 어려움을 이야기합니다.

●문제 해결
had to를 이용해 자신이 어려움에 빠졌을 때 '~할 수밖에 없었다'라로 말합니다. 샘플답변에서는 had to stay up, had to cancel이라고 말했습니다.

프로젝트의 가장 큰 어려움은 일정을 맞추기가 어렵다는 것입니다. 지난번 프로젝트 역시 일정을 맞추는 게 가장 어려웠습니다. 결국 마감일 전에 밤을 새야 했는데, 정말 짜증나는 일이었습니다. 시간이 부족해서 원래 하려던 것을 취소해야 했습니다. 같은 문제를 반복하지 않으려고 하는데, 프로젝트를 할 때마다 이런 일이 반복된다는 게 아쉽습니다.

MP3 046

3. What was the most memorable project you've worked on? What was it? Was there anything interesting that happened while doing it?

가장 기억에 남는 프로젝트는 무엇입니까? 어떤 프로젝트였나요? 프로젝트를 진행하면서 흥미로운 일이 있었나요?

■My most memorable project is the project I participated in last year. It was my first year in the company, so I was always worried that I'd made a mistake. ●As I had worried, the day before the deadline, I made a big mistake of losing an important document. I didn't even know where I had lost it. I had no choice but to rewrite it in a hurry. I worked all night and just barely finished the paperwork. Fortunately, the project finished well, but it has become an experience I don't want to remember.

■기억에 남는 프로젝트
첫 번째 직장의 첫 번째 프로젝트만큼 기억에 남는 게 없을 것입니다. 이렇게 처음 했던 경험을 바탕으로 준비하면 다른 답변에도 적용할 수 있습니다. My most memorable project is로 시작합니다.

●실수했던 기억 프로젝트에 꼭 필요한 중요한 서류를 잃어버린(losing an important document) 아찔한 실수를 준비했습니다. 사건을 수습하기 위해 했던 일과 프로젝트의 결과, 그리고 느낀 점으로 답변을 마무리합니다.

가장 기억에 남는 프로젝트는 제가 작년에 참여한 프로젝트입니다. 회사에서의 첫 해였기 때문에 실수할까봐 항상 걱정했습니다. 걱정했던 대로, 마감 전날에 저는 중요한 문서를 잃어버리는 실수를 저질렀습니다. 심지어 저는 어디에서 잃어버렸는지도 몰랐습니다. 서둘러 다시 작성하는 것 외에는 선택의 여지가 없었습니다. 저는 밤새도록 일해서 서류 작업을 겨우 마쳤습니다. 다행히 프로젝트는 무사히 끝났지만 기억하고 싶지 않은 경험이 되었습니다.

Ask me!

MP3 047

그동안 컴퓨터가 계속 질문했지만, 이제는 역으로 질문을 해달라는 요청을 받습니다. 주제별로 할 수 있는 질문을 미리 생각해 두세요. (컴퓨터는 응시자의 질문에 답변하지 않습니다)

Q. I also have an experience of participating in a project recently. Please ask me three or four questions about my recent project.

저 역시 최근에 프로젝트에 참여한 경험이 있습니다. 저의 최근 프로젝트에 대해 서너 가지 질문해 보세요.

■I heard that you also have an experience of participating in a project recently. What kind of work was your recent project? ●Did you do the project on your own or with several people? What was the result of the project? Did you have a satisfactory result? If not, why?

■확인하기
문제에서 들었던 그대로 have an experience of participating in a project recently를 반복해서 말합니다.

●질문하기
상대방의 경험에 대해 물을 때는 Did you ~?와 같이 과거시제를 주로 사용합니다.

당신도 최근에 프로젝트에 참여한 경험이 있다고 들었습니다. 당신이 최근에 참여한 프로젝트는 어떤 종류의 일이었습니까? 혼자서 그 프로젝트를 했나요, 아니면 여럿이 함께 했나요? 프로젝트의 결과는 어땠습니까? 만족할 만한 결과였나요? 아니라면 왜 그랬습니까?

UNIT 05 테크놀로지

기출문제

There are some useful technology devices people use in their daily lives. What kinds of technology do people like to use these days?

일상생활에서 사용되는 유용한 기기들이 많습니다. 요즘 사람들이 사용하기 좋아하는 테크놀로지에는 어떤 것들이 있나요?

테크놀로지라는 단어 때문에 처음 문제를 들으면 막연하게 느껴져 당황하기 쉽습니다. 너무 어렵게 생각하지 말고 본인이 평소에 자주 쓰는 기기를 하나 정해서 출제 유형에 맞추어 아이디어를 정리해 두세요.

답변 준비

테크놀로지에 대한 문제는 돌발주제라고 생각하기 쉽지만 그렇지 않습니다. 설문에서 학생이라고 선택한 경우에는 학교에서 사용하는 테크놀로지에 대해, 직장인을 선택한 경우에는 회사에서 사용하는 테크놀로지에 대해 묻습니다. 설문조사 1번에서 [일 경험 없음]이라고 선택했다면 가정에서 사용하는 테크놀로지에 대한 문제가 출제되므로, 자신이 설문조사에서 선택한 내용에 따라 미리 준비해 두세요.

OPIc에서 테크놀로지 문제는 어렵고 복잡한 기계에 대해 설명해 달라는 것이 아닙니다. 우리가 일상생활에서 흔히 사용하는 기기에 대한 문제입니다. 요즘 컴퓨터와 스마트폰을 사용하지 않는 사람은 거의 없습니다. 그리고 태블릿 PC, 블루투스 이어폰 같은 개인적인 기기들 외에도 TV세트나 프로젝터와 복사기 등에 말할 수 있습니다. 그 테크놀로지를 얼마나 자주 사용하는지, 어디에 사용하는지, 그것의 생김새와 특징, 사용법, 장단점 등을 언급할 수 있습니다.

테크놀로지	스마트폰
사용 빈도	매일, 항상
주된 용도	음악 감상, 영화 보기, 메신저 하기
테크놀로지의 특징	편리하고, 사용이 쉽다.
장점과 단점	만능이다. 언제, 어디서나 사용할 수 있다. 스마트폰 없이는 못 살 것이다.

• 따라 읽기

다음 샘플답변을 듣고 따라 읽어 보세요. 샘플답변을 참고해서 나만의 답변을 생각해 보세요.

MP3 048

1 The most useful technology I use these days is the smart phone. 2 I use my phone every day, and bring it everywhere. 3 I can work from my phone while I am away from the office. 4 Even though I'm not good with devices, my smart phone is very convenient and easy to use. 5 I can listen to music, watch movies, and chat with friends online. 6 It is just like a portable computer. 7 Now, I can't even imagine living without it.

1 제가 요즘 사용하는 테크놀로지 중 가장 유용한 것은 스마트폰입니다. 2 저는 제 전화기를 매일 사용하고 어디든지 가지고 다닙니다. 3 회사 밖에 있을 때도 저는 전화기를 가지고 일할 수 있습니다. 4 제가 기기를 잘 다루는 편은 아니지만 스마트폰은 매우 편리하고 사용하기 쉽습니다. 5 음악을 듣거나 영화를 보고, 친구들과 온라인상에서 이야기를 나누기도 합니다. 6 스마트폰은 휴대용 컴퓨터나 마찬가지입니다. 7 지금은 스마트폰 없이 사는 것을 상상할 수도 없습니다.

1 테크놀로지의 종류
일상생활에서 사용하는 기기로 대표적인 스마트폰을 답변으로 준비합니다.

2 사용 빈도
흔히 사용하는 기기이므로 매일 사용한다고 답하는 것이 일반적일 것입니다. 경우에 따라서 once a day, once a week으로 일정 기간 동안 이용하는 횟수를 말할 수도 있습니다.

4 테크놀로지의 장점
테크놀로지의 대표적인 장점은 '편리함(convenient , easy to use)'일 것입니다.

5 주된 용도
자주 이용하는 기능에 대해 언급합니다.

7 마무리
유용한 기기에 대한 답변이므로, 생활에 꼭 필요한 것이 되었다고 마무리합니다.

PLUS

fast and quick 빠른
economical 경제적인
cost-effective 저렴한
less time consuming 시간이 덜 드는

자주 쓰는 표현

OPIc 답변으로 유용한 표현들을 듣고, 나에게 필요한 것을 골라 큰 소리로 말해 보세요.

1. 스마트폰 MP3 049

- A smart phone is just like a **portable computer.** 스마트폰은 휴대용 컴퓨터와 같습니다.
- I always **bring** my cell phone **everywhere I go.** 저는 휴대전화를 항상 가는 곳마다 들고 다닙니다.
- I **upload** lots of **photos** to SNS with my cell phone. 저는 휴대전화로 SNS에 많은 사진을 올립니다.
- I **enjoy** various **mobile games** on my smart phone. 저는 스마트폰으로 각종 게임을 즐깁니다.
- I **listen to music** with music applications **anytime and anywhere.**
  저는 언제 어디서든 음악 어플로 음악을 듣습니다.
- I **send text messages** to my family and friends several times a day.
  저는 가족과 친구들에게 하루에도 여러 번 문자를 보냅니다.
- I enjoy **taking pictures** with my cell phone because it has a **built-in** digital camera.
  저는 디지털 카메라가 내장되어 있어서 제 휴대전화로 사진 찍는 걸 즐깁니다.
- I have all my events on my smart phone, and it's like **my personal assistant.**
  저는 스마트폰으로 모든 일정을 기재하고 있어서 이건 마치 제 개인 비서 같습니다.
- I can instantly **process** all my **banking transactions** on my smart phone.
  저는 스마트폰으로 모든 은행 업무를 바로 처리할 수 있습니다.
- My cell phone is so important to me that **I cannot live without it.**
  제 휴대전화는 너무 중요해서 그것 없이는 살 수 없습니다.

I always bring ____________ everywhere I go.

2. 컴퓨터 등 기타 테크놀로지 MP3 050

- My computer helps me to work **faster and more efficiently.**
  컴퓨터로 인해 저는 더 빠르고 효율적으로 일할 수 있습니다.
- After school, I spend hours **managing my blog** with my laptop.
  방과 후에 저는 노트북으로 몇 시간씩 제 블로그를 관리합니다.
- I use my computer **for about 2 hours a day** to do my school work.
  학교 숙제를 하기 위해 하루에 2시간 정도 컴퓨터를 사용합니다.
- I usually read the daily news, listen to music, or watch movies **on my computer.**
  저는 컴퓨터로 보통 그날의 뉴스를 보고 음악을 듣거나 영화를 봅니다.
- I participate in videoconferences by **web cam.** 웹캠을 통해 화상회의를 합니다.
- We use a **projector** during presentations. 발표할 때 프로젝터를 사용합니다.
- I take a picture and upload it to my SNS from my **digital camera.**
  저는 디지털 카메라로 사진을 찍고 제 SNS에 올립니다.

I usually ____________ or ____________ on my computer.

3. 테크놀로지의 변화 MP3 051

- Technology **has greatly developed** through the years.
  다년간 기술이 많이 발전하였습니다.
- You can find **remarkable changes in technology** between the past and the present.
  과거와 현재 사이에 기술의 현저한 변화를 알 수 있습니다.
- There have been **big changes in technology** from the past to the present.
  과거에서 현재까지 테크놀로지의 변화가 컸습니다.
- **In the past**, the telephone and postal mail were the only means to **convey news.**
  과거에는 전화와 우편이 소식을 전하는 유일한 수단이었습니다.
- **Nowadays**, you can communicate with others by sending e-mails or chatting online.
  요즘은 이메일을 보내거나 온라인으로 채팅을 함으로써 타인과 의사소통을 할 수 있습니다.
- The laptop **that I'm using now** is much lighter and has more storage **than the previous one.** 제가 지금 사용하는 노트북은 이전 것보다 훨씬 더 가볍고 저장 용량이 더 큽니다.

The ____________ that I'm using now is much ____________ than the previous one.

4. 테크놀로지의 장단점 MP3 052

- We can **communicate with people** all over the world.
  전 세계 사람들과 교류할 수 있습니다.
- I can **acquire various information** in a short time.
  다양한 정보를 빠른 시간에 습득할 수 있습니다.
- You can **share** your **story** with people through blogs or SNS.
  블로그나 SNS를 통해 자신의 이야기를 사람들과 공유할 수 있습니다.
- **You don't need to waste time** looking for a pay phone.
  공중전화를 찾기 위해 시간을 낭비할 필요가 없습니다.
- With your cell phone, you can **make calls** even on the subway.
  휴대전화로는 지하철 안에서도 전화를 걸 수가 있습니다.
- Sometimes technology is changing so fast that it **makes people impatient.**
  때로는 테크놀로지가 너무 빨리 바뀌어서 사람들을 조급하게 만듭니다.

We can share ____________ with people through ____________.

나만의 답변

자주 쓰는 표현을 이용해 나만의 답변을 만들어 보세요.

There are some useful technology devices people use in their daily lives. What kinds of technology do people like to use these days?

콤보문제

테크놀로지 문제는 학생과 직장인 상관없이 출제되고 있습니다. 답변할 때, 집과 회사, 학교에서 공통적으로 쓸 수 있는 테크놀로지를 정하면 다양한 문제에 대비가 가능합니다.

MP3 053

1. What kinds of machines or equipment do you use in the office? How do they help you work? Tell me about it in detail.

회사에서 어떤 종류의 기계나 장비를 사용합니까? 어떻게 일에 도움이 되나요? 자세히 말해 주세요.

■The most common piece of technology I use at work is the all-in-one printer. You can do everything from copying documents, sending or receiving faxes, and scanning photos with just this one machine. ●At first, it was a very expensive machine but now it is much lower in price. So it is used in most offices these days. This machine is really useful in the workplace because it saves time as well as money.

■자주 사용하는 기기

직장에서 누구나 사용하는 복합기에 대한 내용을 준비할 수 있습니다. 기기의 대표적인 용도 몇 가지를 말합니다.

●기기의 장점

기기의 장점을 비용 및 시간과 연결시키는 것이 좋습니다. 기기를 활용해서 돈을 절약할 수 있고, 시간을 효율적으로 활용할 수 있다고 하면 훌륭한 답변이 됩니다.

제가 직장에서 사용하는 가장 흔한 테크놀로지는 복합 프린터입니다. 문서 복사와 팩스 송수신, 사진 스캔 등 모든 작업을 이 한 대의 기계로 할 수 있습니다. 처음에는 매우 비싼 기계였지만 지금은 가격이 훨씬 낮아졌습니다. 그래서 요즘엔 많은 사무실에서 사용됩니다. 이 기기는 비용뿐만 아니라 시간도 절약할 수 있기 때문에 사무실에서 매우 유용합니다.

MP3 054

2. There are many differences between current technologies and the past technologies. What things do you think are different, comparing the past to the present?

테크놀로지는 과거와 현재에 많은 차이가 있습니다. 과거와 현재를 비교해서 어떤 차이가 있나요?

■Modern technology has improved in performance, but the price is much lower than in the past. I heard that a computer cost more than a car long ago. ●When cell phones first came out, it was not for everyone. It was for rich people who could pay almost a month's salary for the new technology. But now, almost everyone is able to own a mobile phone and a computer, and the price has gotten lower and lower.

■기기의 변화

변화로서 확실한 것은 많은 기기들이 그 기능은 향상된 반면, 누구나 소유할 수 있을 만큼 가격이 낮아진 점일 것입니다.

●구체적인 예

개인 컴퓨터나 휴대전화는 과거에 소수의 사람들만이 쓸 수 있을 정도로 비쌌다는 것을 예로 듭니다.

현대의 테크놀로지는 성능은 향상되었고, 가격은 과거보다 훨씬 낮아졌습니다. 제가 듣기로 오래 전에는 컴퓨터 한 대가 차 한 대보다 더 값이 나갔다고 합니다. 휴대전화는 처음 나왔을 때 일반인을 위한 것이 아니었습니다. 한 달 치 월급에 가까운 돈을 새 기기에 지불할 수 있는 부자들을 위한 것이었습니다. 그러나 이제는 거의 모든 사람들이 휴대전화와 컴퓨터를 가질 수 있고, 가격은 점점 내려갑니다.

MP3 055

3. Have you had an experience when technology greatly helped your work? Explain when and where it happened and how it helped you.

당신 일에 기기가 크게 도움이 되었던 경험이 있습니까? 그것이 언제, 어디에서, 어떻게 도움이 되었는지 설명해 주세요.

■I recently had to write an important report for my company. But it was not my field of expertise, so I didn't know much about the subject. I had difficulty because of a lack of information. ●Internet surfing helped me greatly at that time. I could find information on the Internet and read articles and reports directly. Above all, I was able to save a lot of time by seeing all the information in one place.

■기기의 도움을 받았던 경험

우리는 어려운 상황에서 도움을 받습니다. I had difficulty because of를 이용해 겪었던 문제 상황을 언급합니다.

●문제 해결

직장인이든 학생이든 인터넷 서핑은 누구나 이용하는 테크놀로지이므로 가장 무난한 답변이 될 수 있습니다. 문제 상황을 해결하는 데 도움이 된 테크놀로지의 장점에 대한 내용으로 마무리합니다.

최근에 회사에서 중요한 보고서를 작성해야 했습니다. 그러나 그것은 제 전문 분야가 아니었기 때문에 저는 주제에 대해 잘 알지 못했습니다. 그래서 정보 부족으로 어려움을 겪었습니다. 인터넷 서핑은 그때 크게 도움이 되었습니다. 저는 인터넷에서 정보를 찾을 수 있었고 기사와 보고서를 직접 볼 수 있었습니다. 무엇보다도 한자리에서 모든 정보를 볼 수 있어서 시간을 많이 절약할 수 있었습니다.

Ask me!

MP3 056

그동안 컴퓨터가 계속 질문했지만, 이제는 역으로 질문을 해달라는 요청을 받습니다. 주제별로 할 수 있는 질문을 미리 생각해 두세요. (컴퓨터는 응시자의 질문에 답변하지 않습니다)

Q. I also use new technology at work. Ask me three or four questions about the type of technology I use at work.

저도 직장에서 새 테크놀로지를 사용합니다. 직장에서 사용하는 테크놀로지 유형에 대해 서너 가지 가지 질문해 보세요.

I heard that you are using new technology at work. ■Let me ask you some questions about that. What kind of technology do you use specifically at work? What do you think is the most useful technology in the workplace? Did you have difficulty when you first used it? ●Do you have any recently implemented technology at work?

■정중하게 시작하기

질문 전에 Let me ask you some questions about that.이라고 하면 정중한 느낌을 줍니다.

●질문하기

테크놀로지와 관련해서 recently implemented technology(최근에 도입된 테크놀로지)라는 표현을 넣어서 질문을 만들어 보세요.

당신이 직장에서 새로운 테크놀로지를 사용하고 있다고 들었습니다. 그에 대해 몇 가지 질문을 하겠습니다. 직장에서 구체적으로 어떤 종류의 테크놀로지를 사용하고 있습니까? 직장에서 사용하는 테크놀로지 중에 가장 유용한 것이 무엇이라고 생각합니까? 처음 그것을 사용할 때 어려움은 없었나요? 직장에서 최근 새롭게 도입된 테크놀로지가 있습니까?

UNIT 06 사는 곳에 대해 말하기

원어민 음성 바로듣기

기출문제

Please tell me about your house. How many rooms do you have in your house? Where is your favorite place in your house?

당신의 집에 대해서 말해 주세요. 집에는 방이 몇 개나 있나요? 가장 좋아하는 공간은 어디인가요?

설문조사 3번 주거형태를 묻는 항목에서 [개인주택이나 아파트에 홀로 거주], [친구나 룸메이트와 함께 주택이나 아파트에 거주], [가족(배우자/자녀/기타 가족 일원)과 함께 주택이나 아파트에 거주]를 고르면 공통으로 출제되는 거주지 관련 장소 묘사 문제입니다. 거주지와 관련해 나올 문제에 대비해서 미리 생각해 보세요.

답변 준비

현재 살고 있는 집과 관련해서는 포괄적인 문제가 먼저 나옵니다. 그 후에는 집과 관련된 경험이나 비교 등 좀 더 세부적인 설명을 요구합니다. 따라서 사는 곳에 대해 첫 문제부터 자세하게 설명하는 것은 피해야 합니다. 그렇지 않으면 뒤에 가서 할 말이 없어지거나 같은 답변을 반복하게 됩니다.

현재 살고 있는 집의 유형과 규모에 대해 간단히 언급하고, 집 안에서 본인이 가장 많은 시간을 보내는 장소, 또는 가장 좋아하는 장소에 대해서는 조금 더 자세한 설명을 준비합니다. 자신만의 공간인 방이나 욕실, 편안한 소파가 있는 거실 등 개인적으로 좋아하는 공간과 그 이유, 그곳에서 하는 일에 대한 답변을 미리 준비하세요.

우리 집	아파트 5층에 있고 욕실, 주방, 거실, 그리고 내 방이 있다.
가장 좋아하는 공간	거실에 있는 소파
그곳이 좋은 이유	편하고 아늑해서 책을 읽고 음악을 듣기에 안성맞춤이다.
개인적인 느낌	밖에서 하루를 보내고 집에 돌아와서 소파에 앉으면 위안을 받는 것 같다.

따라 읽기

다음 샘플답변을 듣고 따라 읽어 보세요. 샘플답변을 참고해서 나만의 답변을 생각해 보세요.

MP3 057

1 I live in an apartment. 2 My house is on the fifth floor. 3 It has a bathroom, kitchen, living room, and one bedroom. 4 The living room is my favorite place since I spend a lot of time there. 5 When you walk into my house, there is a huge window in the living room. 6 Next to the window, there is a desk and a small couch. 7 The couch is very soft and comfortable. 8 Reading a book and listening to music in the living room are like heaven.

1 저는 아파트(다세대 주택)에 삽니다. 2 저희 집은 5층에 있습니다. 3 집에는 욕실과 부엌, 거실, 그리고 한 개의 침실이 있습니다. 4 이 중 제가 가장 좋아하는 공간은 거실이고, 그곳에서 가장 많은 시간을 보냅니다. 5 집에 들어오면 거실에 큰 창이 보입니다. 6 큰 창 옆으로 책상과 작은 소파가 놓여 있습니다. 7 그 소파는 매우 푹신하고 편안합니다. 8 거실에서 책을 읽고, 음악을 들으면 마치 천국에 있는 듯한 기분이 듭니다.

1 내가 사는 곳
[개인주택이나 아파트에 홀로 거주]를 전제로 답변을 준비했습니다. 우리나라의 대표적인 주거 형태인 다세대 주택을 나타내는 말로 apartment가 있습니다.

3 집안의 구조
특정 장소를 묘사할 때는 모든 것을 다 담으려 하지 말고, 대표적인 것들만을 단순화해서 말하도록 합니다.

4 가장 좋아하는 공간
자신이 가장 많은 시간을 보내는 공간이나, 가장 좋아하는 공간이 어디인지 반드시 언급합니다. 집에 들어와서 가장 먼저 보이는 것부터 시작해서 시선이 움직이듯 하나씩 나열하면 듣는 사람이 방안의 구조를 이해하는 데 큰 도움이 됩니다.

7 개인적인 느낌
가장 좋아하는 공간에서 하는 일을 언급하고, 그곳을 좋아하는 이유를 덧붙입니다. 방안의 분위기를 설명할 때 comfortable, cozy(편안한)와 같은 어휘를 사용할 수 있습니다.

PLUS

집 안의 상태
cozy 아늑한, 편안한
comfortable 편안한
neat, tidy 깔끔한
well-organized 정돈된
messy, untidy 어질러진
dirty 더러운
spacious, big, large 공간이 넓은
stuffy 답답한
relaxing 마음을 편하게 하는
luxurious, extravagant 화려한

자주 쓰는 표현

OPIc 답변으로 유용한 표현들을 듣고, 나에게 필요한 것을 골라 큰 소리로 말해 보세요.

1. 주거 형태 MP3 058

- **I live in** a small apartment. 저는 작은 아파트에서 살고 있습니다.
- My studio is **furnished.** 제 원룸은 가구가 다 갖춰져 있습니다.
- My house is **in a residential area.** 우리 집은 주택가에 있습니다.
- I live on the 6th floor of **a 15-story apartment building.**
  저는 15층 아파트의 6층에서 살고 있습니다.

PLUS

studio 원룸 apartment, multiplex house 다세대 주택 share house 공동주택 dormitory 기숙사 barrack 군대 막사
residential area 주택가 downtown 도심 outskirt, suburb 외곽 business area 상업지구

I live in ____________.

2. 집 안의 구조 MP3 059

- **My apartment has** a living room, a kitchen, two bathrooms, and three bedrooms.
  저희 아파트는 거실과 부엌, 욕실 2개와 침실 3개로 이루어져 있습니다.
- **The house has** a small front yard. 집 앞에는 작은 정원이 있습니다.
- **The living room has** a high ceiling. 거실은 천장이 높습니다.
- My room is **cozy and neat.** 제 방은 아늑하고 잘 정돈되어 있습니다.
- My room is **square** and has a large window.
  제 방은 큰 창이 나 있는 정사각형 방입니다.
- My bedroom **has a white color scheme.**
  제 침실은 흰색으로 색을 맞춘 방입니다.
- **There is** a desk, a single bed, and a closet **in my room.**
  제 방에는 책상, 싱글 침대와 옷장이 하나 있습니다.
- **My favorite thing about my room is** the polka-dot wallpaper.
  제가 방에서 가장 좋아하는 것은 물방울무늬 벽지입니다.

PLUS

· bedroom 침실 – (bunk) bed (이층) 침대 closet 옷장 dresser 화장대 drawers 서랍장 desk 책상 chair 의자 bookshelf 책장
· bathroom 욕실 – bathroom sink 세면대 bathtub 욕조 shower curtain 샤워 커튼
· living room 거실 – sofa 소파 armchair 안락의자 coffee table 탁자 rug 양탄자 curtain 커튼 shoe cabinet 신발장 frame 액자
· kitchen 부엌 – kitchen sink 싱크대 cabinet 찬장 microwave 전자레인지 refrigerator 냉장고 dishwasher 식기세척기 (kitchen) table 식탁 (kitchen) counter 조리대
· 기타 장소 – study 서재 loft 다락 balcony 발코니 rooftop 옥상 garden, courtyard 마당, 뜰

My room has ____________.

3. 좋아하는 공간 MP3 060

- **My favorite place in my house is** the living room.
  제가 집에서 가장 좋아하는 장소는 거실입니다.
- **What I like most about the house is** the **open rooftop**.
  집에서 제가 제일 좋아하는 곳은 탁 트인 옥상입니다.
- **I love** the wood floors in my living room.
  저는 거실의 마룻바닥을 좋아합니다.
- What I like most about the house is the **huge balcony**.
  집에서 가장 좋아하는 곳은 넓은 발코니입니다.

What I like most about the house is ____________.

4. 기타 MP3 061

- Sometimes **there is a leak** from the ceiling. 가끔 천장에 물이 샙니다.
- I found **mold on the wall**. 벽에 곰팡이가 낀 것을 발견했습니다.
- The toilet was **clogged** and I couldn't use the toilet.
  변기가 막혀서 일을 볼 수 없었습니다.
- **We used to live in** a small house, **but now we live in** quite a big house.
  예전에는 작은 집에서 살았지만 지금은 꽤 큰 집에서 살고 있습니다.
- **When I was a child**, I had to share a room with my sister, **but now** I have my own room.
  어렸을 적에는 언니와 방을 함께 써야 했지만 지금은 제 방이 있습니다.

Sometimes there is ____________.

나만의 답변

자주 쓰는 표현을 이용해 나만의 답변을 만들어 보세요.

Please tell me about your house. How many rooms do you have in your house? Where is your favorite place in your house?

⊸ 콤보문제

거주지 문제의 특징은 장소를 묘사하는 답변을 해야 한다는 것입니다. 다음 4개의 콤보문제를 살펴보고 샘플답변을 참고해서 자신의 답변을 준비해 보세요.

MP3 062

1. Please describe your room in detail. What does it look like? What is there in your room?

당신의 방에 대해서 자세히 묘사해 주세요. 방이 어떻게 생겼나요? 당신의 방에는 무엇이 있나요?

■When I enter my room, the first thing I see is my bed. And there is a desk beside the bed. I have my laptop computer on the desk, and there are my favorite books on the bookshelf. There is a closet on the opposite side of the bed and a small table next to it. There is a bluetooth speaker on the table. When I am in the room, I always turn on the speaker and play music.

■나의 방

방에 들어가면 처음 보이는 것으로 시작합니다. 처음 보이는 것을 기준으로 그 근처의 사물들로 시선을 옮기듯 방의 내부를 묘사합니다. 듣는 사람이 쉽게 그려볼 수 있는 정도로 단순한 문장들로 구성해 보세요. beside, opposite, next to 등의 기초 단어들로도 장소를 충분히 묘사할 수 있습니다.

제 방에 들어서면 가장 먼저 보이는 건 침대입니다. 침대 옆에는 책상이 있습니다. 책상 위에는 노트북이 있고 책장에는 제가 가장 좋아하는 책들이 있습니다. 침대 맞은편에는 옷장이 있고 그 옆엔 작은 탁자가 있습니다. 탁자 위에는 블루투스 스피커가 있습니다. 방에 있을 때는 항상 스피커를 켜고 음악을 틀어 놓습니다.

MP3 063

2. How is your current home different from home you grew up in when you were a child? How has it changed? Please tell me in detail.

지금 살고 있는 집과 어릴 적 살던 집이 어떻게 다른가요? 어떻게 변화했나요? 자세히 말해 주세요.

■In my opinion, the biggest change is the type of housing. As a child, I lived in a small house but now I live in an apartment. When I was in elementary school, I moved to an apartment. Although apartments were easier to live in than houses, I was unfamiliar with this type of housing when I first moved in. I was very nervous about the noise from the floors above and below, but now I'm used to it. ●Despite everything, living in a safe and clean environment seems to be the biggest merit of living in an apartment.

■집 비교하기

비교하여 말할 때는 분명하게 상충되는 요소를 중심으로 이야기하는 게 편리합니다. 새 집에 이사 와서 생소하게 느꼈던 것을 기억해 봅시다. 평생 같은 집에서 살았다면 집을 개선했던 경험에 대해 이야기합니다.

●장단점

현재 살고 있는 집의 장단점을 말하며 마무리합니다. 앞에서 부정적인 이야기를 했더라도 despite everything(모든 것에도 불구하고)을 이용해 긍정적으로 마무리합니다.

제가 볼 때 가장 큰 변화는 주거 형태입니다. 어릴 때 저는 작은 주택에서 살았는데 지금은 아파트에 삽니다. 제가 초등학생일 때 아파트로 이사 왔습니다. 아파트는 주택에 비해 살기 편했지만 처음 이사 왔을 때는 이런 종류의 집이 낯설었습니다. 위아래 층에서 나는 소음에 많이 신경이 쓰였지만 지금은 익숙해져서 괜찮습니다. 모든 것에도 불구하고, 안전하고 깨끗한 환경에서 살 수 있다는 것이 아파트에 사는 가장 큰 장점인 것 같습니다.

MP3 064

3. Tell me about some issues or problems that happened in your home. When did it happen and what caused the problem? Explain in as much detail as possible.

집에서 있었던 몇 가지 문제에 대해 말해 주세요. 언제 문제가 발생했고, 그 원인은 무엇이었습니까? 자세히 설명해 주세요.

■Once, the bathroom pipe burst and there was water all over the bathroom as well as the living room. I had to use a bucket first, and then I mopped the floor again and again. ●I paid a lot of money for a repairman to replace the old pipe. It seems that there are various problems all the time because the house is getting old. But every time I fix a problem, it feels like I am making my place more pleasant so it's not that bad.

■집에 있었던 문제

집 안의 무언가가 고장 나서 수리하거나 새로 인테리어를 하는 등의 외적·물리적 사건 사고를 말합니다.

●문제 해결

문제 상황을 말한 뒤에는 해결한 내용이 뒤따릅니다. 문제를 고치는 것은 더 좋은 집을 만드는 과정이므로 그렇게 나쁘지 않다(it's not that bad)고 마무리해 봅시다.

한번은 욕실 파이프가 터져서 욕실은 물론 거실까지 온통 물이 찬 적이 있었습니다. 처음엔 바가지로, 이후에는 걸레로 닦고 또 닦아야만 했습니다. 수리공을 불러 낡은 파이프를 교체하느라 돈도 많이 들었습니다. 집이 오래되니까 항상 이런저런 문제가 생기는 것 같습니다. 하지만 매번 문제점을 고칠 때마다 집을 더욱 쾌적하게 만드는 것 같아서 그렇게 나쁘지만은 않습니다.

Ask me!

MP3 065

그동안 컴퓨터가 계속 질문했지만, 이제는 역으로 질문을 해달라는 요청을 받습니다. 주제별로 할 수 있는 질문을 미리 생각해 두세요. (컴퓨터는 응시자의 질문에 답변하지 않습니다)

Q. I live in an apartment as well. Please ask me three or four questions about my place.

저 역시 아파트에 삽니다. 저에게 거주지에 관해 서너 가지 질문해 보세요.

I heard that you also live in an apartment like me. ■Let me ask you some questions about that if you don't mind. ●How many floors does your apartment have? Which floor do you live on? How many rooms are there in your apartment? Do you have a special view at home?

■정중하게 시작하기

if you don't mind는 '괜찮으시다면'을 의미하는 정중한 표현입니다.

●추가 질문

Where is your favorite place at home? 집에서 가장 좋아하는 장소가 어디입니까?

당신도 저처럼 아파트에 산다고 들었습니다. 괜찮다면 그에 대해 몇 가지 질문을 하겠습니다. 당신이 사는 아파트는 몇 층입니까? 몇 층에 거주하시나요? 방은 몇 개입니까? 집에서 보이는 특별한 전망이 있나요?

UNIT 07 동네와 이웃에 대해 말하기

기출문제

Have you talked with your neighbors recently? When was it? What did you talk about?

최근 이웃과 대화를 나눈 적이 있습니까? 언제였나요? 어떤 이야기를 나누었나요?

OPIc에서는 개인신상과 관련해서 현재 살고 있는 동네나 이웃에 관한 문제가 자주 출제됩니다. 이웃과 교류가 없는 경우가 많아 어렵게 느낄 수 있지만, 우선 어떤 답변으로 구성할지 생각해 봅시다.

답변 준비

이웃의 범위는 꼭 옆집에 살지 않더라도 집 주변에서 내가 자주 가는 가게, 식당, 편의점, 세탁소의 점원이나 주인까지 넓게 생각할 수 있습니다. 이야기해 본 이웃이 없다면 친한 친구가 동네에 산다고 가정하고 평소 친구와 나눈 이야기를 활용하는 것도 방법입니다.

우선 최근에 이웃을 만났던 때와 장소에 대해 언급합니다. 어느 날 저녁에 공동 분리수거장에서 이웃을 만나 이야기할 수도 있고, 주말 저녁 가족과 함께 식사를 하러 간 식당에서 식당 주인과 이야기할 수도 있을 것입니다. 그곳에서 있었던 일과 함께 나눈 이야기들, 대화를 통해 느꼈던 점이나 그 후의 이야기로 답변을 구성합니다.

최근에 만난 이웃	옆 동의 이웃
만난 시간과 장소	지난 주말, 동네 반상회
대화 내용	동네 길고양이 돌보기
느낀 점, 인상	함께 무언가를 한다는 것이 좋았다.
그 이후의 변화	길고양이들을 돌봐주면서 이웃과 더 가까워졌다.

따라 읽기

다음 샘플답변을 듣고 따라 읽어 보세요. 샘플답변을 참고해서 나만의 답변을 생각해 보세요.

MP3 066

1 Last weekend, I met my next door neighbor at a monthly neighborhood meeting. 2 One of the topics at the monthly meeting was about a homeless kitten strolling around the neighborhood. 3 We talked about the kitten and how to help it. 4 After the meeting, we looked around the area to see if there were any other cats to help. 5 I was proud to do something together with my neighbor for our neighborhood. 6 Working together to help the cats brought us a lot closer.

1 지난 주말 저는 반상회에서 이웃을 만났습니다. 2 반상회의 주제 중 하나가 동네 주변을 어슬렁거리는 길고양이에 관한 것이었습니다. 3 우리는 고양이를 어떻게 도와줄 것인가에 대해 이야기를 나누었습니다. 4 반상회 후에 우리는 도움이 필요한 고양이가 있는지를 보기 위해 돌아다녔습니다. 5 저는 동네를 위해 이웃과 무언가를 함께 한다는 것이 뿌듯했습니다. 6 함께 고양이를 도와준 일이 있고 나서 우리는 훨씬 더 친해졌습니다.

1 최근 만난 이웃

최근의 경험에 대해 설명해 달라는 문제의 경우, 너무 오래 전의 기억보다는 last weekend, yesterday와 같이 쉽게 표현할 수 있는 과거를 선택하는 것이 좋습니다. 아파트에서 산다면 반상회 모임에서 나눈 이야기나 엘리베이터를 기다리는 동안 이웃과 마주친 경험이 있을 수 있습니다.

3 대화의 주제

We talked about 등의 표현을 통해 대화의 주제가 무엇이었는지에 대해 말합니다.

4 있었던 일

대화의 주제뿐만 아니라, 그 대화로 인한 행동과 결과를 함께 이야기한다면 좀 더 완결성 있는 답변이 될 것입니다.

6 그 이후의 변화

그 일로 이웃과 어떻게 지내는지 덧붙이며 마무리합니다.

PLUS

이웃과의 문제
noise complaint issues
층간 소음 문제
rumors around the neighborhood
동네에 떠도는 소문
smoking problem between neighbors
이웃 사이의 흡연 문제

자주 쓰는 표현

OPIc 답변으로 유용한 표현들을 듣고, 나에게 필요한 것을 골라 큰 소리로 말해 보세요.

1. 동네 MP3 067

- **The atmosphere of my neighborhood** is very quiet.
  우리 동네의 분위기는 아주 조용합니다.
- **There are** so many people and cars **in my neighborhood.**
  우리 동네에는 사람과 차가 아주 많습니다.
- **There is** a river and a mountain **around my neighborhood.**
  우리 동네 주변에는 강과 산이 있습니다.
- **We have** many stores and supermarkets **near my neighborhood.**
  우리 동네 근처에는 가게와 마트가 많이 있습니다.

PLUS
peaceful 평화로운
friendly 정겨운
noisy 시끄러운

 The atmosphere of my neighborhood is ____________.

2. 이웃 MP3 068

- **There is** a newly-married couple **next door.**
  옆집에는 신혼부부가 살고 있습니다.
- One of my colleagues **lives next door to me.**
  My next-door neighbor is my colleague.
  제 직장 동료가 옆집에 살고 있습니다.
- My friend **lives close to my house.**
  제 친구는 저희 집에서 가까운 곳에 살고 있습니다.
- A couple **moved in** next door last Friday.
  한 부부가 지난 금요일에 옆집으로 이사를 왔습니다.
- **My neighbor is** very picky.
  제 바로 옆집 이웃은 매우 까다롭습니다.
- **The people next door are** very kind and nice.
  옆집에 사는 사람들은 아주 친절하고 성격이 좋습니다.

PLUS
friendly, nice 친절한
picky 까다로운
generous, open-minded 관대한
shy 부끄럼 타는
cold 냉소적인
mean 인색한
smiling 항상 미소 짓는
extroverted, active, outgoing 외향적인
introverted 내성적인
narrow-minded 속이 좁은

The people next door are ____________.

3. 이웃과의 관계 MP3 069

- I **get along well with** the family next door. 저는 이웃집 사람들과 잘 지냅니다.
- **That's why I like** my neighbors. 그것이 제가 이웃 사람들을 좋아하는 이유입니다.
- We **have mutual friends.** 둘 다 아는 친구가 있습니다.
- We are not that **close.** 우리는 그렇게 친하지 않습니다.
- I **rarely have a chance to** see my neighbors.
  저는 이웃을 볼 기회가 거의 없습니다.

✦ I've hardly **exchanged** a few **words with** my neighbor.
저는 이웃과 대화를 거의 몇 마디 나눠 본 적이 없습니다.

✦ We often **have a dispute on** garbage sorting.
우리는 종종 분리수거 문제로 다툽니다.

🎙 I get along well with ____________.

4. 이웃과 하는 활동 MP3 070

✦ We **have a neighborhood meeting** once a month.
우리는 한 달에 한 번 반상회를 갖습니다.

✦ We sometimes **clean up the streets** together.
우리는 가끔 거리를 함께 청소합니다.

✦ We **clear the snow from the streets** in winter.
겨울에는 도로의 눈을 치웁니다.

✦ We **sweep up the dead leaves** together in fall.
가을에 우리는 함께 낙엽을 쓸어 치웁니다.

✦ **I talked with my neighbors most recently** last Monday.
최근에 이웃과 이야기를 나눈 것은 지난 금요일이었습니다.

✦ We **talked about the movie** I had recently watched.
우리는 제가 최근에 본 영화에 대해 이야기했습니다.

✦ We **discussed** garbage sorting policies.
쓰레기 분리정책에 대해서 이야기했습니다.

✦ I sometimes **share food with** my next door neighbor.
저는 가끔 이웃과 함께 음식을 나눠 먹습니다.

✦ We **shared some information on** the new building in my neighborhood.
동네에 새로 생긴 건물에 대한 정보를 주고받았습니다.

🎙 We sometimes ____________ together.

나만의 답변

자주 쓰는 표현을 이용해 나만의 답변을 만들어 보세요.

Have you talked with your neighbors recently? When was it? What did you talk about?

●콤보문제

OPIc에는 동네 묘사와 이웃 소개 문제가 자주 나옵니다. 좀 더 까다로운 문제는 동네에서 최근 거론되고 있는 이슈에 대해 묻기도 합니다. 다음 4개의 콤보문제를 살펴보고 샘플답변을 참고해서 자신의 답변을 준비해 보세요.

MP3 071

1. I would like to hear about your neighborhood. What is there near your house? Please describe your neighborhood in as much detail as possible.

당신이 살고 있는 동네에 대해서 알고 싶습니다. 집 근처에 무엇이 있습니까? 당신의 동네에 대해 자세히 말해 주세요.

■Our neighborhood is close to downtown and has a convenient transportation. There are plenty of stores near my house so I can buy almost anything in the neighborhood. I can meet friends comfortably because there are many cafes and restaurants in front of my house. ●However, sometimes I get irritated because there are too many people and vehicles. Of course, it's a bit noisy and has bad air but I can't give up living here because of convenience.

■우리 동네

살고 있는 동네의 유형과 대표적인 장점을 언급합니다. 넓은 공간이므로 There are plenty of(~가 많습니다)가 유용하게 쓰입니다.

●동네의 장단점

동네의 장점 뒤에, 이와 대조되는 단점도 언급합니다. 도시와 시골이 각각 가지고 있는 장단점을 대조하는 것으로 접근해 보세요.

저희 동네는 도심에서 가깝고 교통이 매우 편리합니다. 집 근처에는 상점이 많이 있어서 동네에서 거의 모든 것을 쇼핑할 수 있습니다. 집 앞에 카페와 레스토랑이 많이 있기 때문에 편하게 친구를 만날 수 있습니다. 그러나 때로는 사람과 차가 너무 많아서 짜증이 날 때도 있습니다. 물론 조금 시끄럽고 공기도 나쁘지만 저는 편리함 때문에 이곳에 사는 것을 포기할 수 없습니다.

MP3 072

2. Describe one of your neighbors in detail, and tell me how you became acquainted. What do you usually do with your neighbors?

이웃 중 한 사람을 자세히 묘사해 주세요. 어떻게 그 이웃과 알게 되었는지 말해 주세요. 보통 이웃과 무슨 일을 하나요?

■There are not many neighbors who I am especially close to. However, the elderly couple next door helped me a lot from the day I moved in. ●If they make delicious food, they want to share with me. Sometimes they accept deliveries for me when I am not home. I don't spend a lot of time at home and I can't meet them so often, but we try to take care of each other whenever we have the chance.

■가까운 이웃

아주 가깝고 친한 사이가 아닌 가볍게 교류하는 이웃에 대해 소개하는 것도 좋습니다. close to(~에 가까운)

●에피소드

평소에 음식을 나누어 먹거나 부재중에 택배를 받아주는(accept deliveries) 것만으로도 이웃과의 충분한 교류가 될 수 있습니다. take care of each other(서로를 돌보다)

제가 특별히 가깝게 지내는 이웃들은 그리 많지 않습니다. 하지만 옆집에 사는 노부부는 이사 한 날부터 저를 많이 도와주었습니다. 그분들은 맛있는 음식을 만들면 저와 나누고 싶어 하고, 제가 집에 없을 때 가끔 택배를 받아 주기도 합니다. 저는 집에서 많은 시간을 보내지 않아 그분들을 자주 만날 수는 없지만 기회가 있을 때마다 서로를 돌봐주려고 합니다.

MP3 073

3. Do you have any special issues in your neighborhood? What is the issue? Why has it become so important? Please tell me in detail.

당신의 동네에 특별한 이슈가 있습니까? 어떤 이슈인가요? 왜 그 문제가 중요해졌나요? 자세히 이야기해 주세요.

■The most recent issue in our neighborhood was about strangers gathering in the park to drink and smoke at night. Especially on summer nights, there are some drunk people who hang out there until late, and the neighbors are complaining about it. Even the police cannot help us every time so the residents had a meeting to solve this problem. ●In the end, the residents' association decided to take regular patrols at night.

■동네의 이슈

The most recent issue in our neighborhood was를 이용해 답변을 시작합니다. 맛있는 식당이 생겼다든지 역이나 버스 노선이 새로 생겼다는 등 생활과 관련된 관심거리도 좋고, 사회 문제나 동네의 소문에 대해서 이야기할 수도 있습니다.

●결론

문제점에 대한 해결이나 결과를 이야기할 때에는 in the end(결국)가 유용합니다.

우리 동네의 가장 최근 이슈는 밤에 공원에 모여 술을 마시거나 담배를 피우는 낯선 사람들에 관한 것입니다. 특히 여름밤에는 술에 취한 채 늦게까지 돌아다니는 사람들이 있어서 이웃들은 불평하고 있습니다. 경찰도 매번 우리를 도울 수 없으므로 주민들은 이 문제를 해결하기 위해 회의를 했습니다. 결국, 자치회는 밤에 정기적으로 순찰하기로 했습니다.

• Ask me!

MP3 074

그동안 컴퓨터가 계속 질문했지만, 이제는 역으로 질문을 해달라는 요청을 받습니다. 주제별로 할 수 있는 질문을 미리 생각해 두세요. (컴퓨터는 응시자의 질문에 답변하지 않습니다)

Q. I also have a close neighbor. Please ask me three or four questions about him or her.

저에게도 친한 이웃이 있습니다. 그분에 대해 저에게 서너 가지 질문해 보세요.

I heard that you have a close neighbor. How did you get close to him or her? ■Since when have you been close to him or her? Was there any special occasion that made you two close? What kinds of conversations do you have with your neighbors?

■질문하기

마치 여러분이 직접 OPIc 문제를 출제하는 것처럼, 친한 이웃에 대한 질문을 만들어 봅니다. Since when have you ~?는 '언제부터 ~했느냐?'를 의미합니다.

당신에게 친한 이웃 주민이 있다고 들었습니다. 그 사람과 어떻게 가까워졌습니까? 언제부터 가깝게 지냈습니까? 두 분이 가까워지는 특별한 사건이 있었습니까? 이웃 주민과 만나면 어떤 대화를 하나요?

UNIT 08 홈 프로젝트

기출문제

Have you done any home improvement projects before? What kind of project was it? What made you decide to do that project?

주거 개선을 위한 일을 한 적이 있습니까? 어떤 프로젝트였습니까? 그 일을 하기로 결정한 이유는 무엇입니까?

홈 프로젝트는 주거 개선을 위한 일을 말합니다. 거창한 공사에 대한 이야기를 준비할 필요는 없습니다. 일상생활에서 소소하게 일어나는 문제들을 해결하는 것도 홈 프로젝트에 해당하니 부담 갖지 말고 생각해 보세요.

답변 준비

주거 개선을 위한 홈 프로젝트는 설문조사 3번과 관련되어, 돌발문제라기보다 신상 관련 문제로 OPIc 응시자라면 반드시 답변을 준비해야 하는 주제입니다. 우리가 항상 머무는 곳인 집이라는 장소에는 다양한 문제가 있을 수 있습니다. 예를 들어, 현관문이 고장이 나서 잠글 수 없는 경우, 이를 개선하기 위해 수리가 필요합니다. 직접 공구를 들고 고칠 수도 있고, 기술자를 불러 돈을 주고 고치게 할 수도 있습니다. 현관문을 새것으로 교체하는 것도 방법일 것입니다. 이렇게 문제점과 그것을 해결한 과정에 대해 설명하는 것이 OPIc의 전형적인 답변입니다. 그리고 그러한 경험으로 인해 느낀 점이나 교훈으로 마무리하면 좀 더 완결성 있는 답변이 될 것입니다.

홈 프로젝트	화장실 수리
진행 과정	변기를 바꾸고, 세면대를 수리하고, 등도 바꿨다.
어려웠던 점	돈이 많이 들었다.
결과	수리하시는 분이 일을 잘해 줘서 만족스럽게 끝났다.
느낀 점	돈은 썼지만 기분이 좋았다.

따라 읽기

다음 샘플답변을 듣고 따라 읽어 보세요. 샘플답변을 참고해서 나만의 답변을 생각해 보세요.

MP3 075

1 The most recent home project was to fix the old bathroom. 2 The toilet was old and cracked, so we had to replace it with a new one. 3 In addition, we changed the lower pipe of the washstand, which was often clogged. 4 The light has also been replaced with a power saving LED bulb. 5 Everything was done quickly and perfectly as the repairman was good at his job. 6 It cost a lot, but I felt so good to see the clean bathroom after everything.

1 가장 최근의 홈 프로젝트는 오래된 화장실을 수리하는 것이었습니다. 2 변기가 낡고 금이 가서 새 것으로 교체해야 했습니다. 3 여기에, 종종 막히던 세면대 아래의 파이프도 바꿨습니다. 4 조명 또한 절전 LED 전구로 교체하였습니다. 5 수리하시는 분이 일을 잘해서 모든 것이 신속하고 완벽하게 완료되었습니다. 6 많은 비용이 들었지만 결과적으로 깨끗한 화장실을 보니 기분이 너무 좋았습니다.

1 최근의 주거 개선
The most recent home project was를 이용해 답변을 시작합니다. 가장 최근에 진행한 주거 개선 프로젝트로 화장실 수리에 관한 답변을 준비해 보았습니다.

2 진행 과정 1
화장실 수리와 관련해 변기 교체 외에도 세면대 수리, 전등 갈기 등을 말할 수 있습니다.

5 진행 과정 2
일이 잘 진행되었는지에 대해 언급할 수 있습니다.

4 결과와 느낌
돈이 많이 들었지만 수리 후에 기분이 좋았다라는 식으로 마무리하면 되겠습니다.

PLUS

주거 개선
fix, repair 고치다
change, replace 교체하다
upgrade 개선하다
add 추가하다
install 설치하다

자주 쓰는 표현

OPIc 답변으로 유용한 표현들을 듣고, 나에게 필요한 것을 골라 큰 소리로 말해 보세요.

1. 홈 프로젝트 MP3 076

+ I **redid the wallpaper** last year.
  작년에 벽지를 새로 했습니다.
+ I **added features to** the kitchen for my family.
  가족을 위해 부엌에 기능을 추가했습니다.
+ I **added** a hot tub spa **to** the bathroom.
  욕조 스파 기능을 욕실에 추가했습니다.
+ We **installed** a sprinkler system to protect our home from fire.
  집을 화재로부터 보호하기 위해 스프링클러 시스템을 설치했습니다.
+ I **repainted** rooms and walls when I moved into this house.
  이 집으로 이사 왔을 때 방이랑 벽을 새로 칠했습니다.
+ I **furnished** the house **with** new furniture.
  집에 새로운 가구를 비치했습니다.
+ I **replaced** the windows because of the noise outside.
  바깥 소음 때문에 창문을 교체했습니다.
+ We wanted to **soundproof** our rooms.
  방에 방음공사를 하고 싶었습니다.
+ We **waterproofed** the basement.
  지하실 방수공사를 했습니다.
+ We **repaired** the plumbing and electrical systems before we moved in.
  이사 전에 배관공사와 전기공사를 했습니다.
+ We **bought new heating equipment** because the house was too cold.
  집이 너무 추워서 새로운 난방기기를 샀습니다.
+ My father **upgraded** the ventilation and air conditioning systems.
  아버지는 환기 시스템과 냉난방 시스템을 업그레이드했습니다.

PLUS

tile 타일, 기와
yard 마당
doorway 출입구
hedge 울타리
porch 현관
deck 테라스
banister 난간
stairs 계단
corridor 복도
floor 마루
study 서재
basement 지하
attic 다락
ceiling 천장
pillar 기둥
doorknob 문손잡이
cupboard 선반
roof 지붕
story 층

I added features to the ____________ for my family.

2. 진행 과정 MP3 077

+ I **make small household repairs** by myself.
  집 안의 작은 고장들은 제가 직접 고칩니다.
+ I **did research** on the Internet, in the library, and at the bookstore.
  인터넷을 비롯해 도서관과 서점에서 연구했습니다.
+ I **kept a record of** the construction details.
  공사에 관한 자세한 사항들을 기록해 두었습니다.
+ I **checked** the construction process carefully.
  공사 과정을 꼼꼼히 체크했습니다.
+ I **kept** the receipts related to the remodeling.
  리모델링과 관련된 영수증을 보관했습니다.

- I **bought** all the tools I needed.
  필요한 모든 도구를 샀습니다.
- I wanted to **avoid** mistakes and unexpected problems.
  실수나 예기치 않은 문제를 피하고 싶었습니다.
- I made sure to **get all the materials ready** before starting my work.
  일을 시작하기 전에 필요한 모든 재료 준비를 확실히 했습니다.
- I **practiced** first before I started the job.
  일을 시작하기 전에 먼저 연습했습니다.
- I **got useful advice** at the local hardware store.
  동네 철물점에서 유용한 정보를 얻었습니다.
- I **made a list of** everything I was doing.
  제가 하고 있는 모든 과정을 목록으로 만들었습니다.

I bought ____________ I needed.

3. 결과와 느낀 점 MP3 078

- I **felt pretty nervous** before the project started.
  프로젝트가 시작되기 전에 저는 상당히 긴장했습니다.
- **It felt so good** to see the house totally changed.
  집이 확 달라진 걸 보고 기분이 너무 좋았습니다.
- **It cost money**, but I was happy to see the house change.
  비용은 들었지만 집이 바뀌는 걸 보고 행복했습니다.
- After the remodeling, **I felt like I designed** a new house **by myself.**
  리모델링 후, 제가 직접 새로 집을 설계한 것처럼 느껴졌습니다.

It cost money, but I was ____________ to see the house change.

나만의 답변

자주 쓰는 표현을 이용해 나만의 답변을 만들어 보세요.

Have you done any home improvement project before? What kind of project was it? What made you decide to do that project?

• 콤보문제

주거 개선 프로젝트는 집을 고치는 것뿐만 아니라 그 과정에서의 어려움, 주거 개선 후에 든 생각을 묻는 문제가 출제되고 있습니다. 다음 4개의 콤보문제를 살펴보고 샘플답변을 참고해서 자신의 답변을 준비해 보세요.

MP3 079

1. There are always problems to fix in any home. Please tell me about an experience when you did a home improvement project and explain to me how things changed before and after that project.

어떤 집이든 항상 고쳐야 할 문제가 있습니다. 주거 개선을 한 경험을 이야기하고, 전후 어떻게 변화되었는지 설명해 주세요.

■It was last summer when rain was pouring. Suddenly, rain water leaked into my bedroom, and I found that the window frame was old and cracked. I had to replace it, but I was worried about the cost. ●Fortunately, one friend of mine gave me a good tip. My friend recommended I use a special glue that sticks only to cracked areas, and it worked like magic! Since then, the glue has been used in many ways to fix my house.

■주거 개선을 한 경험

언제든 집에 문제가 발생할 수 있습니다. 그것을 개선하기 위해 집에 어떤 일을 했는지 이야기합니다. 과거의 경험을 이야기해야 하므로 전체적으로 과거 시제를 사용합니다.

●문제 해결

문제를 어떤 식으로 개선했는지 그 해결 방법과 그 후의 변화를 언급하면서 마무리합니다.

지난여름에 비가 엄청나게 내릴 때였습니다. 제 방에 갑자기 빗물이 새어 들어오기 시작했는데, 보니 창틀이 오래되어 금이 가 있었습니다. 저는 그것을 교체해야 했는데 비용이 걱정되었습니다. 다행히 친구가 좋은 팁을 주었습니다. 친구가 금이 간 곳에만 붙는 특수접착제를 추천해 줘서 사용했더니 마법처럼 효과가 있었습니다. 이후로 집을 고치는 데 그 접착제를 여러모로 쓸모 있게 사용하고 있습니다.

MP3 080

2. In the middle of a home improvement project, you can face difficulties. Tell me about some problems or issues that can happen in the process of a project.

주거 개선 도중에 어려움을 겪을 수 있습니다. 진행 과정에서 발생할 수 있는 문제나 이슈에 대해 말해 주세요.

■The biggest problem when repairing a house is spending more money than you initially thought. I don't know why, but every time I do a house repair project, I think there is always a difference between my budget and the actual cost. During my last house repair project, I had a problem with my contractor because of additional costs. I could not stop the project, so I had the work completed. ●However, I wasn't happy with the situation.

■주거 개선의 어려움

주거 개선을 할 때 있을 수 있는 문제로 누구나 겪을 만한 예산 초과 문제를 준비해 보았습니다. 주거 개선을 하다가 예산이 초과되었던 최근의 경험을 구체적으로 언급합니다. a difference between my budget and the actual cost(예산과 실제 비용의 차이)

●느낀 점

당시 느꼈던 감정이나 교훈으로 마무리합니다.

집을 수리할 때 가장 큰 문제는 처음 생각했던 것보다 더 많은 돈을 쓴다는 것입니다. 왜 그런지 모르겠지만 제가 집을 수리를 할 때마다 항상 제 예산과 실제 비용에는 차이가 있었습니다. 최근에 집을 수리할 때에도 초과 금액 때문에 업체와 문제가 있었습니다. 저는 수리를 멈출 수 없어서 작업을 끝내도록 했습니다. 하지만 그런 상황에 기분이 좋지는 않았습니다.

MP3 081

3. When you have done a home improvement project, how did you go through the process? Please introduce each of the steps you took from beginning to end.

주거 개선을 하면서 어떤 과정을 겪었습니까? 당신이 취했던 각 단계에 대해 시작부터 끝까지 말해 주세요.

■When I am doing a home improvement project, the first thing I do is to call several companies and get estimates. After comparing them, I choose the company that gave the most reasonable estimate. Later, the project schedule is adjusted and the construction starts. I tend to leave everything to my contractor. ●The final step is to examine carefully whether I like the results or not, and then I pay.

■주거 개선 과정

The first thing I do is to를 이용해 주거 개선의 첫 단계를 시작합니다. 주거 개선의 흔한 예로, 업체에 집수리를 맡기는 과정을 준비해 보았습니다. get estimates(견적을 받다)

●마지막 단계

The final step is to를 이용해 주거 개선의 마지막 단계를 설명하면서 마무리합니다.

주택 개선 프로젝트를 할 때 제가 첫 번째 하는 일은 여러 회사에 전화를 걸어 견적을 받는 것입니다. 견적들을 비교한 후에 저는 가장 적당한 견적을 낸 회사로 결정합니다. 그다음으로, 일정이 조정되고 공사가 시작됩니다. 그 이후에 저는 모든 것을 공사업체에 맡기는 편입니다. 마지막 단계는 결과가 마음에 드는지 신중하게 검토한 다음 지불하는 것입니다.

• Ask me!

MP3 082

그동안 컴퓨터가 계속 질문했지만, 이제는 역으로 질문을 해달라는 요청을 받습니다. 주제별로 할 수 있는 질문을 미리 생각해 두세요. (컴퓨터는 응시자의 질문에 답변하지 않습니다)

Q. You might have had a home improvement project before. I also had an experience of doing a home improvement project. Please ask me several questions about that.

당신은 전에 주거 개선을 했을 것입니다. 저 역시 주거 개선을 해 본 경험이 있습니다. 저에게 그에 대해 몇 가지 질문해 보세요.

You had a home improvement project before. ■That sounds really interesting. I want to ask you some questions about that if you don't mind. ●What kind of project was it? Did you start the project because there was a particular problem in your house? If so, what was the problem? How much did you spend for the project? Did you have difficulties while doing the home improvement project?

■자연스럽게 시작하기

질문 전에 That sounds really interesting.으로 자연스럽게 시작할 수 있습니다.

●질문하기

home improvement project가 너무 길게 느껴지면 그냥 project라고 말해도 괜찮습니다.

전에 주거 개선 프로젝트를 해 보셨군요. 정말 흥미롭습니다. 괜찮으시면 몇 가지 질문하겠습니다. 어떤 종류의 프로젝트였습니까? 집에 특별한 문제가 있어서 그 프로젝트를 시작했나요? 그렇다면 어떤 문제였습니까? 프로젝트에 돈이 얼마나 들었습니까? 프로젝트를 하다가 겪은 어려움이 있었나요?

CHAPTER 02 설문주제

○ 설문조사 미리보기_4~7번

단원	주제	설문
UNIT 01	영화 보기	설문 4번 여가활동
UNIT 02	콘서트 보기 · 공연 보기	
UNIT 03	공원 가기	
UNIT 04	박물관 가기	
UNIT 05	게임하기	
UNIT 06	카페/커피전문점에 가기	
UNIT 07	음악 감상하기	설문 5번 취미 · 관심사
UNIT 08	애완동물 기르기	
UNIT 09	여행 관련 잡지나 블로그 읽기	
UNIT 10	농구 · 야구 · 축구	설문 6번 운동
UNIT 11	조깅 · 걷기	
UNIT 12	헬스	
UNIT 13	국내/해외 여행	설문 7번 휴가 · 출장
UNIT 14	국내/해외 출장	

설문조사 미리보기

앞에서 본 설문조사 1~3번은 응시자의 기본 신상정보를 바탕으로 한 질문이었습니다. 이제부터 볼 4~7번은 응시자의 여가활동과 취미, 관심사, 운동, 여행 등의 여가생활과 관련이 있습니다. 4~7번에서는 총 12개 항목을 선택해야 합니다. 문항당 적어도 한 개는 선택해야 하고, 여가활동은 두 개 이상 선택해야 합니다.

설문조사

아래의 4~7번 문항에서 12개 이상을 선택해 주시기 바랍니다.

4. 귀하는 여가활동으로 주로 무엇을 하십니까? (두 개 이상 선택)

○ 영화 보기
○ 공연 보기
○ 박물관 가기
○ 캠핑하기
○ 스포츠 관람
○ 술집/바에 가기
○ 게임하기 (비디오, 카드, 보드, 휴대폰 등)
○ 체스하기
○ 친구들과 문자대화 하기
○ 뉴스를 보거나 듣기
○ 차로 드라이브하기
○ 구직활동하기
○ 클럽/나이트클럽 가기
○ 콘서트 보기
○ 공원 가기
○ 해변 가기
○ 주거 개선
○ 카페/커피전문점에 가기
○ 당구 치기
○ SNS에 글 올리기
○ 시험 대비 과정 수강하기
○ 요리 관련 프로그램 시청하기
○ 스파/마사지숍 가기
○ 자원봉사하기

- 여가활동을 선택하는 문항입니다.
- [공연 보기]와 [콘서트 보기]는 함께 선택하면 비슷한 답변을 구성할 수 있습니다.
- [공원 가기]와 [캠핑하기], [해변 가기]도 함께 선택해서 묶어서 준비할 수 있습니다. 해변이나 공원 근처에서 캠핑을 한다는 방식으로요.
- 이 외에도 [박물관 가기]와 [카페/커피전문점에 가기], [게임하기]도 본 책에서 학습할 수 있습니다.

5. 귀하의 취미나 관심사는 무엇입니까? (한 개 이상 선택)

○ 아이에게 책 읽어주기
○ 악기 연주하기
○ 춤추기
○ 그림 그리기
○ 애완동물 기르기
○ 신문 읽기
○ 사진 촬영하기
○ 음악 감상하기
○ 혼자 노래 부르거나 합창하기
○ 글쓰기(편지, 단문, 시 등)
○ 요리하기
○ 주식 투자하기
○ 여행 관련 잡지나 블로그 읽기

- 취미와 관심사를 선택하는 문항입니다.
- [음악 감상하기]는 4번 문항의 [공연 보기], [콘서트 보기]와 함께 준비할 수 있습니다.
- [여행 관련 잡지나 블로그 읽기]는 7번 여행 문항과 함께 준비할 수 있습니다.

6. 귀하는 주로 어떤 운동을 즐기십니까? (한 개 이상 선택)

○ 농구
○ 축구
○ 하키
○ 골프
○ 테니스
○ 탁구
○ 자전거
○ 야구/소프트볼
○ 미식축구
○ 크리켓
○ 배구
○ 배드민턴
○ 수영
○ 스키/스노보드

- 운동을 선택하는 문항입니다.
- [조깅], [걷기], [자전거 타기] 같은 운동을 고를 것을 염두하고 4번에서 [공원 가기]를 선택하기도 합니다. 공원에서 이러한 운동을 한다는 것이지요.
- [헬스]와 [운동 수업 수강하기]를 함께 선택하는 경우도 많습니다. 헬스장에서 트레이너에게 코치받는 것을 운동 수업으로 답변하는 것이지요.

○ 아이스 스케이트
○ 걷기
○ 하이킹/트레킹
○ 헬스
○ 운동 수업 수강하기
○ 조깅
○ 요가
○ 낚시
○ 태권도
○ 운동을 전혀 하지 않음

○ [운동을 전혀 하지 않음]을 선택하면 운동과 관련한 문제는 나오지 않습니다.

7. 귀하는 어떤 휴가나 출장을 다녀온 경험이 있습니까? (한 개 이상 선택)

○ 국내출장
○ 해외출장
○ 집에서 보내는 휴가
○ 국내여행
○ 해외여행

○ 국내와 해외 상관없이 공통으로 출제되는 문제가 있으므로 네 개를 모두 선택하는 것도 괜찮습니다.
○ 해외 경험이 없는데 무리하게 선택하지는 마세요. 자신이 답변할 수 있는 선에서 선택하는 게 가장 좋습니다.

문제 미리보기

설문조사 4~7번은 선택해야 할 항목이 12개나 돼서 답변을 준비하는 게 무척 어려울 것 같지만, 전략적으로 접근하면 의외로 간단할 수 있습니다. [영화 보기]나 [음악 감상하기] 같이 무난한 주제들이 수월할 수 있습니다. 만약 체스 두는 것을 좋아하는 응시자가 4번에서 [체스하기]를 고른다면 어떨까요? 체스의 규칙에 대해 설명하라는 문제를 받으면 우리말로 설명하는 것도 쉽지 않을 것입니다.

또 자신이 선택한 여러 가지 항목을 서로 연결시켜서 스토리 라인을 만들면 효과적입니다. 한 번에 여러 가지 주제를 준비할 수 있을 뿐만 아니라, 말할 거리가 더욱 풍성해집니다.

영화 보기	⇨	좋아하는 영화 장르, 자주 가는 극장의 모습, 언제·어디서·누구와 함께 가는지, 좋아하는 배우, 가장 기억에 남는 영화, 영화 취향이 어떻게 변화했는지
음악 감상하기	⇨	좋아하는 음악 장르, 좋아하는 뮤지션, 음악 취향이 어떻게 변화했는지 음악 감상 중 기억에 남는 경험
농구·야구·축구	⇨	자주 가는 농구[야구·축구]장, 농구[야구·축구]를 좋아하게 된 계기, 농구[야구·축구] 경기 규칙
국내/해외 여행 국내/해외 출장	⇨	첫 여행[출장], 여행[출장] 갈 때 교통수단, 여행[출장] 준비 여행[출장] 중 기억에 남는 경험, 여행[출장] 중 하는 일

UNIT 01 영화 보기

기출 질문

Tell me the kind of movies you like to see. What kind of movies do you like? Why?

좋아하는 영화 장르에 대해서 말해 주세요. 어떤 종류의 영화 장르를 좋아하나요? 그 이유는 무엇인가요?

[영화 보기]는 많은 OPIc 설문조사에서 인기 있는 여가활동입니다. 우리 일상에서 흔한 활동은 그만큼 말할 거리가 많기 때문이지요.

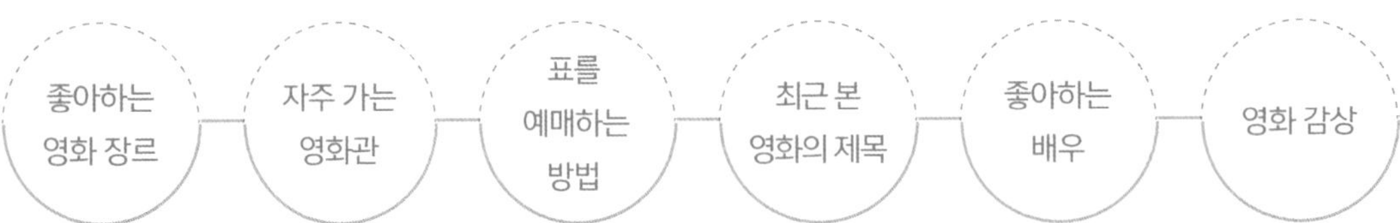

답변 준비

좋아하는 영화에 대해서 이야기할 때는 우선 어떤 장르를 좋아하며 왜 그것을 좋아하는지를 말합니다. '나는 ~가 좋다. 그 이유는 ~하기 때문이다.'라고 단답형으로 답변하고 나면 더 이상 말할 거리가 없다고 느낄 수 있습니다. 좋아하는 장르를 두 가지로 정해서 영화 제목이나 주제, 배우에 대해 정보를 추가해 주면 답변 분량을 자연스럽게 늘릴 수 있습니다.

좋아하는 장르	액션 영화와 로맨틱 코미디 영화
좋아하는 장르 1	액션 영화
좋아하는 이유	특수 효과와 신나는 음악, 스트레스를 날릴 수 있다.
좋아하는 장르 2	로맨틱 코미디 영화
좋아하는 이유	감동적이고, 이야기 전개가 쉽다.

• 따라 읽기

다음 샘플답변을 듣고 따라 읽어 보세요. 샘플답변을 참고해서 나만의 답변을 생각해 보세요.

MP3 083

1 I like all kinds of movies. 2 In particular, I like action movies and romantic comedies. 3 First of all, I love the spectacular special effects and exciting soundtracks of action movies. 4 They are a great way to relieve stress. 5 I also like romantic comedies. 6 The love story is touching and makes me wish I were in love, too! 7 Best of all, the story is easy to follow, so I can just enjoy the movie without having to analyze it. 8 I would love to see more movies of diverse genres in the future.

1 저는 다양한 장르의 영화를 좋아합니다. 2 그중 액션 영화와 로맨틱 코미디 영화를 특히 좋아합니다. 3 우선 액션 영화의 볼 만한 특수 효과와 신나는 음악을 좋아합니다. 4 액션 영화는 스트레스를 푸는 좋은 방법이죠. 5 저는 로맨틱 코미디도 좋아합니다. 6 사랑 이야기가 감동적이어서 저도 사랑에 빠지고 싶거든요! 7 무엇보다도 이야기가 따라가기에 쉬워서 분석할 필요 없이 영화만을 즐길 수 있습니다. 8 앞으로는 다양한 장르의 더 많은 영화를 보고 싶습니다.

1 나의 영화 취향

특정 장르를 말하기 전에 먼저 다양한 장르를 좋아한다는 말로 시작합니다. 그중에 특별히 무엇을 더 좋아한다고 할 때는 in particular(특별히)라는 표현을 사용합니다. especially도 좋습니다. I'm especially fond of action movies and romantic comedies.

3 좋아하는 장르 1

첫 번째 좋아하는 장르에 대해 이야기합니다. 영화의 special effects(특수 효과), sound effects(음향 효과), plot 또는 storyline(줄거리) 등에 관해 이야기할 수 있습니다.

5 좋아하는 장르 2

두 번째 장르는 먼저 말한 장르와는 다른 성격의 장르를 골라 봅니다. 로맨틱 코미디는 analyze(분석하다)할 필요가 없는 easy to follow(따라가기 쉬운)한 영화라는 특징이 있습니다.

8 마무리

앞으로 보고 싶은 영화에 대해 이야기하면서 마무리하는 것도 좋습니다. I would love to see라고 하면서 자연스럽게 마무리하는 것이지요.

PLUS

영화의 장르
movie, film, cinema 영화
horror 공포
romantic 로맨틱
action 액션
comedy 코미디
science-fiction 공상과학
animation 애니메이션
thriller 괴기, 스릴러
documentary 다큐멘터리
classic 고전
blockbuster 초대형 영화
drama 드라마

자주 쓰는 표현

OPIc 답변으로 유용한 표현들을 듣고, 나에게 필요한 것을 골라 큰 소리로 말해 보세요.

1. 영화 보기 MP3 084

- I **go to the movies[catch a movie]** on weekends.
  저는 주말마다 영화를 보러 갑니다.
- I usually **go to the movies with** my best friend.
  저는 가장 친한 친구와 영화관에 갑니다.
- He and I **have similar tastes in movies.** 그와 저는 취향이 비슷합니다.
- I always **make plans with my friends** to watch a movie.
  영화를 보기 위해 항상 친구들과 약속을 잡습니다.
- **There is a** huge **movie theater** near my house.
  우리 집 근처에 큰 영화관이 있습니다.
- My favorite director's movie **is now showing.**
  제가 좋아하는 감독의 영화가 지금 상영 중입니다.
- I prefer to watch the movies **on the big screen.**
  저는 영화를 큰 스크린으로 보는 것을 좋아합니다.
- Watching movies with my family on Sundays has **become routine.**
  매주 일요일에 가족과 영화를 보는 것이 저의 일상이 되었습니다.
- I usually **download movies** and watch them at home.
  저는 주로 영화를 다운받아서 집에서 봅니다.

I go to the movies on ____________.

2. 영화를 볼 때 하는 일 MP3 085

- I check what **the new releases** are.
  저는 신작 영화가 무엇인지 확인합니다.
- I check **the movie reviews** before I watch movies.
  저는 영화를 보기 전에 영화평을 확인합니다.
- Before I go to the movie theater, I make sure to **book the movie tickets online.**
  영화관에 가기 전에 반드시 온라인으로 영화를 예매합니다.
- We like to **grab a bite** at a nearby restaurant before watching a movie.
  영화를 보기 전에 근처 식당에서 간단히 먹는 것을 좋아합니다.
- After watching a movie, we **grab a cup of coffee.**
  영화를 본 후 커피를 한잔합니다.
- My friend and I **talk about the movie** after watching it.
  영화를 보고 난 후 친구와 저는 그 영화에 대해 이야기합니다.
- I like to **share opinions on the movies** with my friends.
  친구들과 영화에 대해 의견을 나누는 것을 좋아합니다.

I check ____________ before I watch movies.

3. 좋아하는 영화 소개 MP3 086

+ **My all-time favorite movie** is *Iron Man*. 지금까지 저의 최고의 영화는 <아이언맨>입니다.
+ A famous actress **starred in the movie.** 유명한 여배우가 그 영화에 출연했습니다.
+ **The cast of the movie** is spectacular. 영화의 출연진이 화려합니다.
+ It is **based on a true story.** 그것은 실화를 바탕으로 합니다.
+ There is a **twist in the plot.** 영화에 반전이 있습니다.
+ The **storyline develops quickly.** 이야기 전개가 빠릅니다.
+ The movie was **thrilling.** 그 영화는 스릴이 있었습니다.
+ **I was touched by** the sad storyline of the movie.
  저는 그 영화의 슬픈 이야기에 감동했습니다.
+ **I especially like the scene where** the hero defeats the enemy.
  저는 영웅이 적을 물리치는 장면을 특히 좋아합니다.
+ The movie **deals with** space travel.
  그 영화는 우주여행에 대해 다룹니다.

PLUS

character 등장인물
main character 주인공
leading actor 주연 배우
supporting actor 조연 배우
hero, heroine 영웅
villain 악당

My all-time favorite movie is ___________.

4. 영화 감상 MP3 087

+ Movies are **fun and entertaining.** 영화는 재미와 오락을 제공해 줍니다.
+ I watch movies to **relieve stress.** 저는 스트레스를 해소하려고 영화를 봅니다.
+ I can **stretch my imagination.** 저는 상상의 나래를 펼칠 수 있습니다.
+ I can **learn about** the value of family. 저는 가족의 소중함에 대해서 배울 수 있습니다.
+ **The movie taught me that** it is important to save the environment.
  그 영화로 저는 환경 보호가 중요하다는 것을 배웠습니다.
+ **I would recommend the movie to** anyone who likes thrillers.
  저는 스릴러 영화를 좋아하는 사람에게 그 영화를 추천하고 싶습니다.

I can learn about ___________.

나만의 답변

자주 쓰는 표현을 이용해 나만의 답변을 만들어 보세요.

Tell me the kind of movies you like to see. What kind of movies do you like? Why?

콤보문제

[영화 보기]를 많은 응시자들이 선택하기 때문에 관련 출제 질문이 매우 다양합니다. 다음 4개의 콤보문제를 살펴보고 샘플답변을 참고해서 자신의 답변을 준비해 보세요.

MP3 088

1. Can you tell me about the theater you often go to? Where is it? Why do you often go there rather than other theaters?

자주 가는 영화관에 대해 이야기해 주시겠습니까? 어디에 있습니까? 왜 다른 데보다 그곳을 선호합니까?

■My favorite theater is located downtown, about 30 minutes from home. The theater is run by a big company and it has branches nationwide. ●The theater has modern, state-of-the-art facilities, and is always crowded. The reason why I prefer this theater is because the seats in the theater are so comfortable and wide, so you can watch movies without interrupting others. Also, the variety of popcorn in the snack bar is another reason why I like to go to this theater.

■자주 가는 영화관
우리나라에서 대중적으로 많이 가는 영화관은 전국적인 체인을 가진(has branches nationwide) 기업에서 운영하는 영화관인 것 같습니다.

●영화관의 시설
영화관이 최신식 편의시설을 갖추면 사람들이 자주 가게 되지요. 매표소(box office) 없이 무인발매기(kiosk)만 있는 곳도 있습니다. 보통 관객들은 좌석이 편안한 영화관을 선호하는 것 같습니다.

제가 선호하는 극장은 집에서 30분 정도 떨어진 시내에 위치해 있습니다. 그 극장은 전국적인 체인을 가진 대기업에서 운영합니다. 영화관은 현대적인 최신 시설을 갖추고 있어서 항상 많은 사람들이 몰립니다. 제가 이 극장을 선호하는 이유는 극장 안의 의자가 편하고 자리가 넓어서 다른 사람을 방해하지 않고 영화를 볼 수 있기 때문입니다. 매점에서 파는 다양한 팝콘 역시 제가 이 극장에 가는 것을 좋아하는 이유입니다.

MP3 089

2. What do you usually do before you go to a movie theater? What do you do after watching the movie? Please tell me about your typical day when you go to the movies.

영화 보기 전후로 보통 무슨 일을 합니까? 영화관에 갔을 때의 전형적인 하루에 대해 말해 주세요.

■Before going to the movies, I first check to see if the movie is shown in my favorite movie theater. Then I check the timetable and book tickets online. After arriving at the theater, I buy some popcorn and something to drink. I pick up my tickets at the counter and go to check where my seat is. ●I make sure to turn off my cell phone before the movie starts. After the movie, I mostly go for dinner or shopping with my friends.

■영화 관람 습관
전형적인 하루(typical day)에 대해 말해 달라는 것은 일정한 패턴에 대해 말해 달라는 문제입니다. 영화 관람 직전(Before going to the movies)부터 영화 관람 후(After the movie)까지 순차적으로 답변하는 게 중요합니다.

●영화 관람 매너
다른 사람을 방해하지 않도록 영화 시작 전에 입장하는 것, 휴대전화를 꺼 놓는 것 등을 언급할 수 있습니다.

영화를 보러 가기 전에 저는 먼저 좋아하는 영화관에서 그 영화를 상영하는지 확인합니다. 그런 다음 상영시간표를 확인하고 온라인에서 티켓을 예매합니다. 극장에 도착하면 팝콘과 마실 것을 삽니다. 카운터에서 표를 받고 좌석이 어디인지 확인하러 갑니다. 저는 영화가 시작되기 전에 휴대전화를 꼭 끕니다. 영화가 끝난 후에는 주로 친구들과 저녁 식사를 하거나 쇼핑을 합니다.

MP3 090

3. When was the last time you watched a movie? When you went to see a movie last time, did anything happen? Please tell us about your last experience of watching a movie.

최근에 영화를 본 것은 언제입니까? 그때 아무 일도 없었나요? 최근에 영화를 봤던 경험에 대해 말해 주세요.

■It was last Christmas. My friend and I went to the theater without having gotten tickets in advance to see a blockbuster movie. When we walked in the theater, we were surprised to see so many people there. As expected, the movie did not have any seats left and another film we wanted to see also had only one ticket left. We decided to go outside for dinner but everywhere we went was so crowded. ●Now, I know that I should never go to the theater without ticketing in advance on such a day.

■최근에 영화를 봤던 경험

해외 영화의 원작 제목을 모른다거나 한국 영화의 영어 제목을 몰라서 애먹지 마세요. 정확한 제목을 말하지 않고도 a blockbuster movie라고 말할 수 있습니다. without having gotten tickets in advance(예매를 하지 않고)

●영화관에서 있었던 일

예매 없이 영화관에 갔다가 표가 없어서 영화를 못 봤던 경험과 같이 사소한 일에 대해 말할 수 있습니다. 끝은 그날 얻은 교훈으로 마무리해 보세요. (Now, I know that ~)

지난 크리스마스 때였습니다. 저와 친구는 예매하지 않고 블록버스터 영화를 보기 위해 영화관에 갔습니다. 극장에 갔을 때 너무 많은 사람들이 있어서 우리는 놀랐습니다. 예상했던 대로 영화는 자리가 하나도 남아 있지 않았고, 보고 싶던 다른 영화 역시 한 자리밖에 남아 있지 않았습니다. 우리는 저녁을 먹기로 하고 밖으로 나갔지만 가는 곳마다 혼잡했습니다. 이제 저는 그런 날에는 사전 예매 없이 절대 극장에 가지 말아야 한다는 것을 압니다.

Ask me!

MP3 091

그동안 컴퓨터가 계속 질문했지만, 이제는 역으로 질문을 해달라는 요청을 받습니다. 주제별로 할 수 있는 질문을 미리 생각해 두세요. (컴퓨터는 응시자의 질문에 답변하지 않습니다)

Q. You indicated that you like watching movies. I like watching movies as well. Please ask me three or four questions about the movie I like.

당신은 영화 보기를 좋아한다고 했습니다. 저도 좋아합니다. 제가 좋아하는 영화에 대해 서너 가지 질문해 보세요.

I just heard that you like watching movies. ■May I ask you about that? ●What kind of movie do you like to watch? Are there any special things you do when watching movies? Who is your favorite actor or actress? How many times a week do you watch movies?

■정중하게 시작하기

질문 전에 May I ask you about that?이라고 말해 보세요.

●추가 질문

Do you like to watch movies at home or to watch movies in the theater? 당신은 영화를 집에서 보는 것을 좋아합니까, 아니면 극장에서 보는 것을 좋아합니까?

저는 당신이 영화 보기를 좋아한다고 들었습니다. 그에 대해 물어봐도 될까요? 어떤 종류의 영화를 보는 것을 좋아합니까? 영화를 볼 때 특별히 하는 게 있습니까? 당신이 좋아하는 배우는 누구입니까? 일주일에 몇 번 정도 영화를 봅니까?

UNIT 02 콘서트 보기 · 공연 보기

기출 질문

Do you like to do anything special before and after a concert? Tell me what you usually do when you go to concerts.

콘서트 관람 전후에 어떤 특별한 일을 하는 것을 좋아합니까? 콘서트에 갈 때 보통 무엇을 하는지 말해 주세요.

[콘서트 보기]와 [공연 보기]는 출제되는 질문 유형이 비슷하니 함께 선택해도 됩니다. 비슷한 답변은 한꺼번에 준비할 수 있습니다.

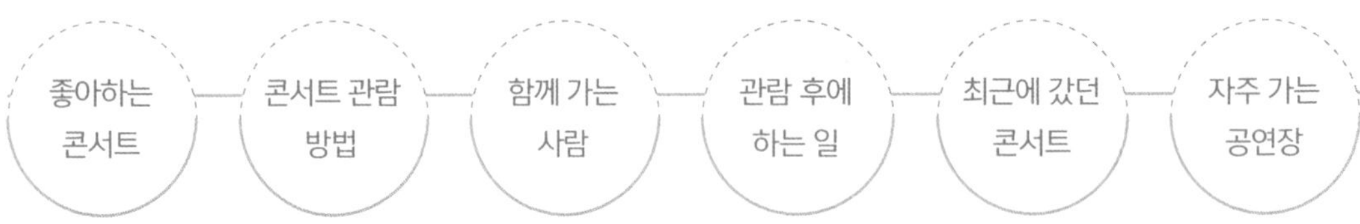

답변 준비

콘서트를 보기 전과 본 후에 하는 일을 설명해야 하는 문제입니다. 막연해 보이지만, 어렵지 않습니다. 주로 언제, 얼마나 자주, 누구와 가는지 등 기본적인 정보로 답변을 시작하세요. 콘서트 관람 후에는 함께 갔던 사람과 공연에 대해 이야기한다고 할 수 있습니다. 콘서트를 본 후에 느낀 것을 언급하면서 마무리해도 좋습니다.

콘서트에 가는 횟수	가끔 팝 가수의 콘서트를 보러 간다.
콘서트 가기 전에 하는 일	함께 가는 친구들과 군것질하기
콘서트장에서 하는 일	자리 확인, 공연 순서 확인
관람 후에 하는 일	콘서트에 대해 이야기한다.

따라 읽기

다음 샘플답변을 듣고 따라 읽어 보세요. 샘플답변을 참고해서 나만의 답변을 생각해 보세요.

MP3 092

1 I go to pop concerts once in a while. 2 Before I enter the concert venue, I meet up with my friends and grab a bite. 3 When we arrive at the concert, first of all, we check our seats and then, look through the show brochure to see the performance order. 4 After the show, we sometimes take a long walk and simply talk about the concert. 5 At times, we go to a bar and grab a few beers.

1 저는 가끔 팝음악 콘서트에 갑니다. 2 콘서트장에 들어가기 전에 저는 친구들과 만나서 간단히 식사를 합니다. 3 콘서트장에 도착하면, 우선 우리는 좌석을 확인하고 공연 안내 책자를 보고 공연 순서를 살펴봅니다. 4 콘서트 후에 우리는 가끔 산책을 하며 단순히 콘서트에 대해서만 이야기합니다. 5 때로는 바에 가서 맥주를 한잔하기도 합니다.

1 콘서트에 가는 횟수

공연이나 콘서트는 매주 가는 사람들도 있겠지만, 때때로 간다는 사람들이 더 흔할 것입니다. once every three months(3개월에 한 번), almost every month(거의 한 달에 한 번), only on special occasions(특별한 날에만) 등으로 말할 수 있습니다.

2 관람 전에 하는 일

함께 보는 친구들 없이, 혼자 보러 가는 경우에는 어떻게 말할까요? 샘플답변의 표현을 이용해서 혼자 하는 일을 말해 보세요. Before I enter the concert venue, I listen to the music while grabbing a bite.

3 콘서트장에서 하는 일

영화 보기와 마찬가지로 시간 순서대로 말합니다. 공연물의 특성상 공연 순서를 확인하는 과정을 넣어 봤습니다.

4 관람 후에 하는 일

콘서트와 관련해서 그에 대한 감상을 공유하는 것이 대표적입니다.

PLUS

공연
play 연극
opera 오페라
musical 뮤지컬
pop concert 팝음악 콘서트
popular concert 대중 음악회
rock concert 록음악 콘서트
charity concert 자선 콘서트
joint concert 합동 콘서트
recital 독주회
symphony 교향곡
long-running play 장기 공연
farewell concert 고별 연주회

자주 쓰는 표현

OPIc 답변으로 유용한 표현들을 듣고, 나에게 필요한 것을 골라 큰 소리로 말해 보세요.

1. 콘서트/공연 보기 MP3 093

- I **go to concerts** every Christmas because it's special.
  정말 특별한 날이기 때문에 저는 크리스마스마다 콘서트에 갑니다.
- I go to concerts **on a regular basis** as I'm a concertgoer.
  저는 콘서트를 좋아하는 사람이라서 정기적으로 콘서트를 보러 갑니다.
- I'm **crazy about** rock concerts.
  저는 록 콘서트에 열광합니다.
- The play is **being staged at** ABC Theater.
  그 연극은 지금 ABC극장에서 공연되고 있습니다.
- Whenever my favorite singer **puts on a show,** I go to the concert.
  제가 가장 좋아하는 가수가 공연을 할 때마다 저는 콘서트에 갑니다.
- The singer is so popular that his concerts are always **sold-out.**
  그 가수는 인기가 많아서 그의 콘서트는 항상 매진입니다.

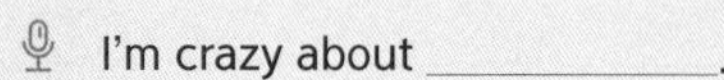

I'm crazy about ___________.

2. 관람 전 하는 일 MP3 094

- I **book the tickets** in advance.
  표를 예매합니다.
- **The next thing I do is** find a friend to go to the concert with me.
  그다음에 저는 함께 콘서트에 갈 친구를 찾습니다.
- We **meet up beforehand** and **get something to eat.**
  우리는 일찍 만나서 간단히 먹습니다.
- To enjoy the concert better, I **memorize the lyrics of songs.**
  콘서트를 더 잘 즐기기 위해서 저는 노래 가사를 외웁니다.

To enjoy the concert better, I ___________.

3. 관람 중 하는 일 MP3 095

- We all **stood up.**
  우리는 모두 일어섰습니다.
- My friends and I **rock out** at concerts.
  친구들과 저는 콘서트에서 마음껏 즐깁니다.
- It's **a real stress reliever** just to scream my head off.
  함성을 지르면 정말 스트레스가 말끔히 풀립니다.
- I couldn't believe it when I **shook hands with** the singer.
  그 가수와 악수를 하다니 저는 믿을 수가 없었습니다.

- We **clapped our hands** and **called for an encore.**
  우리는 박수를 치며 앙코르를 청했습니다.
- Everybody **got into the rhythm** during the concert.
  콘서트가 열리는 동안 모두가 리듬을 탔습니다.

> It's a real stress reliever just to ____________.

4. 관람 후 MP3 096

- I stop by a CD store nearby and **buy the singer's new album.**
  저는 가까이에 있는 CD가게에 들러서 가수의 새 앨범을 삽니다.
- When we don't feel like going home right away, we **go to a bar and grab a few beers.**
  우리는 바로 집에 가고 싶지 않을 때는 바에 가서 맥주를 마십니다.
- **Before saying goodbye,** my friends and I decide when to watch the next concert.
  헤어지기 전에 친구들과 저는 다음 콘서트에는 언제 갈 것인지를 정합니다.
- I was **deeply moved by** live concerts.
  저는 라이브 콘서트에 깊은 감동을 받았습니다.
- I was **so excited that** I couldn't easily calm down.
  저는 너무 들떠서 쉽게 흥분을 가라앉힐 수 없었습니다.
- The play **got rave reviews.**
  그 연극은 호평을 받았습니다.
- I love live concerts because the singer's voice is **absolutely fantastic.**
  가수의 목소리가 정말 환상적이라서 저는 라이브 콘서트를 좋아합니다.

> I was deeply moved by ____________.

나만의 답변

자주 쓰는 표현을 이용해 나만의 답변을 만들어 보세요.

Do you like to do anything special before and after the concert? Tell me what you usually do when you go to concerts.

• 콤보문제

평소 자신이 좋아하는 가수와 음악, 콘서트장의 분위기에 대한 표현을 생각해 놓으면 당황하지 않고 답변할 수 있습니다. 다음 4개의 콤보문제를 살펴보고 샘플답변을 참고해서 자신의 답변을 준비해 보세요.

MP3 097

1. You indicated in the survey that you like to go to concerts. Tell me about the kinds of concerts you like to go to.

당신은 설문에서 콘서트에 가는 것을 좋아한다고 했습니다. 좋아하는 콘서트 종류에 대해 말해 주세요.

■My favorite concert is an outdoor classical concert on a midsummer night. ●It can't get better than having a beer on a cool summer night while listening to beautiful classical music on the lawn. I love to listen to classical music normally, but listening live is much more impressive. Outdoor concerts are also much cheaper than indoor performances, so I try to attend whenever I get the chance.

■좋아하는 콘서트

장르에 따라 pop, rock, symphony orchestra 등이 있고, 목적에 따라 charity concert(자선 콘서트), joint concert(합동 콘서트) 등이 있습니다.

●좋아하는 이유

라이브 연주라는 점이 콘서트의 가장 큰 매력일 것입니다. 공연 장소나 티켓 가격 등도 이유가 될 수 있습니다. 이보다 좋을 수 없는 최상의 기분을 말할 때 It can't get better라고 합니다.

제가 가장 좋아하는 콘서트는 한여름 밤의 야외 클래식 콘서트입니다. 선선한 여름밤에 잔디 위에서 아름다운 클래식을 들으면서 맥주를 한잔하면 이보다 좋을 수 없습니다. 평소에도 클래식 음악을 좋아하는데, 라이브로 듣는 것은 훨씬 인상적입니다. 야외 콘서트는 실내 공연보다 훨씬 저렴하기 때문에 기회가 될 때마다 참석하려고 합니다.

MP3 098

2. What was the last concert that you went to? How was the concert? Give me all the details of that particular concert.

최근에 갔던 콘서트는 무엇입니까? 콘서트는 어땠습니까? 특정 콘서트에 대해 구체적으로 말해 주세요.

■The last concert I went to was the concert of a famous K-pop singer who I love so much. My friend and I were waiting for his concert for a long time. The concert was full of female fans. At first, he started with a powerful dance and continued to sing without any sign of being tired. ●The concert was a perfect performance as I expected. The concert was well received and it was a wonderful performance that I won't forget.

■최근에 간 콘서트

자신이 좋아하는 가수의 콘서트에 대해 답변을 준비하면 콘서트에 대한 감상을 자세히 설명할 수 있습니다. 언제, 누구와 갔는지, 그곳의 분위기에 대해 구체적으로 설명합니다.

●감상

좋아하는 가수의 콘서트이기에 호의적인 내용으로 마무리합니다. '잊지 못할 멋진 공연'은 a wonderful performance that I won't forget으로 말합니다.

최근에 갔던 콘서트는 제가 아주 좋아하는 유명한 K팝 가수의 콘서트였습니다. 친구와 저는 오랫동안 그의 콘서트를 기다리고 있었습니다. 콘서트는 여성팬들로 가득했습니다. 처음에 그는 강력한 춤으로 시작하여 피곤한 기색도 없이 노래를 계속했습니다. 기대했던 대로 콘서트는 완벽했습니다. 콘서트는 호평을 받았고, 저에게는 잊지 못할 멋진 공연이었습니다.

MP3 099

3. Describe your favorite concert hall. What does it look like? How big is it? What do you like about it?

가장 좋아하는 콘서트장을 묘사해 보세요. 어떤 모습입니까? 얼마나 큽니까? 어떤 점이 좋나요?

■My favorite concert hall is located in the National Central Park, which takes about 10 minutes by bus from my home. ●From the outside, it looks ordinary, but it's a lot bigger on the inside. The concert hall can seat 10,000 people. On the 1st floor, there is a booth where you can buy CDs. The reason I like this concert hall is that I can enjoy walking in the park after the concert and think about the performance again.

■가장 좋아하는 콘서트장

장소의 위치와 거리에 대한 언급으로 시작할 수 있습니다. 콘서트를 열 수 있는 곳으로는 auditorium(강당), stadium(경기장), theater(극장), opera house(오페라 극장), small theater(소극장) 등이 있습니다.

●콘서트장의 모습

외관상의 모습과 크기, 규모에 대한 설명 외에도 층별 소개를 하면 좀 더 성의 있는 답변이라는 인상을 줍니다. 무대 위의 장치들도 언급해 보세요. stage(무대), backstage(무대 뒤), stage setting(무대 장치), stage decoration(무대 장식), lights(조명), screen(스크린), microphone(마이크), stage effects(무대 효과), curtain(막), lounge(휴게실)

제가 가장 좋아하는 콘서트홀은 집에서 버스로 약 10분 걸리는 국립중앙공원에 있습니다. 바깥에서는 평범해 보이지만 안쪽은 훨씬 큽니다. 콘서트홀은 1만 명을 수용할 수 있습니다. 1층에는 CD를 구입할 수 있는 부스가 있습니다. 제가 이 콘서트홀을 좋아하는 이유는 콘서트 후에 공원에서 산책을 즐기고 다시 한 번 공연을 생각할 수 있기 때문입니다.

Ask me!

MP3 100

그동안 컴퓨터가 계속 질문했지만, 이제는 역으로 질문을 해달라는 요청을 받습니다. 주제별로 할 수 있는 질문을 미리 생각해 두세요. (컴퓨터는 응시자의 질문에 답변하지 않습니다)

Q. You answered that you enjoy concerts. I also enjoy going to concerts. Ask me three or four questions about it.

당신은 콘서트를 즐긴다고 했습니다. 저 역시 콘서트에 가는 걸 즐깁니다. 그에 대해 서너 가지 질문해 보세요.

You like to go to a concert like me. ■I love going to concerts because I like the lively atmosphere there. ●For what reason do you like to go to a concert? What kind of concerts do you go to the most? Who goes with you when you go to the concert?

■질문 전

대화 주제에 대해 자신의 이야기를 하면서 시작하는 것도 좋습니다.

●질문하기

의문사를 다양하게 써보세요. For what reason은 Why의 다른 표현입니다.

당신도 저처럼 콘서트 가는 걸 좋아하는군요. 저는 콘서트의 활기찬 분위기가 좋아서 그곳에 가는 걸 좋아합니다. 당신은 어떤 이유로 콘서트에 가는 걸 좋아합니까? 어떤 종류의 콘서트에 가장 많이 갑니까? 콘서트에 갈 때 누구랑 갑니까?

UNIT 03 공원 가기

원어민 음성 바로듣기

기출 질문

Can you describe one of the parks you often go to? What does it look like? Tell me about the park in as much detail as possible.

자주 가는 공원을 묘사해 주세요. 그 공원은 어떤 모습입니까? 그곳에 대해 구체적으로 말해 주세요.

[공원 가기] 또한 OPIc 응시자들에게 가장 인기 있는 항목입니다. 운동에서 [조깅]이나 [걷기]와 함께 활용할 수 있는 답변을 준비할 수 있습니다.

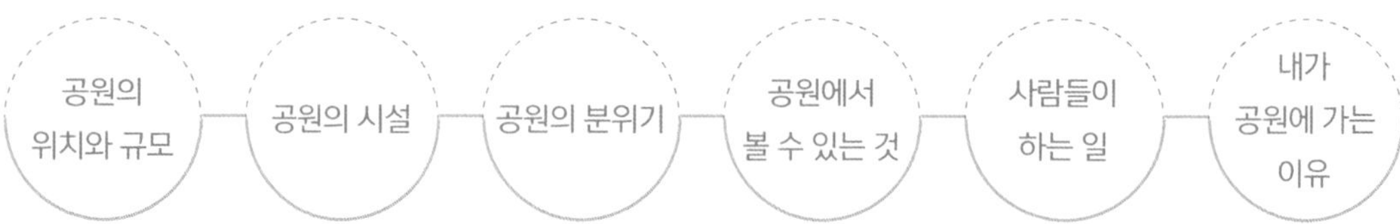

답변 준비

자주 가는 공원 묘사는 듣는 사람이 그 공원이 어떤 모습인지 상상할 수 있도록 구체적으로 묘사하는 것이 중요합니다. 공원에서 볼 수 있는 것과 그곳에 오는 사람들을 떠올리며 이야깃거리를 생각해 보세요. 공원에 오는 사람들을 연령별로 나누어 묘사하는 것으로 특별한 답변을 만들 수 있습니다. 끝으로 그 공원을 좋아하는 이유를 말하며 답변을 마무리해 보세요.

자주 가는 공원	아파트 옆 대공원
공원의 위치	걸어서 10분 거리
공원 시설	나무와 잔디, 벤치 등등
공원의 분위기	사람들이 많지만 조용한 편이다.
공원에 가는 이유	나무가 많다, 공기가 깨끗하다, 강아지의 놀이터가 된다.

따라 읽기

다음 샘플답변을 듣고 따라 읽어 보세요. 샘플답변을 참고해서 나만의 답변을 생각해 보세요.

MP3 101

1 My favorite park is located right in front of my apartment complex. 2 It only takes 10 minutes to get there on foot. 3 It's quite big, so it takes some time to walk around the park. 4 At the entrance, there is a map of the park. 5 In front of the map, there are many benches where people can rest. 6 You can see many people walking around the park. 7 I love this park because it's so quiet and I can get some fresh air. 8 Above all, I can run with my puppies in the park!

1 제가 가장 좋아하는 공원은 아파트 단지 바로 앞에 있습니다. 2 걸어서 10분 밖에 안 걸립니다. 3 공원이 꽤 큰 편이어서 공원을 돌려면 시간이 좀 걸립니다. 4 입구에는 공원 지도가 있습니다. 5 공원 지도 앞에는 사람들이 쉴 수 있는 벤치가 있습니다. 6 공원을 걷는 많은 사람들을 볼 수 있습니다. 7 저는 이 공원을 좋아하는데, 조용하고 상쾌한 공기를 마실 수 있기 때문입니다. 8 무엇보다, 공원에서 우리 강아지들과 뛸 수 있습니다.

1 공원 묘사

장소를 묘사하는 데는 대략적인 위치와 크기, 집으로부터의 거리 등을 언급합니다. 집 근처의 공원을 이용하는 경우가 많은데, It's a ten minute walk[drive](걸어서[차로] 10분 거리다)라는 표현도 가능합니다.

4 공원 시설

세세하게 모든 것을 설명하기보다는 공원의 대표적인 모습을 설명하여 답변에 대한 부담을 줄일 수 있습니다. 이 답변에서는 공원의 입구를 설명하고 있습니다. 시설의 위치는 in front of, behind, next to 등의 표현을 사용할 수 있습니다.

6 공원에서 하는 일

공원은 사람들이 모이는 곳이라는 특성이 있습니다. 공원에서 사람들이 무엇을 하는지에 대해 언급합니다.

7 공원에 자주 가는 이유

공원은 도심 속에서 자연을 느낄 수 있는 공간입니다. 그래서 자연의 이점을 언급할 수 있습니다.

PLUS

공원
park, public garden 공원
national park 국립공원
natural park 자연공원
river park 강변공원
theme park 테마공원
amusement park 유원지

- 공원의 이름에는 보통 정관사 the가 붙지 않습니다. 예 Sajik Park 사직 공원

• 자주 쓰는 표현

OPIc 답변으로 유용한 표현들을 듣고, 나에게 필요한 것을 골라 큰 소리로 말해 보세요.

1. 공원 묘사 MP3 102

- **It takes** 10 minutes **on foot[by car].** 걸어서[차로] 10분 걸립니다.
- It is **within walking distance.** 걸어서 갈 수 있는 거리에 있습니다.
- **It's not so big, so it's cozy.** 그렇게 크지 않아서 아늑합니다.
- At the entrance, **you can see** a large parking lot and public toilets.
  입구에는 큰 주차장과 공중화장실을 볼 수 있습니다.
- **Next to** the convenience store, there is a bicycle rental shop.
  편의점 옆에는 자전거 대여점이 있습니다.
- **In the center**, there is a bike path where people can enjoy riding a bicycle safely.
  중앙에는 사람들이 안전하게 자전거를 탈 수 있는 자전거 도로가 있습니다.
- **Here and there**, there are many benches where people can rest.
  여기저기 사람들이 휴식을 취할 수 있는 벤치가 많습니다.

PLUS

parking lot 주차장 pavilion 누각, 정자 drinking fountain 식수대 water fountain 분수대 public toilet 공중 화장실 playground 놀이터 stall[stand] 노점, 매점 convenience store 편의점 bicycle rental shop 자전거 대여점 bike path 자전거 도로 pathway[walking trail] 산책로 river walk 강변 산책로 exercise equipment 운동기구 grass 잔디 bench 벤치 street lamp 가로등

It takes ____________ minutes on foot.

2. 공원 방문객 MP3 103

- **There are** a number of people **in the park.**
  공원에는 많은 사람들이 있습니다.
- There are many children **running around** on the playground.
  놀이터에서 뛰어 노는 아이들이 많습니다.
- There are many young people **playing basketball** on weekends.
  주말에는 농구를 하는 젊은 사람들이 많습니다.
- There are many families **taking a stroll** in the park with their children.
  아이들과 함께 공원을 거니는 가족들이 많습니다.
- **I can see** couples **sitting on the grass** with a blanket spread out.
  잔디 위에 돗자리를 깔고 앉아 있는 커플들을 볼 수 있습니다.
- The park **is crowded with** pigeons. 그 공원에는 비둘기가 많습니다.

There are a number of ____________ in the park.

3. 공원에서 하는 활동 MP3 104

- I **sit in the shade** under the trees and simply **enjoy the sunshine.**
  저는 나무 아래 그늘에 앉아 그저 햇살을 즐깁니다.
- Sometimes, I **take a nap** under the tree.
  가끔 나무 밑에서 낮잠을 잡니다.
- Many people **sit on the bench and meditate** in the park.
  공원에서 많은 사람들이 벤치에 앉아서 명상합니다.
- Many young couples **have a picnic.**
  많은 젊은 연인들이 소풍을 합니다.
- Some children are **playing hide and seek.**
  어떤 아이들은 숨바꼭질을 하고 있습니다.
- I exercise **using the exercise equipment.**
  저는 운동기구를 이용해 운동을 합니다.
- For almost two hours, we **played badminton.**
  거의 두 시간 동안 우리는 배드민턴을 쳤습니다.
- Before we headed home, we **packed our things.**
  우리는 집으로 향하기 전에 짐을 챙겼습니다.

PLUS

enjoy the sunshine 햇살을 즐기다
walk along the river 강을 따라 걷다
take pictures 사진을 찍다
play soccer 축구를 하다

Sometimes, I ____________ under the tree.

4. 공원에 자주 가는 이유 MP3 105

- I can **breathe in the fresh air.** 상쾌한 공기를 마실 수 있습니다.
- One of the reasons I go to a park is to **walk my dog.**
  공원에 가는 이유 중 하나는 강아지를 산책시키기 위해서입니다.
- In the park, I can **enjoy the beautiful view at night.**
  공원에서 저는 아름다운 야경을 즐길 수 있습니다.
- The atmosphere of the park is so peaceful that I often go there and **have time for myself.**
  공원의 분위기가 정말 고요해지기 때문에 저는 그곳에 자주 가서 혼자만의 시간을 가집니다.

In the park, I can enjoy ____________.

나만의 답변

자주 쓰는 표현을 이용해 나만의 답변을 만들어 보세요.

Can you describe one of the parks you often go to? What does it look like? Tell me about the park in as much detail as possible.

• 콤보문제

[공원 가기]는 특히 출제 범위가 넓습니다. 즉흥적으로 답변하는 것이 어려울 수도 있지만 키워드로 뼈대를 만들고 말을 덧붙이는 연습을 해 보세요. 다음 4개의 콤보문제를 살펴보고 샘플답변을 참고해서 자신의 답변을 준비해 보세요.

MP3 106

1. Let's talk about the kinds of people you can see at the park. What kinds of people are there? What activities do you normally do at the park?

공원에서 볼 수 있는 사람들에 대해 이야기해 봅시다. 어떤 사람들이 있습니까? 당신은 공원에서 어떤 활동을 합니까?

■If you go to the park, you can see many seniors. They mainly do power walking. Families with a young child have lunch on the bench or play with children on the playground. ●I also enjoy walking in the park; I prefer walking slowly. Walking under the trees and breathing in clean air is one of the necessary ways of relaxation for me mentally or physically.

■공원에서 하는 일

나이가 많은 사람들과 좀 더 젊은 사람들을 구별하는 게 포인트입니다. 실제로 연령별로 활동을 구별해서 말하라는 문제가 나올 때도 있습니다. 샘플답변에서는 노인들과 가족들을 구분했지만 젊은 연인이나 청소년들이 공원을 즐겨 찾기도 하지요.

●내가 하는 일

공원이 주는 자연적 이점을 말해 보세요.

공원에 가면 노인분들을 많이 볼 수 있습니다. 그들은 주로 파워 워킹을 합니다. 어린 자녀와 함께 온 가족들은 벤치에서 도시락을 먹거나 놀이터에서 아이들과 함께 놀이를 합니다. 저 역시 공원에 가면 걷는 걸 즐기지만 천천히 걷는 걸 더 좋아합니다. 나무 아래를 걸으며 맑은 공기를 마시는 것이 저에게는 정신적으로나 육체적으로 꼭 필요한 휴식 중 하나입니다.

MP3 107

2. When was the last time you went to a park? What did you do there? Give me a full story of what you did from the moment you arrived at the park till you left there.

최근 공원에 간 것은 언제입니까? 공원에서 무엇을 했나요? 공원에 도착한 순간부터 떠날 때가지 모든 것을 말해 주세요.

■I just went to the neighborhood park a few days ago. After working, it was early evening, so I decided to go to the park to get some air for a while. There were not many people in the park. I walked slowly around the park to exercise. ●I used some exercise equipment in the park and then, I sat on the bench and spent some time on my smart phone. I came back home in a hurry before it got too late.

■공원에서 한 일

공원에 도착한 순간부터 집으로 돌아갈 때까지 공원에서 한 일을 순차적으로 묘사해야 합니다. 주요 사항을 시간 순서로 나열하면서 부연 설명을 덧붙이세요.

●운동기구로 이용하기

우리나라 공원에서 흔히 볼 수 있는 운동기구들로 운동하는 것을 간단히 use some exercise equipment라고 말할 수 있습니다.

저는 불과 며칠 전에 근처에 있는 공원에 갔다 왔습니다. 일이 끝난 후에, 이른 저녁이어서 잠깐 머리도 식힐 겸 공원에 가기로 했습니다. 공원에는 사람들이 별로 없었습니다. 저는 운동 삼아 천천히 공원을 한 바퀴 걸었습니다. 공원의 운동기구를 몇 개 한 후, 벤치에 앉아 얼마간 스마트폰을 했습니다. 너무 늦기 전에 서둘러 집으로 돌아왔습니다.

MP3 108

3. Do you have any memorable experiences while you were in the park? What was it? What happened? Tell me about your memorable experience in the park in as much detail as possible.

공원에 있는 동안 기억에 남는 경험이 있습니까? 무엇입니까? 어떤 일이 일어났나요? 공원에서의 기억에 남는 경험에 대해 가능한 자세하게 말해 주세요.

■I once was talking on the bench with a friend in the park. Suddenly, we heard a song from somewhere in the park. When we followed the sound, there was a foreigner singing with a guitar. His voice was so beautiful and touching that everyone in that place applauded and cheered for him. We took pictures and made a video of his performance, and uploaded it on SNS. ●It was an ordinary day, but he gave us an unforgettable and unexpected experience.

■기억에 남는 일

공원에서 버스킹(busking)을 듣고 감명을 받은 에피소드를 답변으로 준비했습니다. 굳이 공원이 아니어도 이러한 에피소드는 다른 장소에서도 겪을 수 있어, 다른 답변에 활용할 수 있습니다.

●마무리

잊을 수 없는 그날에 대해 It was an ordinary day, but으로 마무리합니다.

한번은 공원에서 친구와 함께 벤치에 앉아 이야기하고 있었습니다. 공원의 어디에서인가로부터 갑자기 노래 소리를 들었습니다. 소리를 듣고 따라갔을 때 거기에는 한 외국인이 기타를 치면서 노래를 부르고 있었습니다. 그의 목소리가 너무 아름답고 감동적이어서 그곳에 있는 모든 사람들이 박수를 보내고 환호했습니다. 우리는 그의 공연을 사진과 영상으로 찍어서 SNS에 올렸습니다. 평범한 하루였는데 예상치도 못하게 그가 잊지 못할 경험을 주었습니다.

Ask me!

MP3 109

그동안 컴퓨터가 계속 질문했지만, 이제는 역으로 질문을 해달라는 요청을 받습니다. 주제별로 할 수 있는 질문을 미리 생각해 두세요. (컴퓨터는 응시자의 질문에 답변하지 않습니다)

Q. You said that you like to go to a park. I like to go to a park too. Please ask me three or four questions about the park I like.

당신은 공원에 가는 걸 좋아한다고 했습니다. 저도 공원에 가는 걸 좋아합니다. 저에게 제가 좋아하는 공원에 대해 서너 가지 질문해 보세요.

■Do you like to go to a park? May I ask you about that? ●Is it far from your home to your favorite park? If so, how do you go to the park? What is your favorite facility in the park? What do you usually do when you are in the park?

■반문하기

질문에서 제시된 표현을 이용하여 들은 내용을 반문할 수도 있습니다.

●추가 질문

How did you first find that park? 어떻게 그 공원을 처음 발견했습니까?

공원에 가는 걸 좋아하나요? 그것에 대해 질문을 해도 될까요? 당신이 자주 가는 공원은 집에서 먼니까? 그렇다면 어떻게 공원에 가나요? 공원에서 당신이 제일 좋아하는 시설은 무엇입니까? 공원에 가면 주로 무엇을 하나요?

UNIT 04 박물관 가기

기출 질문

Please tell me about the last time you visited a museum. What did you do? Why was it memorable?

최근에 박물관에 갔었던 일에 대해서 말해 주세요. 무엇을 했습니까? 왜 기억에 남습니까?

박물관은 세상의 모든 것들을 전시하는 만큼 그 종류가 다양합니다. 국립중앙박물관, 민속박물관, 역사박물관 등을 비롯해 공룡박물관, 쌀박물관, 커피박물관 등 매우 다양합니다.

최근에 간 박물관 — 좋아하는 박물관 — 박물관의 모습 — 박물관에서 본 것 — 인상 깊었던 전시 — 박물관이 주는 느낌

답변 준비

박물관에 갔었던 경험에 대해 질문을 받으면 누구와, 언제, 어느 박물관으로 갔는지 등 간단한 기본 정보로 답변을 시작합니다. 위치와 규모도 잊지 말고 묘사합니다. 그곳에서 봤던 물건이나 전시품에 대해 설명하고, 박물관에서 한 일에 대해서도 구체적으로 이야기합니다. 박물관을 방문한 후의 느낌이나 소감으로 답변을 마무리합니다.

최근에 간 박물관	국립민속박물관
박물관 간 상황	미국에서 친구들이 와서 한국의 전통을 보여주려고
박물관에서 본 것	주방용품, 붓과 먹 등 문방사우
기억에 남는 순간	조용한 박물관에서 휴대전화가 울려서 당황했다.
박물관 방문 소감	물건이 잘 보관되어 있는 것이 인상 깊었고, 친구들도 만족해하여 기분이 좋았다.

따라 읽기

다음 샘플답변을 듣고 따라 읽어 보세요. 샘플답변을 참고해서 나만의 답변을 생각해 보세요.

MP3 110

1 Last week, I went to the National Folk Museum with my friends from the US. 2 I wanted to show them some Korean traditional artwork. 3 We were fascinated by many kinds of cooking and writing utensils that were used in past days. 4 As the curator was explaining, my cell phone suddenly rang. 5 I felt so bad and my face turned red. 6 Anyway, I was so impressed by how everything was so well preserved. 7 My friends thanked me for taking them to the museum.

1 지난주에 저는 미국에서 온 친구들과 국립민속박물관에 갔습니다. 2 저는 그들에게 한국의 전통적인 예술품을 보여주고 싶었습니다. 3 우리는 예전에 쓰던 주방 기구와 문방구에 매혹되었습니다. 4 큐레이터가 설명하는 동안, 갑자기 제 휴대전화가 울렸습니다. 5 저는 기분이 좋지 않았고, 얼굴은 붉어졌습니다. 6 어쨌든 저는 그곳의 물건들이 너무 잘 보존되어 있다는 것이 인상적이었습니다. 7 친구들은 제가 그곳에 데려가 준 것을 고마워했습니다.

1 최근에 방문한 박물관

last week(지난주), a year ago(1년 전에), one time(한번은) 등으로 그 경험이 과거의 언제였는지를 말합니다. 과거의 일이므로 답변에서 과거시제를 주로 사용합니다.

2 박물관에 간 이유

박물관은 외국의 친구들에게 우리나라의 전통을 보여줄 수 있는 곳이기도 하고, 아이들을 위한 훌륭한 교육장이기도 합니다.

3 박물관에서 본 것

박물관은 과거의 물건과 자료를 수집하여 보존하는 곳이므로, 진열품들에 대해 언급하는 것을 빼놓을 수 없습니다.

4 기억에 남는 순간

suddenly(갑자기), when I was -ing(~하는 동안에)로 어떤 일이 일어났는지 말해 보세요.

6 소감이나 느낌

답변은 be impressed by(~에 감동받다)으로 마무리합니다. 자신의 느낌이나 기분뿐 아니라 함께 간 사람이 말한 기분이나 감상을 덧붙여 주는 것도 좋습니다.

PLUS

박물관
art museum(gallery) 미술관
wax museum 밀랍인형 박물관
ethnic museum 민속박물관
maritime museum 해양박물관
science museum 과학박물관
history museum 역사박물관
natural history museum 자연사 박물관
children's museum 어린이 박물관
military and war museum 전쟁박물관

• 자주 쓰는 표현

OPIc 답변으로 유용한 표현들을 듣고, 나에게 필요한 것을 골라 큰 소리로 말해 보세요.

1. 박물관 묘사 MP3 111

- It's **a 5 story building located in** the center of Seoul.
  그것은 서울의 중심지에 위치해 있는 5층짜리 건물입니다.
- The museum is **on the right side** of the tall building.
  박물관은 큰 건물 오른편에 있습니다.
- There is a huge statue **at the entrance.**
  입구에 큰 동상이 있습니다.
- **Outdoor exhibitions** are particularly popular in summer.
  옥외 전시가 여름에는 특히 인기가 있습니다.
- **You can get a brochure for the museum** either at the ticket office or at the information center.
  박물관 안내 책자를 매표소나 안내 센터에서 구할 수 있습니다.
- **The atmosphere of the museum** is really calm, and people keep their voices down.
  박물관의 분위기는 정말 조용하기에 사람들은 목소리를 낮춰서 말합니다.
- Children over 12 **must pay an admission fee** but seniors over 60 **get free admission.**
  12살 이상 아이들은 입장료를 내야 하지만 60세 이상 노인은 무료입니다.

PLUS
entrance 입구
exit 출구
main floor 주요 층
1st[2nd, 3rd] floor 1[2, 3]층

It's located in ____________.

2. 박물관 전시 MP3 112

- **I appreciated** art at the art museum.
  미술관에서 미술작품을 감상했습니다.
- **I remember one time** I went to a small gallery in Jongro.
  한번은 종로에 있는 작은 미술관에 갔었던 기억이 납니다.
- I couldn't believe the **great collection of art.**
  방대한 양의 예술품을 보고 저는 제 눈을 의심했습니다.
- **I couldn't take my eyes off** the antiques displayed there.
  저는 그곳에 전시된 골동품에 눈을 뗄 수가 없었습니다.
- **The curator explained** the historical facts very well.
  [illegible]는 역사적 사실에 대해 매우 잘 설명해 주었습니다.
- [illegible]n off my **cell phone** before entering.
  입장 전에는 꼭 휴대폰을 끕니다.
- After the exhibition, I always **keep the brochure.**
  전시 다음에는 언제나 안내책자를 챙깁니다.
- I take time to **go around to the booths.**
  저는 부스들을 돌아보며 시간을 보냅니다.

PLUS
sculpture 조각품
statue 동상
painting 그림
antique 골동품
artwork 예술품
masterpiece 명작, 걸작
a great collection of art 방대한 양의 예술품

I couldn't take my eyes off ____________.

3. 기억에 남는 순간 MP3 113

- I was so annoyed because there were some people **talking loudly**.
  어떤 사람들이 큰 소리로 말해서 저는 너무 화가 났습니다.
- I didn't **use the audio guide**, so I didn't understand anything.
  저는 오디오가이드를 사용하지 않아서 아무 것도 이해하지 못했습니다.
- I **was stopped by a security guard** when I was taking a picture of my favorite painting.
  저는 좋아하는 그림을 사진 찍으려고 했다가 보안요원에게 저지당했습니다.
- I almost **hit the sculpture by mistake.** 저는 실수로 조각상을 거의 칠 뻔 했습니다.
- After the exhibition, my friend and I **enjoyed a cup of coffee** at the outdoor cafe and that was a very special moment for us.
  전시회 후에 친구와 저는 야외 카페에서 커피를 즐겼는데, 아주 특별한 순간이었습니다.
- Everything was **unexpected** and we were very **disappointed**.
  모든 것이 기대 밖이었고 우리는 무척 실망했습니다.
- We were **deeply moved by** the painter's passionate works.
  우리는 화가의 열정적인 작품에 깊이 감동을 받았습니다.

We were deeply moved by ____________.

4. 관람 후 소감 MP3 114

- **I feel good when I see** famous art work.
  저는 유명한 예술 작품을 보면 기분이 좋습니다.
- **I like the museum because it helps me to** understand history.
  그 박물관 덕분에 역사를 이해할 수 있게 되어서 저는 그곳을 좋아합니다.
- When I'm bored with my routine, **spending time** in a museum is a nice change.
  일상이 지루하게 느껴질 때, 저는 박물관에서 시간을 보내면 기분전환이 됩니다.
- **I was mesmerized by** an antique that was 200 years old.
  저는 200년이나 된 골동품에 매료되었습니다.

I like the museum because it helps me to ____________.

나만의 답변

자주 쓰는 표현을 이용해 나만의 답변을 만들어 보세요.

Please tell me about the last time you visited a museum. What did you do? Why was it memorable?

콤보문제

[박물관 가기]와 관련된 질문은 반드시 박물관이 아니더라도 예술품을 감상할 수 있는 미술관을 상상하면서 준비해도 좋습니다. 다음 4개의 콤보문제를 살펴보고 샘플답변을 참고해서 자신의 답변을 준비해 보세요.

MP3 115

1. You indicated in the survey that you go to museums. Can you tell me about your favorite museum?

당신은 박물관에 간다고 했습니다. 당신이 가장 좋아하는 박물관에 대해 말해 줄 수 있습니까?

■My favorite museum is Seoul History Museum in Seoul. ●It is an urban history museum that shows the history and culture of Seoul City. Every time I visit this place, I feel like I am traveling to Seoul of the past. ◆However, they display not only old artifacts but also the latest contemporary art. Opening hours are from 9:00 am to 7:00 pm, so I go there on weekends rather than on weekdays.

■좋아하는 박물관
박물관에 대한 구체적인 정보를 요구하는 질문입니다. 대표적으로 전시하는 물품에 대해 설명할 수 있어야 합니다.

●박물관의 특징
역사박물관이라는 과거의 물건을 전시하는 장소가 갖는 특성이 드러나는 답변을 준비합니다.

◆전시품
artifact란 자연물이 아닌 인공물, 인간이 만든 공예품을 의미합니다. contemporary art는 현대미술을 뜻합니다.

제가 가장 좋아하는 박물관은 서울에 있는 서울역사박물관입니다. 서울시의 역사와 문화를 보여주는 도시의 역사박물관입니다. 이곳을 방문할 때마다 오래 전의 서울로 여행하고 있는 것처럼 느껴집니다. 그러나 박물관에서는 오래된 유물뿐만 아니라 최신 현대미술도 전시합니다. 개관 시간은 오전 9시부터 저녁 7시여서 저는 평일보다 주말에 이곳을 찾습니다.

MP3 116

2. What do you do when you go to the museum? Do you have a special routine when you go to the museum?

박물관에 가서 무엇을 합니까? 박물관에 갈 때마다 특별하게 하는 일이 있습니까?

■When I go to the museum, first of all, I check the schedule of the exhibition and learn about the exhibition as much as possible. I usually make plans with my friends, but if they're busy, I just go by myself. When I go to the exhibition, I upload pictures and my reviews to SNS to share them with people. After the exhibition, I like to go to a nice restaurant and talk about the exhibition with my friends.

■박물관에 갈 때 하는 일
질문에서 special routine을 묻고 있으므로, 박물관에 갈 때부터 나올 때까지 순차적으로 이야기합니다. 첫 문장의 first of all에서 마지막 문장의 after the exhibition까지 모두 담아내도록 하세요.

박물관에 갈 때 가장 먼저 저는 전시회 일정을 확인하고 가능하면 전시에 대해 공부를 합니다. 보통 친구들과 계획을 세우지만 친구들이 바쁘면 그냥 혼자 갑니다. 전시회에 가면 SNS에 사진과 감상을 올려 사람들과 공유합니다. 전시회가 끝난 후에는 친구들과 좋은 레스토랑에 가서 전시회에 대해 이야기하는 것을 좋아합니다.

MP3 117

3. What was the most impressive exhibit when you went to the museum? Why was it so impressive? Please tell me about it.

박물관에 갔을 때 가장 인상 깊었던 전시는 무엇이었습니까? 그토록 인상 깊었던 이유는 무엇입니까?

■I remember when I visited a dinosaur museum in the province last year. There were exhibits of dinosaur fossils and bones of extinct animals. It was a fairly interesting museum not found in other small cities. I thought that it would be a good educational place for children and some adults who are interested in these kinds of exhibitions. •After that, if I knew anyone traveling to this province, I would definitely recommend this museum and I am willing to visit it again.

■인상 깊었던 전시

I remember when I visited라는 말로 시작해 봅니다. 기대 없이 들른 지방의 박물관에서 흔치 않은 공룡 전시를 본 경험을 답변으로 준비했습니다.

•추천하기

인상 깊은 전시는 남들에게 추천해 주고 싶고(I would recommend this museum), 또 가보고 싶은(I am willing to visit it again) 마음도 들기 마련입니다.

작년에 지방의 공룡박물관을 방문했을 때를 기억합니다. 거기엔 공룡 화석과 멸종된 동물의 뼈가 전시되어 있었습니다. 그것은 다른 소도시에서 볼 수 없는 꽤 흥미로운 박물관이었습니다. 저는 이곳이 아이들이나 이런 종류의 전시회에 관심 있는 성인들에게 괜찮은 교육 장소가 될 것이라고 생각했습니다. 이후에 누구든 이 지방으로 여행한다면 저는 꼭 이 박물관을 추천할 것이고, 저도 다시 방문할 의향이 있습니다.

Ask me!

MP3 118

그동안 컴퓨터가 계속 질문했지만, 이제는 역으로 질문을 해달라는 요청을 받습니다. 주제별로 할 수 있는 질문을 미리 생각해 두세요. (컴퓨터는 응시자의 질문에 답변하지 않습니다)

Q. My friends and I also like to go to a museum. Please ask me three or four questions to find out what museums my friends and I go to.

제 친구들과 저도 박물관에 가는 걸 좋아합니다. 친구들과 제가 어떤 박물관을 가는지 저에게 서너 가지 질문해 보세요.

You said you go to the museum often. ■Is your favorite museum close to your home? How do you get there? What is the most memorable exhibit you have seen at that museum? Do you know the opening and closing hour and off days of the museum?

■박물관의 시설에 관한 질문

admission fee(입장료), additional facilities(부가시설), auto commentary system(자동 해설 시스템), virtual experience hall(가상 체험관) 등의 표현을 써서 질문을 만들어 보세요.

당신은 박물관에 자주 간다고 했습니다. 자주 가는 박물관은 집에서 가깝습니까? 그곳까지 어떻게 갑니까? 그 박물관에서 봤던 전시 중에 가장 기억에 남는 전시가 무엇입니까? 박물관의 개관 시간과 휴무일을 알고 있습니까?

UNIT 05 게임하기

기출 질문

You indicated in the survey that you play games. What kind of games do you usually play? When and where do you play these games?

당신은 설문에서 게임을 한다고 했습니다. 주로 어떤 게임을 합니까? 언제, 어디에서 게임을 합니까?

[게임하기]를 선택하면 기본적으로 좋아하는 게임에 대해 자신 있게 설명할 줄 알아야 합니다. 또한 언제, 어디서, 얼마나 자주, 누구와 게임을 하는지 미리 생각해 보세요.

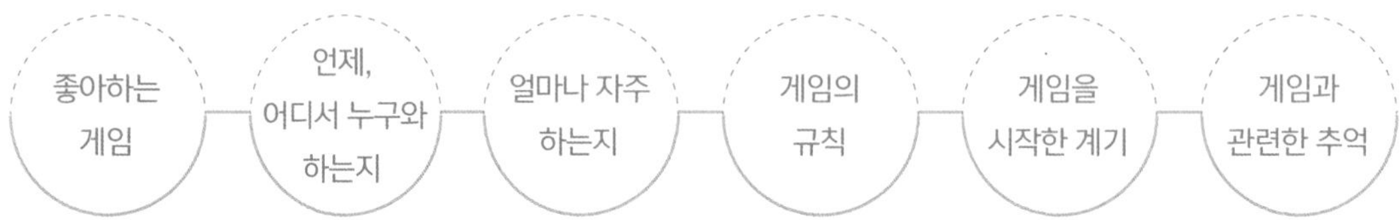

답변 준비

어떤 종류의 게임을 즐겨하는지는 [게임하기]에서 가장 기본적인 질문입니다. 집이나 PC방, 보드게임방 등 게임을 하는 장소에 대해 이야기합니다. 자신이 좋아하는 게임의 종류를 설명할 때, 특정한 게임 한 가지만 가지고 이야기하기보다 다양한 종류의 게임을 언급하면 답변의 분량을 늘릴 수 있고, 한 가지 게임에 대해 구체적으로 설명해야 하는 어려움도 덜 수 있습니다.

게임을 하는 상황	친구들과 만나서 놀 때, 주말에 PC방이나 친구네 집에서
좋아하는 게임	온라인 게임 중에 전쟁 게임
친구들과 하는 게임	보드게임
좋아하는 이유	시간을 보내기에 좋다, 친구들과 더 친해질 수 있다.

따라 읽기

다음 샘플답변을 듣고 따라 읽어 보세요. 샘플답변을 참고해서 나만의 답변을 생각해 보세요.

MP3 119

1 My friends and I enjoy playing games when we hang out together on weekends. 2 We like to play all kinds of games. 3 But my favorite game is a combat game that we play together in a PC room. 4 Sometimes, when there are a lot of people, we play board games at someone's home. 5 It takes longer to play a round, but it's definitely more fun. 6 Playing games is a good way to kill time because not only is it fun, but we can also get to know each other better and just have a blast.

1 친구들과 저는 주말에 만나서 놀면 게임하는 것을 좋아합니다. 2 우리는 여러 종류의 게임하기를 좋아합니다. 3 그러나 제가 가장 좋아하는 게임은 PC방에서 함께 하는 전쟁 게임입니다. 4 가끔 사람이 많을 때는 누군가의 집에서 보드게임을 합니다. 5 게임 한 판을 하는 데 시간이 오래 걸리지만 확실히 더 재미있습니다. 6 게임을 하는 것은 시간을 보내기 좋은 방법인데, 재미있을 뿐만 아니라 서로를 더 알게 되고, 즐거운 시간을 보낼 수 있기 때문입니다.

1 언제 하는지

언제, 얼마나 자주 게임을 하는지 답변을 시작합니다. 친한 사람들이 함께 어울리며 시간을 보내는 것을 hang out이라고 말합니다.

2 주로 하는 게임 1

all kind of games와 같이 다양한 종류의 게임에 대해 이야기하면서 가장 많이 하는 게임의 종류와 이름을 말할 수 있습니다.

4 주로 하는 게임 2

온라인 게임뿐만 아니라 친구들과 함께 하는 보드게임에 대해서도 이야기하고, 온라인 게임과의 차이를 덧붙이면 좋겠습니다.

6 게임을 좋아하는 이유

a good way to kill time(시간을 보내기 좋은 방법)이라는 표현으로 게임이 좋은 이유를 밝힙니다. 여러 가지 이유를 밝힐 때 not only A but also B(A뿐만 아니라 B역시)라는 표현도 쓸 수 있습니다.

PLUS

게임의 종류
board game 보드게임
computer game 컴퓨터 게임
video game 비디오 게임
card game 카드 게임
strategy game 전략 시뮬레이션 게임
shoot-em-up game 총 쏘는 게임
war game 전쟁 게임
folk game 민속놀이

• 자주 쓰는 표현

OPIc 답변으로 유용한 표현들을 듣고, 나에게 필요한 것을 골라 큰 소리로 말해 보세요.

1. 게임하기 MP3 120

- **Whenever I hang out with** the guys on weekends, we **play pool.**
  주말에 친구들과 어울릴 때마다 우리는 당구를 칩니다.
- **When I visit** my relatives on Thanksgiving Day, we **play a folk game** to celebrate the coming of Autumn.
  추석 때 친척들을 방문하면 가을을 맞이해 민속놀이를 합니다.
- **When I commute to work** by subway, I **play video games** on my cell phone.
  지하철로 통근하는 동안 저는 휴대전화로 비디오 게임을 합니다.
- **Occasionally,** I **play a shoot-em-up computer game** to relieve stress.
  가끔 저는 스트레스를 풀기 위해 총 쏘는 게임을 합니다.
- **I go to an Internet cafe to play games online** with other online gamers.
  저는 다른 온라인 게이머와 온라인 게임을 하기 위해 인터넷 카페에 갑니다.

When I commute to work ____________, I play ____________ on my cell phone.

2. 게임 설명 MP3 121

- It's a card game **with simple rules.**
  그것은 규칙이 간단한 카드 게임입니다.
- You should **get rid of** your cards as quickly as possible.
  카드를 최대한 빨리 없애야 합니다.
- You need to **kill an opponent[defeat the enemy].**
  적을 물리쳐야 합니다.
- **To advance to the next level**, you should collect gold coins.
  다음 단계로 올라가기 위해서 금화를 모아야 합니다.
- We **decide who will go first** by a roll of the dice.
  주사위를 던져 누가 먼저 할 건지를 정합니다.
- To play the game **requires** a minimum of **two players**.
  게임을 하는 데에는 적어도 두 명이 필요합니다.
- We have to **match** the colors in the card game.
  그 카드게임을 하기 위해서 같은 색깔로 맞추어야 합니다.
- If you **get the most points**, you win.
  가장 많은 점수를 획득하면 이깁니다.
- I've never **lost a game.** 저는 한 게임도 져 본 적이 없습니다.

If you ____________, you win.

3. 게임을 하는 이유 🔊 MP3 122

+ I **amuse myself playing** video games.
  저는 혼자 비디오 게임을 하며 놉니다.
+ I can easily **get along with** others by playing games.
  게임을 하면 다른 사람들과 쉽게 친해질 수 있습니다.
+ When I play online games, I can **make friends all over the world**.
  온라인 게임을 하면 전 세계 사람들과 친구가 될 수 있습니다
+ **I play** computer games **to kill time**.
  저는 시간을 보내기 위해 컴퓨터 게임을 합니다.
+ I **can learn some wisdom** by playing games with others.
  다른 사람들과 게임을 하면서 지혜를 배웁니다.
+ Playing chess is **a sound form of entertainment** that you can do with your friends.
  체스는 친구들과 할 수 있는 건전한 놀이입니다.

🎙 I play ____________ to kill time.

4. 게임을 했던 경험 🔊 MP3 123

+ It was the most exciting **game I've ever played**.
  그것은 제가 해본 게임 중에서 가장 재미있는 것이었습니다.
+ I was down as I **had lost a lot of money** on a bet.
  저는 내기로 돈을 많이 잃어서 우울했습니다.
+ I **screamed my head off** when I rolled a 6.
  주사위에 6이 나왔을 때 저는 목이 터지게 고함을 질렀습니다.
+ **Whoever lost was supposed to** buy a nice dinner.
  지는 사람이 근사한 저녁을 사야 했습니다.
+ As we play games, we make jokes and just **have so much fun together**.
  우리는 게임을 하면서 농담하고 그저 같이 즐깁니다.

🎙 It was the most ____________ game I've ever played.

• 나만의 답변

자주 쓰는 표현을 이용해 나만의 답변을 만들어 보세요.

You indicated in the survey that you play games. What kind of games do you usually play? When and where do you play these games?

콤보문제

[게임 하기]에서 가장 까다로운 문제가 게임의 규칙을 설명하는 것입니다. 게임의 목적이나 승패에 대해 설명하는 연습을 해 두는 것이 좋습니다. 다음 4개의 콤보문제를 살펴보고 샘플답변을 참고해서 자신의 답변을 준비해 보세요.

MP3 124

1. What is your favorite game? Why do you like it? What are the rules?

가장 좋아하는 게임은 무엇입니까? 왜 좋아합니까? 어떤 규칙이 있습니까?

■Since I use a smart phone, I have downloaded several phone games. My favorite game among them is a block-breaking game. ●In this game, you attach similar blocks to each other to destroy them. The rule of the game is so simple that you don't have to learn special skills. I like this game because there is no better way for killing time for me.

■좋아하는 게임
좋아하는 게임에 대해 더욱 구체적으로 묻고 있습니다. 최근 많이 하는 간단한 휴대폰 게임으로 답변을 준비하면 복잡한 규칙을 설명하는 부담에서 벗어날 수 있습니다.

●게임의 규칙
게임의 규칙은 그 게임의 목표에 대해 이야기하는 것으로 대체합니다. 세세한 규칙을 설명하기에는 우리말로도 시간이 부족할 수 있습니다.

스마트폰을 이용한 이후로 저는 여러 게임을 다운받아 봤습니다. 그중에서 제가 제일 좋아하는 게임은 블록깨기 게임입니다. 서로 비슷한 모양의 블록을 붙여서 그 블록들을 터트리는 게임입니다. 게임룰이 아주 간단해서, 특별한 기술을 배울 필요도 없습니다. 제가 이 게임을 좋아하는 이유는 지루한 시간을 보내는 데 이보다 더 좋은 방법이 없기 때문입니다.

MP3 125

2. How did you become interested in playing games at first? How did you learn how to play the games?

언제 처음 게임에 관심을 갖게 되었습니까? 게임을 하는 법을 어떻게 배웠습니까?

■I became interested in games when I was in junior high school. After school, my friends and I went to an Internet cafe and enjoyed playing online games. Especially after school tests, I wanted to relieve stress and that's the reason I started playing games. I became more involved in the games as my best friend was a game lover and I learned various tips from him. It would have been a lot harder to learn the game rules without him.

■게임을 좋아하게 된 계기
과거의 한 시점을 골라 이야기합니다. 어린 시절에 친구들과 어울리기 위해, 또는 스트레스를 풀기 위해 게임을 시작했다는 답변은 쉽게 생각할 수 있을 것입니다. 지난 경험에 대한 내용이기 때문에 자연스럽게 과거시제를 사용합니다.

제가 게임에 관심을 갖게 된 것은 중학교 때입니다. 친구들과 저는 학교가 끝나고 나서 근처 인터넷 카페에 가서 온라인 게임을 즐겨 했습니다. 특히 시험이 끝나고는 스트레스를 풀고 싶었고 그게 제가 게임을 시작한 이유였습니다. 친한 친구가 게임 애호가여서 더욱 더 게임에 빠져들게 되었고, 그 친구에게 여러 가지 요령을 배웠습니다. 그 친구가 없었다면 게임의 규칙을 배우는 것이 훨씬 어려웠을 겁니다.

MP3 126

3. Tell me about a memorable experience from playing games. Why is it so memorable? Tell me about your experience in detail.

게임을 할 때 기억에 남는 경험에 대해 말해 주세요. 왜 기억에 남습니까? 당신의 경험에 대해서 구체적으로 말해 주세요.

■When you play a smart phone game, there are many times you don't notice how much time you spend. Just a few days ago, I was so into a phone game on the subway that I missed the station where I had to get off. But I was more surprised to see myself starting that game again on the way back. I was frustrated and also mad at myself, so I erased the game on the spot.

■기억에 남는 경험

게임과 관련된 경험 중에 중독성이 강한 게임 때문에 겪었던 어려움은 게임을 하는 사람이라면 준비할 수 있는 답변입니다. 지하철에서 게임에 정신을 빼앗겨서(I was into a phone game) 내려야 할 곳을 지나친 경험이 있다는 답변을 준비해 봤습니다.

스마트폰 게임을 하다 보면 시간 가는 줄 모르고 빠져들 때가 많습니다. 불과 며칠 전에 저는 지하철에서 스마트폰 게임에 열중하고 있었습니다. 그런데 그것 때문에 제가 내려야 할 역을 지나치고 말았습니다. 그런데 돌아오는 길에 다시 그 게임을 시작하는 제 자신을 보고 더욱 놀랐습니다. 저는 짜증 나고 또한 제 자신에게 화가 나서 그 자리에서 게임을 지워버렸습니다.

• Ask me!

MP3 127

그동안 컴퓨터가 계속 질문했지만, 이제는 역으로 질문을 해달라는 요청을 받습니다. 주제별로 할 수 있는 질문을 미리 생각해 두세요. (컴퓨터는 응시자의 질문에 답변하지 않습니다)

Q. You indicated that you like playing games. I like to play games as well. Please ask me three or four questions about my favorite game.

당신은 게임을 좋아한다고 했습니다. 저도 게임을 좋아합니다. 제가 좋아하는 게임에 대해 서너 가지 질문해 보세요.

■I just heard that you like to play games. I'd like to ask you about that. ●Why do you like to play? Do you play games alone or do you play with other people? What kind of game do you enjoy the most? Where do you usually play games?

■반복하기

문제에 나온 표현을 반복해서 말하는 것은 문제의 핵심에서 벗어나지 않게끔 도와줍니다.

●추가 질문

게임의 종류를 가리지 않고 공통적으로 물을 수 있는 질문을 준비해 보세요.

What is the best thing about playing games? 게임을 하면 무엇이 가장 좋습니까?

당신이 게임을 하는 것을 즐긴다고 들었습니다. 그에 대해 묻고 싶습니다. 왜 게임을 하는 것을 좋아합니까? 당신은 게임을 혼자 합니까, 아니면 다른 사람들과 함께 합니까? 어떤 종류의 게임을 가장 즐깁니까? 게임은 주로 어디에서 합니까?

UNIT 06 카페/커피전문점에 가기

기출 질문

You said that you like to go to a coffee shop. Please describe your favorite coffee shop. Where is it located? What does it look like outside and inside?

당신은 카페에 가는 걸 좋아한다고 했습니다. 당신이 가장 좋아하는 카페에 대해 설명해 주세요. 어디에 있습니까? 건물의 외부와 내부는 어떻게 생겼습니까?

[카페/커피전문점에 가기]는 여가활동의 다른 주제와 마찬가지로 자주 가는 카페에 대한 장소 묘사 문제가 출제될 확률이 높습니다.

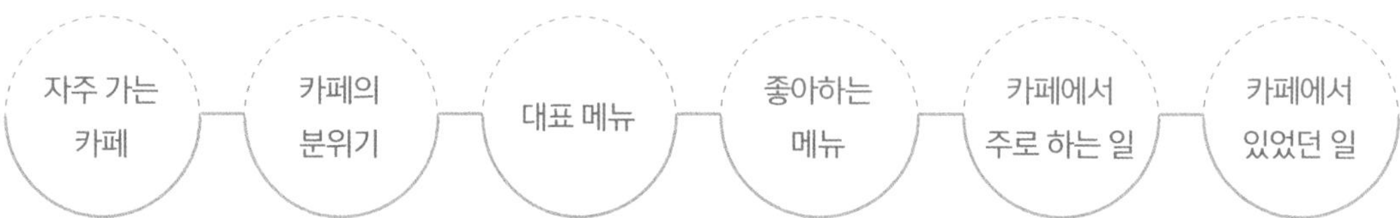

답변 준비

장소 묘사 질문의 틀을 그대로 적용합니다. 우선 자주 가는 카페를 소개하고 외관과 내부 인테리어에 대해 묘사합니다. 그곳의 분위기를 설명하고 그곳이 좋은 이유를 대는 것으로 마무리하면 되겠습니다.

카페의 위치	동네 카페
카페의 크기	테이블 별로 없는 작은 카페
카페의 외관	일반 건물 1층
카페의 내부	특이한 인테리어 때문에 주인의 취향이 독특해 보인다.
분위기	언제나 조용한 분위기
느낌	갈 때마다 힐링된다.

따라 읽기

다음 샘플답변을 듣고 따라 읽어 보세요. 샘플답변을 참고해서 나만의 답변을 생각해 보세요.

MP3 128

1 My favorite coffee shop is five minutes walking distance from my house. 2 The coffee shop is not so big and there are only four or five tables. 3 Although this coffee shop seems not to have many special features on the outside, it has unique decorations to show the taste of its owner inside. 4 This place is not crowded, and always has a quiet and calm atmosphere. 5 Every time I go there, I feel like I'm taking a break from my busy daily life.

1 제가 자주 가는 카페는 집에서 걸어서 5분 거리에 있습니다. 2 카페는 그렇게 크지 않고 테이블은 네다섯 개 밖에 없습니다. 3 이 카페는 겉으로 보기에는 큰 특징이 없어 보이지만 안으로 들어가면 주인의 취향을 볼 수 있는 독특한 장식들이 많습니다. 4 이곳은 사람들도 그다지 붐비지 않고 항상 조용하고 차분한 분위기입니다. 5 그곳에 갈 때마다 저는 바쁜 일상생활에서 휴식을 하고 온 것 같은 느낌입니다.

1 카페의 위치

장소 묘사는 자신의 집에서 얼마나 걸리는지로 시작할 수 있습니다. 집에서 가까운 카페를 설명해 보세요.

2 카페의 모습

좋아하는 카페로 동네의 규모가 작은 카페를 댈 수 있고, 전국적이거나 세계적인 커피 프렌차이즈를 댈 수도 있을 것입니다. 프렌차이즈는 보통은 거의 같은 인테리어를 하고 있습니다. 동네의 카페는 독특한 색깔이 있지요.

3 카페의 특징

카페의 분위기는 사람들로 붐비거나 붐비지 않는 것으로 나눌 수 있을 것입니다. 커피 프렌차이즈는 대표적인 인테리어를 보여주지만, 동네의 카페는 가게 주인만의 독특한 색깔이 있기 마련입니다.

5 느낌

카페에 가면 느낄 수 있는 분위기에 대해 언급하면서 마무리합니다.

PLUS

카페의 메뉴
coffee 커피
cafe au lait 카페라떼
espresso 에스프레소
cappuccino 카푸치노
caramel macchiato 카라멜 마끼아또
(orange/apple/grape/grapefruit/pineapple/carrot) juice (과일) 주스
smoothie 스무디
macaron 마카롱
tiramisu 티라미수
pretzel 프레즐
various kinds of cake 다양한 케이크

자주 쓰는 표현

OPIc 답변으로 유용한 표현들을 듣고, 나에게 필요한 것을 골라 큰 소리로 말해 보세요.

1. 카페 묘사 MP3 129

- It **looks like** an old castle. 옛날 성처럼 생겼습니다.
- The coffee shop doesn't **have** many **special features** on the outside.
  카페는 겉으로 보기엔 특별한 특징이 없는 것 같습니다.
- It **is decorated** with a trendy and modern interior inside.
  안에는 트렌디하고 모던한 인테리어로 꾸며져 있습니다.
- The cafe is small but **has a cozy, warm atmosphere.**
  카페는 작지만 아늑하고 따뜻한 분위기를 가지고 있습니다.
- This cafe **has a warm, welcoming atmosphere.**
  이 카페는 따뜻하고 우호적인 분위기를 가지고 있습니다.
- **The small but rural mood** of the cafe always makes people feel **relaxed.**
  작지만 시골 분위기의 카페는 언제나 사람들의 마음을 편하게 해 줍니다.

PLUS
vivid 강렬한
cool 멋진
unique 독특한
original 독창적인, 원조의
elegant 고상한
sophisticated 세련된

The cafe has a(n) ____________ atmosphere.

2. 카페에 가서 하는 일 MP3 130

- I **use free Wi-Fi** at the cafe.
  저는 카페에서 무료 와이파이를 사용합니다.
- I **drink my favorite coffee** and **enjoy a variety of desserts** at the cafe.
  카페에서 제가 가장 좋아하는 커피를 마시고 다양한 디저트도 즐깁니다.
- I **take my laptop to the cafe** and **do my work.**
  카페에 노트북을 갖고 가서 작업을 합니다.
- I sometimes work at the window seat in a cafe to **refresh myself.**
  저는 기분 전환을 위해 가끔 카페의 창가 자리에서 일을 합니다.
- I **meet a friend and chat** with a cup of coffee at the cafe.
  카페에서 친구를 만나고 커피를 마시며 수다를 떱니다.
- When I wait for a friend, I usually **observe other people** in the cafe.
  친구를 기다릴 때 저는 주로 카페 안의 다른 사람을 관찰합니다.
- Once a month, I **meet my study group** in a downtown cafe.
  한 달에 한 번 저는 시내에 있는 카페에서 스터디 그룹 친구들을 만납니다.
- If I go to a famous cafe, I **post on SNS with my smart phone** to share my experience.
  유명한 카페에 가면 경험을 공유하기 위해 스마트폰으로 SNS를 합니다.

I drink my favorite ____________ and ____________ at the cafe.

3. 카페의 특징 MP3 131

- The cafe **serves the finest coffee.**
  그 카페는 최상의 커피를 제공합니다.
- The place **gives people excellent service.**
  그 장소는 사람들에게 최상의 서비스를 제공합니다.
- There are always lots of people in the cafe and they all seem to **have an enjoyable time.**
  카페 안에는 항상 많은 사람들이 있고 그들은 모두 즐거운 시간을 보내는 듯 보입니다.
- The cafe is famous for its **luxurious interiors and vintage dishes.**
  그 카페는 고급스런 인테리어와 빈티지한 그릇들로 유명합니다.
- **A barista** who has won at a barista competition is working in the cafe.
  바리스타 대회에서 우승한 바리스타가 그 카페에서 일하고 있습니다.

The place gives people ____________ service.

4. 카페와 관련한 경험 MP3 132

- Last summer, on a rainy day, I remember that I was happy to **have aromatic coffee** and to **hear good music** in the coffee shop.
  지난여름 어느 비 오는 날, 카페에서 나오는 좋은 음악을 들으면서 향기로운 커피를 마시면서 행복해 하던 기억이 납니다.
- Once, I accidently **met a friend** who was a childhood friend in a cafe.
  한번은 카페에서 어릴 적 친구를 우연히 만난 적이 있습니다.
- My favorite writer **had a new book signing** at the book cafe.
  제가 좋아하는 작가가 북카페에서 신작 사인회를 가졌습니다.
- I had to **meet an important customer** in the cafe but the customer came too late.
  카페에서 중요한 고객을 만나기로 했는데 고객이 너무 늦게 왔습니다.

I remember that I was ____________ to have ____________ and to hear ____________ music in the coffee shop.

나만의 답변

자주 쓰는 표현을 이용해 나만의 답변을 만들어 보세요.

You said that you like to go to a coffee shop. Please describe your favorite coffee shop. Where is it located? What does it look like outside and inside?

• 콤보문제

자주 가는 카페에 대해 설명해 달라는 질문 외에 카페에 가면 하는 일, 카페의 첫인상, 카페에서 있었던 잊지 못할 경험을 설명해 달라는 질문이 있습니다. 다음 4개의 콤보문제를 살펴보고 샘플답변을 참고해서 자신의 답변을 준비해 보세요.

MP3 133

1. When do you usually go to a coffee shop? Who do you go there with? What do you order? What do you do when you are in the coffee shop?

보통 언제, 누구와 함께 카페에 갑니까? 무엇을 주문하나요? 카페에 있을 때에는 무엇을 합니까?

■The first thing I do when I go to a coffee shop is order drinks. While I wait for the drink, I read a magazine or chat with my friend. ●I usually order a cup of coffee and my friend orders fresh juice. I often meet friends at a cafe, but sometimes I go alone with my laptop to work. At the cafe, I meet someone or have quiet time alone.

■카페에서 하는 일

카페에 가면 먼저 음료를 주문합니다. 좋은 자리를 찾아 자리를 잡는 사람들도 있지요. 이후에는 책을 보거나 친구와 대화하기, 혼자서 일 보기, 아무 것도 하지 않기 등의 다양한 모습이 있습니다.

●일상 표현

일상에 관한 질문에는 보통 현재 시제로 답합니다. 또 usually, often, sometimes와 같은 부사들을 자주 쓰게 됩니다.

카페에 가면 가장 먼저 하는 일은 음료를 주문하는 일입니다. 음료를 기다리는 동안 잡지를 읽거나 친구와 수다를 떱니다. 저는 보통 커피 한 잔을 주문하고 친구는 신선한 주스를 주문합니다. 저는 카페에서 종종 친구를 만나지만, 가끔은 혼자서 노트북을 가지고 일을 하려고 카페에 갑니다. 카페에서 저는 사람을 만나거나, 아니면 혼자 조용히 시간을 보냅니다.

MP3 134

2. How did you go to the coffee shop for the first time? What was your first impression of the cafe? Please tell me in detail about your experience at the coffee shop for the first time.

처음에 어떻게 카페에 가게 되었습니까? 카페에 대한 첫인상은 어땠나요? 처음 카페에 갔던 경험에 대해 말해 주세요.

■Probably, when I was in high school, it was the first ever experience of going to a coffee shop. A famous coffee brand shop was opened in my neighborhood, and my friends and I decided to visit it after final exams. ●The first impression of the cafe was very intense. I thought that the interior was very sophisticated and everything seemed very trendy. I was fascinated by this place, so I spent much time with my friends at the coffee shop after that.

■카페에 처음 갔을 때

우리 생활 속에 흔한 카페라는 공간에 처음 가봤던 때를 자세하게 기억하고 있는 사람은 많지 않을 것입니다. 평상시에 카페에 가면 느끼는 것을 조금 변형해서 말하면 좋겠습니다. 처음 했던 일에 대해서는 the first ever experience of를 이용해 말해 보세요.

●첫인상

intense는 '강렬한, 굉장한' 등을 뜻합니다. 첫인상(first impression)을 말할 때 유용한 표현입니다.

아마 고등학생 때 처음으로 카페에 가봤던 것 같습니다. 유명한 커피 브랜드 카페가 동네에 새로 문을 열어서, 기말고사가 끝나고 친구들과 같이 가봤습니다. 카페의 첫인상은 강렬했습니다. 인테리어가 아주 세련되었고 모든 게 굉장히 트렌디하게 느껴졌습니다. 그곳에 매료된 저는 그 후로 친구들과 카페에 가서 많은 시간을 보냈습니다.

MP3 135

3. You might have an unforgettable experience while you are at a coffee shop. When and where did it happen? Who were you with?

당신은 카페에서 잊을 수 없는 경험을 했을 수도 있습니다. 언제, 어디에서 그런 일이 있었습니까? 누구와 함께였습니까?

■Once, I was waiting for my friend in a coffee shop. The entrance was so loud, and two men were arguing. I didn't know the exact details, but the fighting seemed to be getting bigger and turning into a physical fight. The staff tried to stop them, but it did not go well. It didn't end until the manager and other staff came out and took them out of the shop by force. ●It was not a common happening, so it's particularly memorable for me.

■카페에서 겪은 일

조용한 카페에서 시끄러운 싸움이 나는 일은 흔치 않은 일일 것입니다. 그 외에 주문을 잘못한 경험이나, TV에서만 보던 유명한 연예인을 봤다는 등의 재미있는 에피소드를 말해 봅시다.

●마무리

기억에 남는 일에 대해 이야기할 때 it's particularly memorable이라고 마무리하면 좀 더 완결성 있는 답변이 될 것입니다.

한번은 카페에서 친구를 기다리고 있을 때였습니다. 입구가 시끄러웠고 남자 두 명이 말싸움을 하고 있었습니다. 정확한 내용을 알지는 못했지만 싸움은 점점 커져서 몸싸움으로 번지는 것 같았습니다. 직원이 나와서 두 사람을 말려 봤지만 잘되지 않았습니다. 결국 매니저와 다른 직원들이 나와서 두 사람을 억지로 가게 밖으로 끌고 나가서야 끝이 났습니다. 흔한 해프닝은 아니어서 저에게 유독 기억에 남는 일입니다.

Ask me!

MP3 136

그동안 컴퓨터가 계속 질문했지만, 이제는 역으로 질문을 해달라는 요청을 받습니다. 주제별로 할 수 있는 질문을 미리 생각해 두세요. (컴퓨터는 응시자의 질문에 답변하지 않습니다)

Q. You said you go to a coffee shop often. I also enjoy going to a coffee shop. Ask me three or four questions about this.

당신은 자주 카페에 간다고 했습니다. 저 역시 즐겨 가는 카페가 있습니다. 이에 대해 서너 가지 질문해 보세요.

You just said that you go to a cafe often. If you don't mind, let me ask you some questions about it. ■Where is your favorite coffee shop? Why do you like to go there? Do you have any special drink you order there? How is the atmosphere of the coffee shop?

■추가 질문

What is your favorite menu in the cafe? 카페에서 가장 좋아하는 메뉴가 무엇입니까? What do you usually do when you go to a coffee shop? 카페에 가면 주로 어떤 일을 합니까?

당신은 자주 카페에 간다고 했습니다. 괜찮다면 그에 대해 몇 가지 질문을 하겠습니다. 당신이 즐겨가는 카페는 어디에 있습니까? 왜 그곳을 좋아합니까? 거기서 특별히 주문하는 음료가 있습니까? 카페의 분위기는 어떻습니까?

UNIT 07 음악 감상하기

원어민 음성 바로듣기

기출 질문

Where do you usually go to listen to music? Do you prefer to play the radio or do you like to go to a concert? Tell me where you like to listen to music and how you listen to music.

보통 어디에서 음악을 듣습니까? 라디오로 듣습니까, 아니면 콘서트에 갑니까? 어디에서 어떻게 음악을 듣는지 말해 주세요.

집에 있을 때, 대중교통을 이용할 때, 직접 운전할 때, 카페나 바에 있을 때 우리는 음악을 듣습니다. 더불어 컴퓨터, 스마트폰, MP3, 오디오 등 음악을 듣는 장비나 기기에 대해서 말할 거리를 준비해 보세요.

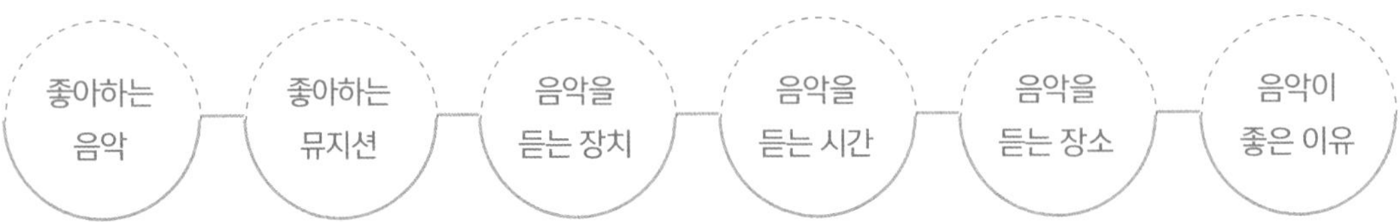

답변 준비

답변을 시작하기 전에 자신이 주로 어디에서 음악을 듣는지 생각해 보세요. 본론에서는 특정 장소(때)를 언급하고, 그곳에서 음악을 듣는 이유도 언급합니다. 풍성한 답변 구성을 위해서 장소를 두 군데 정도 언급해 주면 좋습니다. 마지막으로, 어떤 방식으로 음악을 듣는지 말해 주세요.

음악을 듣는 시간	일할 때 빼고 거의 언제나 듣는다.
음악을 듣는 장소	출퇴근 길, 집, 길거리
음악을 듣는 이유	기분 전환이 되고, 무료한 시간을 보내는 데도 좋다.
음악을 듣는 방식	스마트폰의 어플

• 따라 읽기

다음 샘플답변을 듣고 따라 읽어 보세요. 샘플답변을 참고해서 나만의 답변을 생각해 보세요.

MP3 137

1 I listen to music no matter what I'm doing or wherever I am, whether I'm at home or outside. 2 When I commute to work by subway, it takes almost an hour, so I can kill time by listening to music. 3 I also listen to music while I'm doing housework. 4 I actually enjoy doing it when I have some exciting dance music on. 5 When I listen to music, I listen to music on my smart phone. 6 This is the most convenient way as I can access and listen to music directly online.

1 저는 무엇을 하든, 집이든, 밖이든, 어디에 있든지 항상 음악을 듣습니다. 2 지하철을 타고 출퇴근 하는 데 1시간 가까이 걸려서, 저는 음악을 들으면서 무료한 시간을 보낼 수 있습니다. 3 집안일을 하는 동안에도 저는 음악을 듣습니다. 4 신나는 댄스 음악을 틀어 놓으면 집안일을 즐길 수 있습니다. 5 음악은 스마트폰을 이용해서 듣습니다. 6 온라인으로 바로 접속해서 음악을 들을 수 있어서 이 방법이 가장 편리합니다.

1 음악 감상하기

no matter what I'm doing or wherever I am(내가 무엇을 하든지, 어디에 있든지)라는 표현을 이용해 항상 음악을 듣는다고 말할 수 있습니다.

2 음악을 듣는 곳

when I commute to work by subway와 같은 표현으로 언제, 어디에서 듣는지 설명할 수 있습니다. while -ing(~하는 동안에)나 by -ing(~하면서)를 이용해 음악을 들으면서 하는 일을 설명하고, 그 이유를 덧붙여 줍니다. by listening to music(음악을 들으면서)

4 음악 장르

때마다 즐겨 듣는 음악이 다를 수 있습니다. classical music, rock, pop, jazz, ballad, heavy metal, hip-hop 등 다양한 장르를 언급해 보세요.

5 전자기기

요즘에는 스마트폰으로 음악을 듣는 일이 가장 많을 것입니다. 이동이 편리하고 듣고 싶은 음악을 그때그때 쉽게 들을 수 있기 때문입니다. 스마트폰으로 음악을 들을 때 어떤 점이 좋은지도 말해 보세요.

PLUS

음악 장르
reggae 레게
rhythm and blues(R&B) 리듬 앤 블루스
soul music 솔 뮤직(흑인 음악의 하나)
salsa 살사(라틴 음악의 하나)
chanson 샹송
soundtrack 영화 음악
country music 컨트리 음악
folk 민요
instrumental music 기악곡
electronic music 전자 음악
house music 하우스 음악
rap music 랩 음악

자주 쓰는 표현

OPIc 답변으로 유용한 표현들을 듣고, 나에게 필요한 것을 골라 큰 소리로 말해 보세요.

1. 음악을 듣는 시간 MP3 138

- **When I commute by bus**, I always listen to music.
  저는 버스로 통근할 때 항상 음악을 듣습니다.
- **When I'm exercising in the park,** listening to dance music keeps me going.
  저는 공원에서 운동할 때 댄스 음악을 들으면 계속해서 운동을 할 수 있습니다.
- Sometimes, **when I'm waiting for my friend**, I kill time by listening to music.
  때때로 친구를 기다릴 때 저는 음악을 들으면서 시간을 보냅니다.
- **When I'm driving,** I sing along to the songs that are playing on the radio.
  저는 운전할 때 라디오에서 나오는 노래를 따라 부릅니다.
- **In the morning, when I get ready for work[school],** I turn on some music to wake myself up.
  아침에 직장[학교]에 갈 준비를 할 때 잠을 깨려고 저는 음악을 틀어 놓습니다.
- **When I'm lying in bed at night,** listening to classical music helps me fall into a deep sleep.
  밤에 자려고 누울 때 클래식 음악을 들으면 숙면하는 데 도움이 됩니다.
- **When I need to ease my tension**, I soothe myself with music.
  긴장을 풀어야 할 때 저는 음악을 들으면서 안정을 찾습니다.

When I ____________, I always listen to music.

2. 음악을 듣는 장소 MP3 139

- At times, I **enjoy music at a concert[cafe].**
  가끔 저는 콘서트에서[카페]에서 음악을 즐깁니다.
- In fact, **my favorite place to listen to music** is my home.
  사실 제가 음악을 듣기에 가장 선호하는 장소는 저희 집입니다.
- I like to **go to a club** and listen to exciting music and dance to the music.
  저는 클럽에 가서 신나는 음악을 들으며 춤추는 것을 좋아합니다.
- I drive a lot, so I **listen to music in my car** a lot.
  저는 운전을 많이 하기 때문에 차 안에서 음악을 많이 듣습니다.
- **While walking on the street,** I can hear music from various shops.
  길을 걸을 때 다양한 상점에서 나오는 음악을 들을 수 있습니다.
- I can listen to various kinds of music on the radio when **I'm at work.**
  저는 일하면서 라디오에서 다양한 음악을 들을 수 있습니다.

At times, I enjoy music at ____________.

3. 음악을 듣는 이유 MP3 140

- Music is **a part of my life.** 음악은 제 인생의 일부분입니다.
- Classical music **relaxes me.** 클래식 음악은 편안하게 해줍니다.
- **I can't imagine** my life without music.
  음악 없는 제 인생을 상상할 수 없습니다.
- When I feel nervous, I **take comfort from music.**
  저는 긴장하면 음악으로 마음을 달랩니다.
- Music **eases my mind.** 음악은 마음을 달래 줍니다.
- Music **calms** me **down.** 음악을 들으면 저는 마음이 차분해집니다.
- I can **relieve stress** by listening to heavy metal.
  저는 헤비메탈을 들으며 스트레스를 풉니다.
- Listening to jazz **helps** me **sleep.** 재즈를 들으면 잠드는 데 도움이 됩니다.
- Dance music always **cheers** me **up.** 댄스 음악을 들으면 항상 기운이 납니다.
- I can **concentrate on** my work better. 저는 일에 집중을 잘할 수 있습니다.

PLUS

cheerful 밝고 기분 좋은
rhythmical 경쾌한
noisy 시끄러운
smooth 부드러운
easy 편한
melodious 감미로운
soothing 마음을 달래 주는
healing 마음을 치유하는
touching, moving 감동적인

When I feel ____________, I take comfort from music.

4. 가수/연주자 MP3 141

- He had to endure hard training to become **a great vocalist.**
  그는 탁월한 보컬리스트가 되기 위해 힘든 훈련을 견뎌야 했습니다.
- **All of his songs** are cheerful, so I listen to them when I feel depressed.
  그의 모든 노래가 활기차서 우울할 때 저는 그 노래들을 듣습니다.
- She is a **born singer** and has a beautiful voice.
  그녀는 타고난 가수이며 아름다운 목소리를 가졌습니다.
- The band **has grown to be popular** worldwide.
  그 밴드는 성장해서 세계적으로 유명해졌습니다.
- Her song **reminds** me **of** my childhood.
  그녀의 노래는 제 어린 시절을 떠오르게 합니다.

PLUS

band 밴드
rocker 록 뮤지션
rapper 래퍼
pop singer 팝가수
hop-hop singer 힙합가수
musical singer 뮤지컬 가수
jazz singer 재즈 가수

All of the songs are ____________, so I listen to them when I feel ____________.

나만의 답변

자주 쓰는 표현을 이용해 나만의 답변을 만들어 보세요.

Where do you usually go to listen to music? Do you prefer to play the radio or do you like to go to a concert? Tell me where you like to listen to music and how you listen to music.

콤보문제

[음악 감상하기]에서는 가장 좋아하는 가수나 노래, 악기, 그리고 좋아하게 된 계기도 물어볼 수 있습니다. 다음 4개의 콤보문제를 살펴보고 샘플답변을 참고해서 자신의 답변을 준비해 보세요.

MP3 142

1. You indicated in the survey that you like listening to music. What kind of music do you like? Who is your favorite musician or composer?

당신은 음악 듣는 것을 좋아한다고 했습니다. 어떤 음악을 좋아합니까? 가장 좋아하는 음악가나 작곡가는 누구입니까?

■My favorite music is British pop music. Maybe it's because I particularly like British pop singer Ed Sheeran. He is not very good looking, but he has excellent composition skills and his performance on the stage is excellent. Pop music is not too serious and I can enjoy it lightly no matter where I am. ●Also, I can listen to various types of songs according to my mood. In addition, you can increase your English proficiency while listening to pop songs.

■좋아하는 음악과 아티스트

좋아하고 자주 듣는 장르와 아티스트에 대한 질문입니다. 주로 노래 실력이나 연주 능력에 대해 언급합니다. 또한 매력적인 외모나 스타일 때문에 좋아할 수도 있습니다. '특별히' 좋아한다고 할 때 like 앞에 부사 particularly를 씁니다.

●다양한 음악 듣기

한 가지 장르의 음악만을 듣는 분들도 있지만, 보통은 그날의 기분에 따라(according to my mood) 음악을 선택해서 듣는 것 같습니다.

제가 가장 좋아하는 음악은 영국의 팝음악입니다. 영국의 팝가수 Ed Sheeran을 제가 특히 좋아하기 때문일 수도 있습니다. 그는 그렇게 잘생기지는 않았지만 작곡 기술이 뛰어나고 무대에서의 연주도 훌륭합니다. 팝음악은 너무 심각하지 않고 어디서든 가볍게 즐길 수 있습니다. 또한 기분에 따라 다양한 노래를 들을 수 있습니다. 게다가 팝송을 들을 때 영어 실력을 향상시킬 수 있습니다.

MP3 143

2. Tell me about the moment when you first became interested in music. Why did you decide to listen to music? How do your tastes for music differ from the beginning to now? Tell me about it.

당신이 처음 음악에 관심을 갖게 된 계기에 대해 말해 주세요. 왜 음악을 듣게 되었습니까? 음악에 대한 취향은 처음과 지금이 어떻게 다릅니까? 말해 주세요.

■I cannot remember exactly when I first became interested in music. Music was naturally a part of my life for a long time. At first, I listened to energetic music like dance music or heavy metal. ●As I got older, I began to prefer music like ballads or smooth jazz. I don't know what kind of music will fascinate me in the future, but music will always be an important part of my life.

■음악을 듣게 된 계기

우리는 일상에서 자연스럽게 여러 가지 음악을 접합니다. 특정 장르가 갑자기 좋아져서 찾아 듣게 되었다고 말할 수 있지요. TV오디션 프로그램을 보다가 힙합에 관심이 가서 듣기 시작했다고 할 수 있을 것입니다.

●취향의 변화

과거의 취향은 당연히 과거시제(I listened ~)이지요. 현재의 취향을 나타내기 위해 As I got older(나이가 들수록)를 썼습니다.

제가 음악에 처음 관심을 갖게 된 게 언제인지 정확하게 기억할 수 없습니다. 음악은 오랫동안 자연스럽게 제 삶의 일부분이었습니다. 처음에는 댄스 뮤직이나 헤비메탈 같은 에너지가 넘치는 음악을 들었습니다. 나이가 들수록 발라드나 부드러운 재즈 같은 음악이 더욱 좋아졌습니다. 앞으로 또 어떤 음악이 저를 매료시킬지 모르지만, 음악은 언제나 제 삶의 중요한 부분일 것입니다.

MP3 144

3. Can you tell me about a memorable experience that happened while you were listening to music? When was it? What happened?

음악을 들으면서 있었던 기억에 남는 경험에 대해 말해 주겠습니까? 언제였습니까? 어떤 일이 있었나요?

■When I went to a local music festival with my friends a few years ago, there was one incident I cannot forget. During the performance, we saw one of the performers accidentally fall down from the stage. I thought it was a surprise event at first, but later we saw an ambulance and emergency crew backstage and found out that it was not a joke. The rest of the performance was done safely, but we were worried there might be another accident.

■기억에 남는 경험

음악을 듣는 중에 발생한 사건은 혼자서 가만히 음악만 듣고 있을 때보다는 여럿이 모여 있을 때 발생하기 마련입니다. 이러한 답변은 콘서트나 공연 중에 일어난 잊지 못할 일에 대한 답변으로도 활용이 가능합니다.

몇 년 전에 친구들과 지방의 음악 축제에 갔을 때 잊지 못할 사건이 있었습니다. 공연 중에 한 공연자가 무대에서 실수로 아래로 떨어지는 걸 봤습니다. 저는 처음에 그게 깜짝 공연인 줄 알았는데 나중에 무대 뒤에서 앰뷸런스와 응급요원들이 있는 걸 보고 장난이 아니라는 걸 알게 되었습니다. 나머지 공연은 무사히 마쳤지만, 또 다른 사고가 날까 걱정되었습니다.

Ask me!

MP3 145

그동안 컴퓨터가 계속 질문했지만, 이제는 역으로 질문을 해달라는 요청을 받습니다. 주제별로 할 수 있는 질문을 미리 생각해 두세요. (컴퓨터는 응시자의 질문에 답변하지 않습니다)

Q. You said that you listen to music. I like to listen to music as well. Ask me three or four questions about my favorite music.

당신은 음악을 듣는다고 했습니다. 저 역시 음악 감상을 좋아합니다. 저에게 제가 좋아하는 음악에 대해 서너 가지 질문해 보세요.

■I think listening to music is one of the best hobbies that anyone can enjoy. I heard that you also like to listen to music. Let me ask you about it. ●Why do you like listening to music? What type of sound system do you use when you listen to music? Do you have a favorite singer or composer? Why do you like his or her music?

■생각 표현하기

질문하기 전에 음악 감상에 대한 자신의 생각을 I think listening to music is로 말해 보세요.

●추가 질문

Is there any good place to listen to music in your home? 집에 음악 듣기에 좋은 장소가 있습니까?

음악 감상은 누구나 즐길 수 있는 최고의 취미인 것 같습니다. 당신도 음악을 듣는 것을 좋아한다고 들었습니다. 그에 대해 물어보겠습니다. 왜 음악 감상을 좋아하나요? 음악 들을 때 주로 어떤 종류의 음향 시스템을 사용합니까? 좋아하는 가수나 작곡가가 있습니까? 왜 그 사람의 음악을 좋아하나요?

UNIT 08 애완동물 기르기

기출 질문

You indicated in the survey that you have a pet. What does it look like? Tell me about your pet in detail.

설문에서 당신은 애완동물을 키운다고 했습니다. 어떤 모습입니까? 당신의 애완동물에 대해 자세하게 말해 주세요.

요즘 반려동물을 키우는 사람들이 늘어나면서 [애완동물 기르기]를 선택하는 응시자도 많습니다. 함께 보내는 시간이 많기 때문에 그만큼 말할 거리도 많습니다.

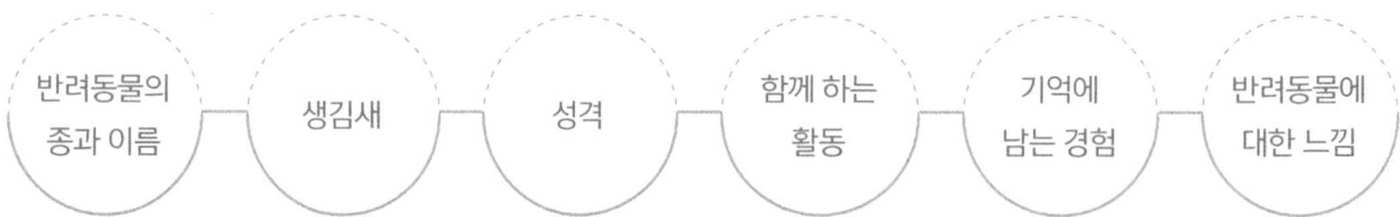

답변 준비

키우고 있는 반려동물의 생김새 묘사는 어떤 동물을 키우고 있는지에 대한 정보부터 시작합니다. 친한 친구를 소개하는 것처럼 편히 생각하세요. 동물의 이름과 생김새, 성격에 대해 말할 수 있습니다. 그리고 언제부터 키우기 시작했는지도 언급할 수 있습니다. 반려동물이 특징적으로 보이는 행동에 대해 이야기한다면 더욱 생동감 있는 이야기가 되겠네요. 반려동물과의 추억, 친숙함의 정도, 다른 사람들과의 관계 등 개인적인 느낌을 표현하면서 마무리합니다.

반려동물	허니, 요크셔테리어, 10살
생김새	검은색과 회색이 섞인 털, 작은 편이다.
성격	애교가 많고 다정하다.
특정한 행동	내가 집에 들어오면 달려 나와서 반긴다, 계속 나를 따라다닌다.
반려동물에 대한 감정	가장 친한 친구 같은 존재, 오래오래 함께 하길

• 따라 읽기

다음 샘플답변을 듣고 따라 읽어 보세요. 샘플답변을 참고해서 나만의 답변을 생각해 보세요.

MP3 146

1 I raise a Yorkshire Terrier called Honey. 2 I named her Honey because she's so sweet. 3 She is 10 years old, but she's still very healthy. 4 She is a small dog and has black and grey hair. 5 Every time I return home, she greets me, wagging her tail. 6 It's the only time she barks loudly and she follows me around. 7 To me, she's more than just a pet; she's my best friend. 8 I can't imagine my life without her. 9 I hope we can be together for a long time.

1 저는 '허니'라는 요크셔테리어를 키우고 있습니다. 2 애교가 많아서 허니라고 이름을 지었습니다. 3 열 살이고 여전히 아주 건강합니다. 4 허니는 검은색과 회색 털을 가진 작은 강아지입니다. 5 제가 집으로 돌아올 때면 꼬리를 흔들며 저를 반깁니다. 6 허니가 유일하게 크게 짖는 순간인데, 그러고는 저를 졸졸 따라다닙니다. 7 저에게 허니는 반려견 그 이상, 저의 가장 친한 친구입니다. 8 허니가 없는 제 인생은 상상할 수 없습니다. 9 우리가 오랫동안 같이 하기를 바랍니다.

1 반려동물
이름, 크기, 색깔, 나이 등 반려동물에 대한 기본 정보로 생김새를 묘사합니다. 동사 have를 이용할 수도 있지만 전치사 with를 써서 with black and grey hair와 같이 말할 수도 있습니다.

5 성격
특정 행동 묘사를 통해 반려동물의 성격을 드러낼 수 있습니다. 반려견이라면 greet someone(누구를 반기다), bark(짖다), wag its tail(꼬리를 흔들다)와 같은 표현을 쓸 수 있고, 반려묘라면 come to meow(야옹하면서 온다), purr loudly when it is happy(행복할 때 큰 소리로 그르렁 거린다)라는 표현을 쓸 수 있습니다.

7 반려동물에 대한 자신의 감정
반려견이 자신에게 어떤 의미이며 어떤 영향을 받는지 설명하면서 마무리합니다.

PLUS

반려동물
kitten, cat 고양이
puppy, dog 강아지, 개
rabbit 토끼
chick 병아리
hamster 햄스터
parrot 앵무새
canary 카나리아
goldfish 금붕어
turtle 거북이
lizard 도마뱀
iguana 이구아나

자주 쓰는 표현

OPIc 답변으로 유용한 표현들을 듣고, 나에게 필요한 것을 골라 큰 소리로 말해 보세요.

1. 반려동물 묘사 MP3 147

- My dog **has a short tail and soft fur.**
  저희 강아지는 짧은 꼬리와 부드러운 털을 가지고 있습니다.
- My cat **has big grey eyes** and she **looks so adorable.**
  저희 고양이는 큰 회색 눈을 가지고 있는데 너무 사랑스럽습니다.
- My hamsters are **white with brown hair.**
  저희 햄스터는 갈색이 섞인 흰색 털을 가지고 있습니다.
- My dog is **normally well-behaved**, but when I take her for a walk, she **becomes noisy.**
  저희 강아지는 보통 때는 얌전한데, 산책을 데려가면 시끄러워집니다.
- When strangers come to the door, she tends to **become aggressive.**
  낯선 사람이 집에 다가오면 공격적으로 변하는 경향이 있습니다.
- I have never seen a dog **as gentle and obedient as** my dog.
  저희 강아지만큼 순하고 순종하는 강아지를 본 적이 없습니다.

PLUS
gentle 순한
obedient 순종하는
lovely, adorable 사랑스러운
cute 귀여운
clever 똑똑한
well-behaved 얌전한
noisy 시끄러운
fierce 사나운
aggressive 공격적인
sensitive 예민한
loyal 충성스러운
lazy 게으른

My ____________ has ____________.

2. 반려동물의 행동 MP3 148

- She likes to **go around the house sniffing things.**
  그녀는 코를 킁킁거리며 집안을 돌아다니는 것을 좋아합니다.
- He **sniffs and smells** everywhere when he goes outside.
  그는 밖에 나가면 코를 킁킁거리면서 여기저기 냄새를 맡습니다.
- Whenever she wants to go out, she starts **yelping.**
  그녀는 나가고 싶을 때마다 낑낑거립니다.
- When I come home, he **wags his tail** to welcome me.
  제가 집에 올 때 그는 저를 환영하면서 꼬리를 흔듭니다.
- When strangers come, they **bark loudly.**
  낯선 사람이 오면 큰 소리로 짖습니다.
- He always **whines** when he is home alone.
  혼자 집에 있을 때 그는 항상 낑낑거립니다.
- My cat is always **purring** when she is comfortable and feels good.
  저희 고양이는 편안하고 기분이 좋으면 항상 가르랑거립니다.

PLUS
sniff 코를 킁킁거리다
growl, snarl 으르렁거리다
howl 긴소리로 짖다
purr 가르랑거리다
scratch, claw 할퀴다
chew 씹다

When I come home, it ____________ to welcome me.

3. 반려동물에 대한 생각 🔊 MP3 149

- I am **an animal person**, so I think pets are good companions.
  저는 동물을 좋아하는 사람이라서 반려동물은 좋은 동반자라고 생각합니다.
- I would be so **lonely without my pet**.
  제 반려견이 없으면 정말 외로울 것 같습니다.
- She has become so **much more than just a pet**.
  그녀는 단순한 반려동물 이상의 의미가 되었습니다.
- My family is **happy to take care of our pet**.
  우리 가족은 행복해 하면서 반려동물을 돌봅니다.

PLUS

animal lover 동물 애호가
animal person 동물을 좋아하는 사람
dog person 강아지를 좋아하는 사람
cat person 고양이를 좋아하는 사람

🎙 I would be so ____________ without my ____________.

4. 반려동물 돌보기 🔊 MP3 150

- I **feed my pet** twice a day.
  저는 반려동물에게 하루에 두 번 먹이를 줍니다.
- I try to **take my dog for a walk** every day, but it's not always easy.
  저는 매일 강아지를 산책시키려고 하지만, 언제나 쉬운 것만은 아닙니다.
- Whenever she does a good job, I **reward her with treats**.
  그녀가 잘해 내면 저는 상으로 간식을 줍니다.
- My mom **takes my dog to a grooming parlor** once in a while.
  저희 엄마가 한 번씩 개를 미용시키러 데리고 갑니다.
- Some people say **grooming dogs regularly** is too expensive, but I think it's necessary. 어떤 사람들은 개를 정기적으로 미용시키는 것이 너무 비싸다고 하지만 제 생각엔 이건 필요합니다.
- My father **takes the pet to a vet** when it is sick.
  아버지는 반려동물이 아플 때 병원에 데려갑니다.
- I **teach my dog how to sit[roll over]**.
  저는 개에게 앉기[구르기]를 가르칩니다.

PLUS

raise 기르다
feed 먹이를 주다
clean up 치우다
water 물을 주다
bathe 목욕시키다
train 훈련시키다

🎙 I teach my ____________ how to ____________.

나만의 답변

자주 쓰는 표현을 이용해 나만의 답변을 만들어 보세요.

You indicated in the survey that you have a pet. What does it look like? Tell me about your pet in detail.

• 콤보문제

다음 4개의 콤보문제를 살펴보고 샘플답변을 참고해서 자신의 답변을 준비해 보세요.

MP3 151

1. I would like to know more about your pet. Who takes care of the pet? What do you feed your pet?

당신의 반려동물에 대해 더 알고 싶습니다. 누가 돌봅니까? 반려동물에게 무엇을 먹입니까?

■I keep a three-year-old turtle, Toto. Toto is not that big. He's a very small turtle. From the first day, Toto was under my care. ●I feed him every day and give him a bath when necessary. I feed him dry food for turtles basically, but sometimes give him vegetables and meat as well. Every time I look at Toto, his relaxed and calm appearance seems to give me comfort and stability.

■반려동물 키우기

반려동물로 키울 수 있는 동물의 종류는 개나 고양이 이외에도 많을 겁니다. 이번에는 거북이를 키우는 것으로 답변을 준비해 봤습니다.

●돌보기

인간에게 반려동물은 돌봐야 할 존재이기도 합니다. take care of(돌보다), raise(기르다), feed(먹이를 주다), clean up(치우다), water(물을 주다), bathe(목욕시키다), train(훈련시키다) 등의 표현을 사용할 수 있습니다.

저는 3살짜리 거북이 토토를 키우고 있습니다. 토토는 그다지 크지 않은 아주 작은 거북이입니다. 첫날부터 토토는 제 보살핌을 받았습니다. 저는 매일 토토에게 밥을 먹이고 필요할 때에는 목욕도 시켜줍니다. 기본적으로 거북이 사료를 먹이지만 때로는 야채와 고기도 줍니다. 토토를 볼 때마다 그 편안하고 차분한 외모가 저에게 편안함과 안정감을 주는 것 같습니다.

MP3 152

2. Have you ever had any problems with your pet? Please tell me a story about your experience of having a problem.

반려동물을 기를 때 문제가 발생했던 적이 있습니까? 문제가 있었던 경험에 대해 말해 주세요.

■When having a pet, the biggest problem is that a sudden emergency situation can happen anytime. When I was in high school, my family had a dog. ●I once took him for a walk, and suddenly, he swallowed an unknown object. He kept coughing and looked uncomfortable after that. I was so scared that I took him to the nearest veterinary clinic. Fortunately, the doctor told me that it was not a big deal, but after that, I was very nervous about taking him out.

■곤란했던 경험

생명을 기를 때에는 응급상황을 빼놓을 수 없습니다. 반려동물이 위험한 상황이 될 수도 있고, 오히려 반려동물로 인해서 인간이 위험한 상황에 처할 수도 있습니다.

●반려견

반려견의 경우 complained about the dog barking(짖는 소리에 항의했다), chewed up my shoe and furniture(신발과 가구를 물어뜯었다), found my room in a total mess(방이 난장판이 되었다) 등의 표현도 활용해 보세요.

반려동물을 기를 때 가장 큰 문제는 갑작스러운 응급상황이 언제든지 발생할 수 있다는 것입니다. 제가 고등학생이었을 때, 저희 가족에게는 개가 있었습니다. 한번은 산책시키러 데리고 나갔는데, 개가 갑자기 알 수 없는 뭔가를 삼켰습니다. 기침을 계속했고, 그 후로 뭔가가 불편해 보였습니다. 저는 너무 겁이 나서 가장 가까운 동물병원으로 데리고 갔습니다. 다행히 의사는 큰 문제가 아니라고 말했지만, 그 후 저는 개를 데리고 나가기가 너무 불안했습니다.

MP3 153

3. There may be advantages and disadvantages to having a pet. Please tell me about your experiences.

반려동물을 기를 때에는 장점과 단점이 있을 수 있습니다. 당신의 경험을 말해 주세요.

■The biggest advantage is that a pet gives emotional stability. Of course, I am an animal person, so I think pets are good companions. They can comfort owners with depression; it's scientifically proven. ●On the other hand, having a pet requires tremendous responsibility. Sometimes you feel tired and want to avoid it because you have to spend your time and effort on your pet, but it's not allowed once you have a pet.

■장점

반려동물을 기른다는 것은 좋은 점이 무척 많지만, 힘들고 어려운 점도 있기 마련입니다. 장점으로 keep me company(동반자가 되어 준다), feel safe and protected(안전하고 보호받는 느낌이다), simply adorable(그냥 너무 귀여운) 등이 있을 것입니다.

●단점

On the other hand를 써서 답변을 전환합니다. cost a lot to have pets(비용이 많이 든다), take a lot of responsibilities(많은 책임이 따른다), can't leave the pet home alone for a long time(오랫동안 혼자 집에 두지 못한다) 등이 있을 것입니다.

반려동물의 가장 큰 장점은 정서적인 안정감을 준다는 것입니다. 물론 저는 동물을 좋아하는 사람이라서 그들이 좋은 동반자라고 생각합니다. 반려동물은 주인이 우울할 때 위로해 줄 수 있는데, 이것은 과학적으로 증명되었습니다. 반면에, 반려동물을 기른다는 것은 엄청난 책임감을 요구하는 일입니다. 자신의 시간과 노력을 반려동물에게 써야 하기 때문에 때로는 힘이 들고 회피하고 싶을 때도 있지만, 한번 반려동물을 키우면 그런 일은 허용되지 않습니다.

Ask me!

MP3 154

그동안 컴퓨터가 계속 질문했지만, 이제는 역으로 질문을 해달라는 요청을 받습니다. 주제별로 할 수 있는 질문을 미리 생각해 두세요. (컴퓨터는 응시자의 질문에 답변하지 않습니다)

Q. You said that you have a pet in your home. I also raise a pet at home. Please ask me three or four questions about the pet I have.

당신은 집에서 반려동물을 키운다고 했습니다. 저 또한 집에서 반려동물을 키우고 있습니다. 저에게 제가 키우는 반려동물에 대해 서너 가지 질문해 보세요.

You have a pet, too. ■What kind of pet do you have? How old is it? Why did you decide to get a pet? How do you think your pet is helping you?

■추가 질문

What does your pet mean to you? 반려동물은 당신에게 어떤 의미인가요?

당신 역시 반려동물을 키우시는군요. 어떤 종류의 반려동물을 기릅니까? 몇 살인가요? 왜 반려동물을 키우게 되었습니까? 반려동물이 당신에게 어떤 도움을 주는 것 같나요?

UNIT 09 여행 관련 잡지나 블로그 읽기

기출 질문

You indicated that you read a travel magazine or a blog. Which magazines or blogs do you enjoy reading or visiting? How often do you read or visit them? Tell me about it.

당신은 여행 잡지나 블로그를 읽는다고 했습니다. 어떤 잡지를 읽거나 블로그를 방문하는 것을 좋아합니까? 얼마나 자주 그것을 읽거나 방문합니까? 말해 주세요.

[여행 관련 잡지나 블로그 읽기]에서는 잡지 또는 블로그 둘 중 하나를 골라서 자신이 어떤 것을 더 즐겨 읽는지를 밝힙니다. 둘 다 즐긴다고 말해도 괜찮습니다.

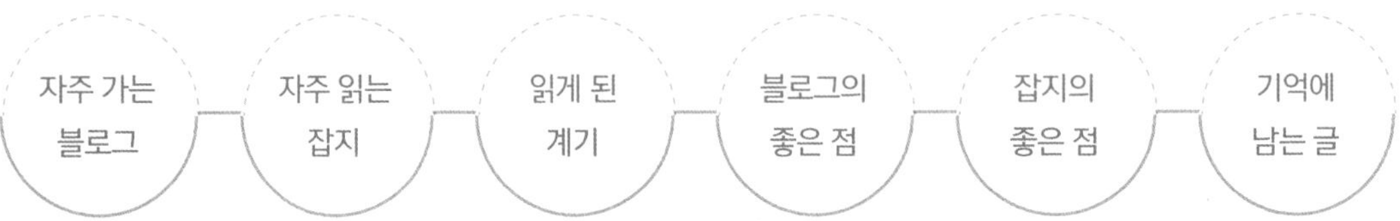

답변 준비

[여행 관련 잡지나 블로그 읽기]를 선택하면, 가장 좋아하는 잡지나 블로그의 기본 정보에 대한 질문으로 시작합니다. 여행의 성격에 따라 잡지와 블로그도 크게 국내여행과 해외여행으로 나눌 수 있고, 세부적으로는 배낭여행, 가족여행, 패키지여행, 세계일주 등등 다양합니다. 딱히 분류할 수 없는 블로그여도, 본인이 주로 읽는 글이 어떤 특징을 갖고 있는지를 생각해 보면 그 블로그[잡지]의 특징이 나옵니다. 얼마나 자주 보는지, 왜 그곳의 글을 읽는지, 특별히 좋은 점에 대해 언급합니다.

좋아하는 블로그[잡지]	세계여행 관련 블로그
방문[읽는] 횟수	여행 전에는 스마트폰으로 가능한 한 자주 방문한다.
좋아하는 이유	세계 각국의 멋진 여행 사진이 올라온다.
특별한 점	보고 있으면 어디론가 떠나고 싶다.

따라 읽기

다음 샘플답변을 듣고 따라 읽어 보세요. 샘플답변을 참고해서 나만의 답변을 생각해 보세요.

MP3 155

1 I usually read travel blogs through Internet surfing. 2 My favorite blog is a blog where a young couple talks about their travels. 3 I love this blog because they often upload their great travel photos from around the world. 4 Also, I can read them on my smart phone, so I visit them as often as I want. 5 Travel blogs make me have a strong desire to leave for somewhere like they do. 6 Of course, I can't live like them now, but if I can afford it someday, I would like to enjoy traveling as well.

1 저는 보통 인터넷 서핑을 통해 여행 블로그를 읽습니다. 2 그중에서도 가장 좋아하는 블로그는 젊은 커플이 자신들의 여행기를 소개하는 블로그입니다. 3 이 블로그는 세계 각국의 멋진 여행 사진을 자주 올려주기 때문에 제가 아주 좋아합니다. 4 또한 스마트폰에서 읽을 수 있기 때문에 원하는 만큼 자주 방문합니다. 5 여행 블로그들은 그들처럼 어딘가로 떠나고 싶은 강한 열망을 가지게 만듭니다. 6 물론 제가 지금은 그들처럼 살 수 없지만, 언젠가 여력이 된다면 저도 여행을 즐기고 싶습니다.

1 좋아하는 블로그
블로그의 정체를 밝힙니다. 국내여행 전문 블로그인지, 세계여행인지, 배낭여행, 주말여행, 자전거 여행, 신혼여행 등등 여행 관련 블로그의 종류는 무수히 많습니다.

2 좋아하는 이유
여행의 묘미 중 하나는 멋진 사진일 것입니다. 가보지 않은 그곳을 사진을 통해서 간접적으로 여행하는 기분을 느낄 수 있습니다. 그 외에도 현지 교통이나 숙박, 음식점 등에 대한 유용한 정보를 제공하는 블로그도 자주 찾게 되지요.

4 방문 횟수
요즘은 스마트폰으로도 블로그를 볼 수 있고, 사람들과 소통을 자유롭게 하기 때문에, 여행을 앞둔 시점에서는 가능한 한 자주 들여다보겠지요?

5 특별한 점
여행 블로그를 보면 자연스레 나도 여행을 떠나고 싶다는 생각을 합니다. make me have a strong desire to(~하고 싶은 강한 열망을 갖게 하다)

PLUS

주요 여행지

domestic travel 국내 여행
Jeju Island 제주도
Southeast Asia 동남아시아
China 중국
Japan 일본
Hong Kong 홍콩
Taiwan 대만
Europe 유럽
Eastern Europe 동유럽
Africa 아프리카
Oceania 오세아니아
USA 미국
Canada 캐나다

자주 쓰는 표현

OPIc 답변으로 유용한 표현들을 듣고, 나에게 필요한 것을 골라 큰 소리로 말해 보세요.

1. 즐겨 읽는 여행 잡지 MP3 156

- I **love to read these kinds of magazines** when I am home.
  저는 집에 있을 때 이런 종류의 잡지 읽는 걸 좋아합니다.
- I **enjoy reading travel magazines** because I love traveling.
  제가 워낙 여행을 좋아하기 때문에 저는 여행 잡지를 즐겨 읽습니다.
- My first trip was so good that I **began to read travel magazines** since then.
  첫 번째 여행이 너무 좋았기 때문에 그 이후로 여행 잡지를 즐겨 읽기 시작했습니다.
- Travel magazines **have amazing photos** from around the world.
  여행 잡지에는 세계 각국의 멋진 사진이 있습니다.
- I like travel magazines because they are something I can **keep for a long time**.
  여행 잡지는 오랫동안 소장할 수 있는 것이기 때문에 좋아합니다.
- I love to **share travel magazines** with friends.
  여행 잡지를 친구들과 함께 공유하는 것을 좋아합니다.
- The latest travel magazines **provide information about new tourist attractions**.
  최신 여행 잡지는 새로운 관광지에 대한 정보를 제공합니다.
- I like this magazine because I can see **various vacation spots** around the world.
  세계 각국의 다양한 휴양지를 볼 수 있어서 이 잡지를 좋아합니다.
- I can **make my own trip itinerary** with travel magazines.
  여행 잡지로 저는 저만의 여행 일정을 만들 수 있습니다.

PLUS

vacation spot 휴양지   international tourist attraction 국제 관광 단지   tourist attraction 관광지역   tourist 관광객

I enjoy reading travel magazines because I love ____________.

2. 자주 가는 여행 블로그 MP3 157

+ I **read travel blogs** on my smart phone whenever I have time.
  시간이 있을 때마다 스마트폰으로 여행 블로그의 글을 읽습니다.
+ My favorite travel blog **has great information about cheap shopping spots** around the world.
  제가 가장 좋아하는 여행 블로그에는 세계 여러 곳의 저렴한 쇼핑 명소에 대한 정보가 있습니다.
+ I often go to travel blogs written by a young traveler because I can see **the latest trends all over the world.**
  저는 전 세계의 최신 트랜드를 볼 수 있어서 젊은 여행 작가가 쓰는 여행 블로그를 자주 갑니다.
+ I like looking through travel blogs because **the photos are awesome.**
  저는 사진이 멋지기 때문에 여행 블로그를 살펴보는 게 좋습니다.

I like looking through travel blogs because ____________.

3. 감상 MP3 158

+ If I read travel blogs or magazines, it **makes me feel like I've been on a trip.**
  여행 관련 블로그나 잡지를 읽으면 마치 제가 여행을 다녀온 듯한 기분이 듭니다.
+ After a busy day, you will **feel refreshed** when you read articles and see photos of exotic places.
  바쁜 하루를 보낸 후 이국적인 사진과 글을 읽으면 기분이 상쾌해집니다.
+ I look through this magazine and **dream of traveling freely someday.**
  저는 이 잡지를 들여다보면서 언젠가 자유롭게 여행하는 꿈을 꿉니다.
+ When I see travel blogs, the people who went to strange places seemed **very brave and determined.**
  여행 블로그를 봤을 때 제가 가보지 못한 곳을 가본 사람들이 너무 부럽고 대단해 보입니다.

PLUS

hope for ~을 바라다 dream of ~을 꿈꾸다 long for ~을 바라다 hunger for ~을 애타게 바라다 make a wish to ~하는 소원을 빌다

I look through this magazine and ____________ traveling freely someday.

나만의 답변

자주 쓰는 표현을 이용해 나만의 답변을 만들어 보세요.

You indicated that you read a travel magazine or a blog. Which magazines or blogs do you enjoy reading or visiting? How often do you read or visit them? Tell me about it.

콤보문제

[여행 관련 잡지나 블로그 읽기]는 설문조사에서 [국내여행], [해외여행]을 골랐을 때 나오는 문제와 연관시켜 답변을 준비할 수 있습니다. 다음 4개의 콤보문제를 살펴보고 샘플답변을 참고해서 자신의 답변을 준비해 보세요.

MP3 159

1. You indicated that you like to read travel magazines or blogs. What is your favorite magazine or blog? Tell me about it.

당신은 여행 잡지나 블로그를 즐겨 읽는다고 했습니다. 당신이 가장 좋아하는 잡지나 블로그는 무엇입니까?

■My favorite travel magazine is *Travel Life*. This magazine is very helpful because it compares each tour plan provided by travel agencies and shows travelers' reviews in detail. ●In every edition, it introduces new places that I didn't know about at all before. I used to buy the magazine regularly, but nowadays they publish online editions, so I can read them on my smart phone. Whenever I want to leave for somewhere, I look through this magazine and dream of traveling freely.

■좋아하는 여행 잡지

좋아하는 잡지에는 그만의 특색이 있기 마련입니다. 유명하지 않은 잡지라고 해서 말하기를 주저하지 않아도 됩니다. 잡지의 이름을 분명히 밝히고 소개해 주세요.

●잡지의 특징

여행 잡지의 특징은 여행지 소개와 여행 꿀팁을 얻을 수 있다는 것입니다. 그 외에 또 뭐가 있을까요? 쿠폰을 주거나(give coupons), 특별 할인을 제공할 수도(offer special discounts) 있겠네요.

제가 가장 좋아하는 여행 잡지는 <Travel Life>입니다. 이 잡지는 여행사들이 제공하는 여행 일정을 자세히 비교해 주고, 여행자들의 후기도 자세히 보여주기 때문에 많은 도움이 됩니다. 호마다 제가 몰랐던 새로운 곳들을 소개해 줍니다. 이전에는 이 잡지를 정기적으로 사서 봤는데, 최근에는 온라인 잡지를 발행해서 스마트폰으로 바로 읽을 수 있게 되었습니다. 어딘가로 떠나고 싶을 때마다 저는 이 잡지를 보면서 자유롭게 여행하는 꿈을 꿉니다.

MP3 160

2. Why did you first become interested in travel magazines or blogs? What was your impression when you first saw them? Tell me about it.

처음 여행 잡지나 블로그에 관심을 갖게 된 이유가 무엇입니까? 처음 그것을 봤을 때 인상은 어땠습니까?

■My friends and I went to Japan after I graduated from high school. It was my first trip abroad. At that time, the exotic landscapes of the country were [illegible] and new. Since my first trip was so good, I became interested in travel magazines and blogs. ●When I first saw travel blogs, the people who went to strange places seemed very brave and determined. I was impressed that they looked like great adventurers and I wanted to be like them someday.

■관심을 갖게 된 계기

TV에서 타국의 모습을 보고 외국으로 여행을 꿈꾸거나, 여행을 떠나기 전에 준비하면서 여행 잡지나 블로그에 관심이 생겼을 수 있습니다. 친구들과 간 첫 번째 해외여행을 통해 관심을 갖게 되었다는 답변을 준비해 보았습니다.

●인상

여행이 주는 자유로움과 설렘, 긴장 등도 여행 잡지나 블로그를 통해서 느낄 수 있습니다.

저는 친구들과 고등학교를 졸업하고 일본에 갔습니다. 그것이 저의 첫 번째 해외여행이었습니다. 그때 일본의 이국적인 풍경들이 너무 인상 깊었고 새로웠습니다. 첫 여행이 너무 좋아서 저는 여행 잡지나 블로그에 관심을 갖게 되었습니다. 처음 여행 블로그를 봤을 때 낯선 곳을 가는 사람들이 너무 용감하고 결단력 있어 보였습니다. 그들이 모험가들처럼 보여서 무척 인상 깊었고, 저도 언젠가는 그들처럼 되고 싶었습니다.

MP3 161

3. Tell me about a memorable article you read recently. Why was it so memorable?

최근에 읽은 기억에 남는 기사를 말해 주세요. 왜 그토록 기억에 남습니까?

■Once, I read an article about a young newlywed couple in their 20s who saved money and went on a round-the-world trip instead of having their wedding ceremony. They wanted to live a life together that was different from others. They also worked in many areas of the world to earn money while traveling and eventually they published their travel diaries as a book. ●I envied their courage and their travel stories really touched me. It's like seeing someone make my dream come true.

■기억에 남는 기사
I read an article about으로 시작해 봅니다. read의 과거형 발음에 유의하세요.

●감상
마지막에는 기사를 읽은 후 느낀 감정이나 생각을 꼭 말해 주세요.

한번은 20대 신혼부부가 돈을 모아 결혼식 대신 세계여행을 갔다는 기사를 읽었습니다. 그들은 사람들과 다른 삶을 함께 살기를 원했습니다. 그들은 여행하는 동안 돈을 벌기 위해 세계의 많은 지역에서 일했고, 결국 여행 일기를 책으로 냈습니다. 그들의 용기가 부러웠고 그들의 이야기는 정말 감동적이었습니다. 마치 누군가가 제가 꾸던 꿈을 이뤄내는 것을 보는 것 같았습니다.

Ask me!

MP3 162

그동안 컴퓨터가 계속 질문했지만, 이제는 역으로 질문을 해달라는 요청을 받습니다. 주제별로 할 수 있는 질문을 미리 생각해 두세요. (컴퓨터는 응시자의 질문에 답변하지 않습니다)

Q. I also like to read travel magazines. Please ask me three or four questions about it.

저 역시 여행 잡지를 읽는 것을 좋아합니다. 이에 대해 서너 가지 질문해 주세요.

■Do you like to read travel magazines? I do as well. Let me ask you some questions about it. ●First of all, what is your favorite magazine's title? Why do you like that magazine the most? Is there a special reason? Second, what made you first interested in travel magazines? Last of all, do these magazines help you plan your trips?

■반문하기
질문 전에 문제에서 들은 내용을 반문하여 확인합니다. I do as well.은 me, too의 다른 표현입니다.

●추가 질문
I also read travel magazines online. Is it possible to read your favorite magazines online? 저는 여행 잡지를 온라인으로 읽기도 합니다. 당신이 좋아하는 잡지도 온라인으로 읽는 것이 가능합니까?

여행 잡지를 읽기 좋아하나요? 저도 그렇습니다. 그에 대해 몇 가지를 물어보겠습니다. 먼저, 가장 좋아하는 잡지의 이름이 무엇입니까? 왜 그 잡지를 가장 좋아하나요? 특별한 이유가 있습니까? 두 번째는 처음에 어떻게 여행 잡지에 관심을 갖게 되었습니까? 마지막으로, 당신의 여행 계획에 이런 잡지들이 도움이 됩니까?

UNIT 10 농구 · 야구 · 축구

기출 질문

Tell me about your favorite baseball team and players. Also tell me why you like them the best.

가장 좋아하는 야구팀과 선수에 대해 말해 주세요. 또한 왜 그들을 가장 좋아하는지도 말해 주세요.

[농구], [야구], [축구] 같은 구기 종목과 함께 여가활동에서 [스포츠 관람]을 선택하여 함께 준비할 수 있습니다. 때로 경기 규칙에 대한 설명을 요구할 수 있으니, 선택한 스포츠의 기본 규칙을 미리 생각해 두세요.

답변 준비

[농구], [야구], [축구]는 여러 사람이 모여 팀을 이루는 운동으로, 묻는 것이 비슷합니다. 답변을 한꺼번에 묶어 준비해 보세요. 좋아하는 팀과 왜 그 팀을 좋아하는지 설명할 수 있어야 합니다. 감독이 좋아서, 좋아하는 선수가 소속되어 있어서, 야구팀의 로고나 유니폼이 예뻐서 등 여러 가지 이유가 있을 수 있습니다. 좋아하는 선수도 마찬가지입니다. 좋아하는 선수의 이름과 그가 좋은 이유를 두세 가지 준비해 보세요.

좋아하는 야구팀	미국 메이저리그의 LA 다저스
이유	야구팀 유니폼이 멋지다.
좋아하는 선수	Clayton Kershaw
이유	재능 있는 최고의 투수

따라 읽기

다음 샘플답변을 듣고 따라 읽어 보세요. 샘플답변을 참고해서 나만의 답변을 생각해 보세요.

MP3 163

1 I became a big fan of the LA Dodgers of Major League Baseball in the United States because their uniform looks so cool and my favorite player is on that team. 2 My favorite player is Clayton Kershaw who plays as a starting pitcher on this team. 3 He has been selected as the most valuable player for many years and always has his name on the list of All-Stars. 4 He stands foremost among the team's pitchers. 5 When I see him take the mound as a starting pitcher, it's just so thrilling.

1 저는 팀의 유니폼이 너무 멋있고 좋아하는 선수도 그 팀에 있어서 미국 메이저리그 LA 다저스의 열혈 팬이 되었습니다. 2 제가 가장 좋아하는 선수는 이 팀에서 선발 투수로 활약하고 있는 Clayton Kershaw입니다. 3 그는 여러 해 동안 최고의 선수로 선정되었고, 언제나 올스타에 이름을 올립니다. 4 그는 그 팀의 투수 중 일인자입니다. 5 그가 선발투수로 마운드에 오르는 모습을 보면 심장이 두근거립니다.

1 좋아하는 야구팀
좋아하는 팀의 이름을 말하고 왜 그 팀을 좋아하는지 이유를 덧붙여 줍니다. 단체 운동은 유니폼을 입고 하지요. 그 유니폼이 멋져서 좋아할 수도 있습니다.

2 좋아하는 선수
선수의 실제 이름을 언급해도 좋습니다. 그 선수의 포지션도 함께 언급해 주세요. pitcher(투수), catcher(포수), first/second/third base man(1/2/3루수), left/right fielder(좌/우익수), center fielder(중견수)

3 선수의 특징
선수의 스타일과 성적 등을 설명합니다. be selected as the most valuable player(최고의 선수로 선정되다)와 같은 표현을 넣어 선수의 뛰어난 기량을 설명해 보세요. all-round athlete(만능 선수), stand foremost(일인자이다), best-known(가장 알려진), become a role model(롤모델이 되다), deserve respect(존경받을 만하다)

PLUS

축구 포지션
left[right, defensive] midfielder 레프트[라이트, 디펜시브] 미드필더
left back 레프트백
sweeper 스위퍼
goalkeeper 골키퍼
stopper 스토퍼
right back 라이트백
striker 스트라이커
forward 포워드

농구 포지션
center 센터
guard 가드
point guard 포인트 가드
left[right] forward 레프트[라이트] 포워드

자주 쓰는 표현

OPIc 답변으로 유용한 표현들을 듣고, 나에게 필요한 것을 골라 큰 소리로 말해 보세요.

1. 좋아하는 스포츠 팀 MP3 164

- I'm a **baseball fanatic.** 저는 야구팬입니다.
- I'm **crazy about** the LA Dodgers. 저는 LA 다저스 팀을 매우 좋아합니다.
- No team can **beat** them. 다른 어떤 팀도 그들을 이길 수 없습니다.
- I am a basketball **addict.** 저는 농구광입니다.
- Basketball is **my only interest** and I want to enjoy it forever.
  농구는 저에게 오직 한 가지 관심사이며, 농구를 영원히 즐기고 싶습니다.
- I'm **in love with** the Golden State Warriors.
  저는 골든스테이트워리어스 팀을 사랑합니다.
- I like playing soccer **the most of all the sports.**
  저는 모든 스포츠 중에 축구하는 것을 가장 좋아합니다.
- I am a **big soccer fan** and **my favorite team** is FC Barcelona.
  저는 축구 팬이고 제가 가장 좋아하는 팀은 FC 바르셀로나입니다.
- I am **thrilled** when I see the athletes on the field.
  저는 경기장 안의 선수들을 보면 스릴을 느낍니다.

I'm a(n) ___________ fanatic.

2. 좋아하는 선수 MP3 165

- Although he's **tall and bulky,** his face looks **gentle.**
  그는 키가 크고 체격도 크지만 그의 얼굴은 상냥해 보입니다.
- He **received the loudest cheers.** 그는 많은 갈채를 받았습니다.
- She is a **talented[gifted] athlete.** 그녀는 타고난 선수입니다.
- He became **world famous** as he **won a gold medal.**
  그는 금메달을 따서 세계적으로 유명해졌습니다.
- She **has many fans** abroad and **has a good reputation.**
  그녀는 해외에 팬이 많고 평판이 좋습니다.

PLUS
bulky 체격이 큰
fit 건강한
ripped 근육이 단련된
slim 호리호리한

___________ is a(n) ___________ athlete.

3. 기억에 남는 경기/순간 MP3 166

- The game **ended in a tie.** 그 경기는 무승부로 끝났습니다.
- Our team **won the game hands-down.** 우리 팀이 경기를 쉽게 이겼습니다.
- The Korean team **played against** the Italian team and **made a dramatic reversal.**
  한국 팀이 이탈리아 팀과 겨루어 극적으로 역전했습니다.

+ The team **came from behind** and **won by a score of** 3 to 2.
그 팀이 역전을 해서 3대 2로 이겼습니다.

+ I **felt very happy** when my favorite team won.
제가 좋아하는 팀이 이겨서 매우 기뻤습니다.

+ It was such a **close game**, and it **made my hands sweat**.
정말 아슬아슬한 경기였고 손에 땀이 나게 했습니다.

> It was such a(n) ____________ game, and it made my hands sweat.

4. 종목별 용어 MP3 167

+ **야구**

장비 baseball 야구공 bat 야구 방망이 baseball glove 야구 장갑 baseball cap 야구 모자 baseball base 야구 베이스 protective gear 보호 장비 baseball backstops 야구 백네트

장소 ball park, diamond, baseball field 야구장 sandlot baseball 빈터에서 하는 야구(동네 야구)

동작 hit a home run 홈런을 치다 make a hit 안타를 치다 get to (first) base (첫 번째) 베이스에 닿다 steal a base 도루하다 check a runner 주자를 견제하다 take the field 수비하다 score the first one point 한 점을 선취하다

+ **농구**

장비 basketball 농구공 backboard 백보드 hoop 골망 goal rim 골대

장소 basketball court 농구 코트 play street basketball 길거리 농구를 하다

동작 shoot a ball 슛을 쏘다 dribble 드리블 pass the ball 패스하다 steal the ball 공을 빼앗다 garner a rebound 리바운드 볼을 잡다 miss a shot 슛을 실패하다 switch goals 골대를 바꾸다 foul out after 5 fouls 5반칙 후 퇴장하다

+ **축구**

장비 soccer ball 축구공 soccer shoes 축구화 goalpost 골대

장소 soccer field 축구장 sandlot soccer 공터에서 하는 축구

동작 kick 공을 차다 tackle 태클 걸다 defense 수비하다 kick the ball into the net 골대 안으로 공을 차 넣다 fake out opponents 상대를 속이다 steal[win] the ball 공을 빼앗다

나만의 답변

자주 쓰는 표현을 이용해 나만의 답변을 만들어 보세요.

Tell me about your favorite baseball team and players. Also tell me why you like them the best.

• 콤보문제

구기 종목에 대해서는 경기 규칙 설명과 자주 가는 경기장 묘사는 시험 전에 기본으로 생각해 두어야 합니다. 다음 4개의 콤보문제를 살펴보고 샘플답변을 참고해서 자신의 답변을 준비해 보세요.

MP3 168

1. You indicated in the survey that you play basketball. Can you tell me how to play basketball and some of its rules?

당신은 설문에서 농구를 한다고 했습니다. 농구를 하는 방법과 규칙을 설명해 줄 수 있나요?

■I think that basketball is not a very difficult game. It is the game in which you put the ball into the basket to score points. Five players are selected per team. ●Players play 4 quarters, 10 minutes per quarter, 40 minutes in total. If you throw the ball from behind the 3-point line, you score 3 points. Otherwise, it will be 2 points, and the free throw is worth 1 point.

■경기 규칙 설명하기

아주 기본적인 규칙을 언급하세요. 전문용어나 복잡한 규칙은 최대한 말하지 않고 누구나 이해할 수 있는 선에서 설명하세요.

●용어

농구와 야구, 축구 등의 경기 용어들은 외래어가 많습니다. 그래서 익숙한 것 같아도, 조리 있게 설명해야 할 때는 쉽게 떠올리지 못합니다. 시험에 응시하기 전에 한번 정리해 보세요. mid-court line(중앙선), free throw(자유투), foul(파울), first half(전반전), the second half(후반전), halftime(하프타임, 쉬는 시간), offensive team(공격팀), defensive team(수비팀)

농구가 아주 어려운 경기는 아니라고 생각합니다. 농구는 골대의 바구니에 공을 넣고 점수를 따는 경기입니다. 팀당 5명의 선수가 선발됩니다. 선수들은 4쿼터를 뛰는데 쿼터당 10분, 총 40분을 뜁니다. 만약 3점 라인 밖에서 공을 던지면 3점을 땁니다. 그렇지 않으면 2점이 되며, 자유투는 1점입니다.

MP3 169

2. Describe a basketball court you frequently go to in as much detail as possible.

당신이 자주 가는 농구장을 가능한 구체적으로 묘사해 주세요.

■One of my favorite basketball courts, conveniently, is a 10-minute drive from my apartment. ●Outside the basketball court, there is an outdoor court where you can play outdoor basketball. Inside, the court can seat 2,000 spectators. There is a basketball court in the middle, and cheering sections are around the court. The seats are painted green and yellow. It's also a popular venue for many sporting events.

■농구장

운동 시설을 묘사할 때 경기장의 위치를 먼저 언급하고 규모가 얼마나 큰지, 코트는 어떤 모습이고, 관람석은 어떤지를 언급해 줍니다.

●시설물

운동의 특징에 따라 경기장의 모습이 다릅니다. stadium(옥외 경기장), soccer stadium(축구 전용 경기장), sports complex(종합경기장), arena(중앙을 볼 수 있는 경기장), ball park(야구장)

제가 좋아하는 농구 코트는 편리하게도 제 아파트에서 차로 10분 거리에 있습니다. 농구 코트 밖에는 야외 농구를 할 수 있는 야외 코트가 있습니다. 건물 안 코트는 2천 명의 관객을 수용할 수 있습니다. 중앙에는 농구 코트가 있고 응원석이 코드를 둘러 있습니다. 좌석은 녹색과 노란색으로 칠해져 있습니다. 이곳은 또한 많은 스포츠 행사로 인기 있는 장소이기도 합니다.

MP3 170

3. How often do you play basketball? When do you usually like to play? With whom do you play? Tell me all the details.

얼마나 자주 농구를 합니까? 주로 언제 하나요? 누구랑 하나요? 구체적으로 말해 주세요.

■I am currently part of a basketball club in my area and enjoy playing basketball with the club members. There are around 10 members in the club and we meet once a week to play basketball. Each member's age and job are different but we have in common our love of basketball. Once we get together, we play for about two hours. Regardless of the result, we enjoy running around in the court. By playing sports together, we can build teamwork and friendship.

■함께하는 운동

언제, 어디서, 누구와, 얼마나 자주 하는지, 클럽에 가입해서 정기적으로 운동을 하는지 등을 답변으로 준비할 수 있습니다. 농구, 야구, 축구는 여럿이 팀으로 하는 운동이니만큼, I, my라는 말 대신 We, our, us라는 표현을 자주 쓸 수 있습니다.

저는 현재 지역의 농구 클럽에 가입해서 클럽 회원들과 농구하는 걸 즐깁니다. 거기에는 약 십여 명의 멤버들이 있으며, 저희는 농구를 하기 위해 일주일에 한 번씩 만납니다. 각 멤버들의 연령과 직업은 다르지만 우리의 공통점은 농구에 대한 사랑입니다. 한번 만나면 약 2시간 동안 경기를 합니다. 결과에 상관없이 우리는 경기장에서 뛰는 것을 즐깁니다. 같이 운동을 하면서 팀워크와 우정을 키울 수 있습니다.

Ask me!

MP3 171

그동안 컴퓨터가 계속 질문했지만, 이제는 역으로 질문을 해달라는 요청을 받습니다. 주제별로 할 수 있는 질문을 미리 생각해 두세요. (컴퓨터는 응시자의 질문에 답변하지 않습니다)

Q. You said you enjoy playing basketball. I also like playing basketball. Ask me three or four questions about that.

당신은 농구를 즐겨 한다고 했습니다. 저 역시 농구하는 것을 좋아합니다. 저에게 그에 대해 서너 가지 질문해 보세요.

You said you enjoy playing basketball. ■When and where do you play basketball? Since when did you enjoy playing basketball? Why did you start playing basketball? How often do you play basketball?

■추가 질문

Who do you play basketball with? 누구와 농구를 합니까?

당신은 농구를 즐겨 한다고 했습니다. 언제, 어디에서 농구를 합니까? 언제부터 농구를 즐겨 했습니까? 왜 농구를 시작했습니까? 얼마나 자주 농구를 합니까?

UNIT 11 조깅 · 걷기

기출 질문

You indicated in the survey that you enjoy walking. Where do you usually go for a walk? Why do you like going there?

당신은 설문에서 걷기를 좋아한다고 했습니다. 주로 어디에서 걷기를 합니까? 왜 그곳에 가는 것을 좋아합니까?

설문조사에서 [조깅]을 선택하면 자연스럽게 [걷기]도 선택하게 됩니다. 12개 항목을 선택해야 하기 때문에 최대한 비슷한 항목을 고르는 게 효율적입니다.

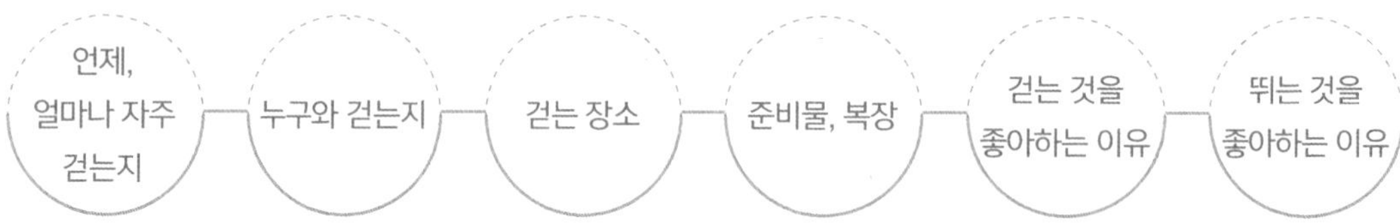

답변 준비

[조깅]과 [걷기]에 공통적으로 등장하는 문제입니다. 조깅과 걷기를 하는 장소로 집 근처의 공원을 이야기하면 여가활동의 [공원 가기]와 함께 준비할 수 있습니다. [조깅]과 [걷기]는 혼자 하는 운동이기 때문에, [농구], [야구], [축구]와 같이 그룹으로 하는 운동과는 조금 다른 경향으로 문제가 출제됩니다. 우선 언제, 어디에서, 누구와 걷기를 하는지 기본적인 걷기 습관에 대해 말하는 것으로 시작해 보세요.

언제	저녁식사 후
빈도	일주일에 세 번
장소	집 앞 공원
그곳에 가는 이유	조용하고, 집에서 가깝다, 운동기구도 많다.

따라 읽기

다음 샘플답변을 듣고 따라 읽어 보세요. 샘플답변을 참고해서 나만의 답변을 생각해 보세요.

MP3 172

1 I go walking at least three times a week after dinner. 2 My favorite place for walking is a park near my house called Central Park. 3 When you go walking in the park at night, it's so quiet. 4 There is a nice walking trail around the park, and exercise equipment at the center. 5 One of the reasons I like this place is that it's right in front of my apartment. 6 Even better, the streetlamps keep it well lit at night, so I can enjoy walking safely even at night.

1 저는 적어도 일주일에 세 번은 저녁식사 후에 걸으러 나갑니다. 2 제가 가장 좋아하는 걷기 장소는 집 근처에 있는 중앙공원이라는 공원입니다. 3 밤에 공원에 산책하러 가면 정말 조용합니다. 4 거기엔 괜찮은 산책로가 공원을 따라 있고 가운데에는 운동기구가 있습니다. 5 그곳을 좋아하는 이유는 아파트 바로 앞에 있다는 것입니다. 6 게다가 밤에 가로등이 잘 밝혀 있어서, 밤에도 안전하게 걸을 수 있습니다.

1 걷기 습관
자신의 걷기 습관에 따라 언제, 어디서, 누구와 함께 조깅을 하는지를 설명하면서 three time a week 같은 빈도부사를 이용할 수 있습니다.

2 걷기 장소
걷기를 하는 장소의 위치, 크기, 분위기를 설명합니다. walking trail(산책로)이나 exercise equipment(운동기구) 등 공원에서 볼 수 있는 시설물을 말하면 됩니다.

5 장소 선택 이유
그곳의 장점이나 편리한 점을 One of the reasons I like this place is that(그곳을 좋아하는 한 가지 이유는 ~입니다)으로 표현할 수 있습니다. 이 장소를 선호하는 이유로 집 근처라는 장점과 함께 밤에도 안전하게 운동할 수 있는 장점에 대해 말해 줍니다.

PLUS

boardwalk 판자를 깐 길
natural trail 자연 산책로
walking track 산책로
running track 경주 트랙
greenway 큰 공원의 산책로 또는 자전거 전용 도로

자주 쓰는 표현

OPIc 답변으로 유용한 표현들을 듣고, 나에게 필요한 것을 골라 큰 소리로 말해 보세요.

1. 운동 습관 MP3 173

+ I **go jogging** in the morning.
  저는 아침에 조깅을 합니다.
+ I take a walk **during my lunch hour.**
  저는 점심시간 동안 산책을 합니다.
+ I work out **on a daily[weekly] basis.**
  저는 매일[매주] 운동을 합니다.
+ It helps me to **start my day fresh.**
  저는 하루를 상쾌하게 시작할 수 있습니다.
+ I'm not **an early bird,** so I go jogging at night.
  저는 아침에 일찍 일어나지 못해서 밤에 조깅을 합니다.
+ I go jogging with my friend as we can **encourage each other.**
  저는 친구와 함께 조깅을 하는데 서로 독려할 수 있기 때문입니다.

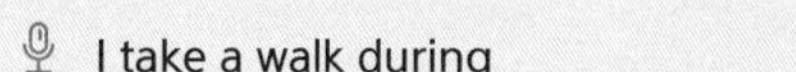

2. 조깅/걷기를 하는 장소 MP3 174

+ The park **is crowded with** people exercising at night.
  공원은 밤에 운동하는 사람들로 붐빕니다.
+ The park **is equipped with** a fountain and exercise equipment.
  공원은 분수대와 운동기구를 갖추고 있습니다.
+ **Along the greenway,** you can see many trees and flowers.
  산책로를 따라서 많은 나무와 꽃을 볼 수 있습니다.
+ You can see many children running **around the playground.**
  놀이터에서 뛰어 노는 많은 아이들을 볼 수 있습니다.
+ I **prefer it to other places** because it's very cozy.
  아늑하기 때문에 저는 다른 곳보다 이곳을 선호합니다.
+ **One of the reasons why I like it** is that it's so peaceful at night.
  제가 그곳을 좋아하는 이유는 밤에 매우 조용하다는 것입니다.
+ **There is no place better than** the park in my neighborhood.
  저희 동네에 있는 공원보다 더 좋은 곳은 없습니다.
+ I often **run into** my neighbors and **make small talk.**
  저는 종종 이웃들과 만나 간단한 대화를 나누곤 합니다.

There is no place better than ____________ in my neighborhood.

3. 조깅/걷기를 시작한 이유 MP3 175

- I need to focus on **losing weight.**
  저는 체중을 줄이는 데 집중할 필요가 있습니다.
- My doctor **recommended[suggested]** that I take a walk every day.
  의사 선생님이 매일 산책할 것을 권하셨습니다.
- I've **gained weight** over the past year, so I need to **go on a diet.**
  지난해부터 살이 쪄서 저는 다이어트를 해야 합니다.
- People can enjoy jogging **regardless of age or sex.**
  사람들은 연령이나 성별에 관계없이 조깅을 즐길 수 있습니다.
- Walking is **an enjoyable exercise** you can do any time and any place.
  걷기는 언제, 어디서나 즐길 수 있는 운동입니다.

I need to focus on ____________.

4. 조깅/걷기의 효과 MP3 176

- It **makes me feel energized** all day long.
  하루 종일 활기찬 기분이 듭니다.
- Jogging **is good for my health.**
  조깅은 건강에 좋습니다.
- While I run, I can **clear my head.**
  저는 달리는 동안 머릿속을 맑게 할 수 있습니다.
- Walking **stimulates circulation** of the blood.
  걷기를 하면 혈액순환이 잘됩니다.
- I can **strengthen my legs** and be **more fit.**
  다리가 튼튼해지고 더 건강해질 수 있습니다.
- Jogging can **make your joints stronger.**
  조깅은 관절을 더욱 강하게 할 수 있습니다.

It makes me feel ____________ all day long.

나만의 답변

자주 쓰는 표현을 이용해 나만의 답변을 만들어 보세요.

You indicated in the survey that you enjoy walking. Where do you usually go for a walk? Why do you like going there?

콤보문제

[조깅]과 [걷기] 각각 좋은 점과 주의할 점에 대해 출제되기도 하는데, 자신의 경험을 예로 들어 말하면 더욱 좋습니다. 다음 4개의 콤보문제를 살펴보고 샘플답변을 참고해서 자신의 답변을 준비해 보세요.

MP3 177

1. You indicated that you like to go jogging. When you go jogging what do you usually wear? Are there any reasons for wearing those clothes?

당신은 조깅하는 것을 좋아한다고 했습니다. 조깅할 때 어떤 옷을 입나요? 그 옷을 입는 이유가 있습니까?

■When jogging, I try to wear proper sportswear. In the summer, I wear shorts and sleeveless shirts. In winter, I wear sportswear that is not too thick and can breathe well. ●The most important thing is that I wear a pair of running shoes with air cushion. They can prevent unnecessary injuries. I also wear a cap and a pair of sunglasses to protect my eyes. I don't want to get a sunburn so I wear sunscreen even in the winter.

■복장

어떤 옷을 입고 운동하는가는 [조깅]과 [걷기]에 자주 등장하는 질문입니다. 이때 여름과 겨울을 나누어 답변하면 좋습니다.

●물품

의복은 아니지만 운동화와 선글라스, 선크림, 시계 같은 물품도 추가해 주세요. running shoes(러닝화), sunglasses(선글라스), sunscreen(선크림), mask(마스크), backpack(배낭), stopwatch(스포츠 시계)

저는 조깅을 할 때 알맞은 운동복을 입으려고 합니다. 여름에는 반바지와 민소매 셔츠를 입습니다. 겨울에는 너무 두껍지 않고 통풍이 잘되는 운동복을 입습니다. 가장 중요한 것은 에어 쿠션이 있는 운동화를 착용하는 것입니다. 그런 운동화는 불필요한 부상을 예방할 수 있습니다. 눈을 보호하기 위해 모자와 선글라스도 착용합니다. 겨울에도 햇볕에 타는 게 싫어서 선크림을 바릅니다.

MP3 178

2. Before jogging, what should you do in order to avoid injuries? Tell me your ways of preventing injuries.

조깅을 하기 전에 부상을 예방하기 위해서 당신은 무엇을 합니까? 부상을 예방할 수 있는 방법을 말해 주세요.

■I check the weather before I go jogging because there would be a higher chance of injury if the weather is bad. Before I start jogging, I always do full-body stretching to prevent injuries. ●It is very important to stretch the ankles or waist before jogging. I try to eat at least two hours before jogging, so I won't suffer from indigestion. I wear comfortable shoes to make sure that I don't sprain my ankles. To prevent dehydration, I drink plenty of water.

■부상 예방하기

운동 전에는 보통 가벼운 스트레칭으로 몸을 풉니다. 그렇지 않으면 부상을 입을 수 있으니까요. 그 외에도 날씨 확인하기, 미세먼지 농도 확인하기, 편안하고 기능이 있는 신발을 준비하는 것 등이 있습니다.

●부상

부상을 입어 본 경험이 있다면 언급해 주세요. 운동 관련 부상으로는 sprain one's ankle(발목이 삐다), get a bruise(타박상을 입다), get a lump(혹이 나다), bleed(피를 흘리다) 등이 있습니다.

조깅하기 전에 저는 날씨를 체크합니다. 날씨가 좋지 않으면 부상을 당할 위험이 더 많기 때문입니다. 조깅을 시작하기 전에 부상을 예방하기 위해 전신 스트레칭을 합니다. 조깅을 하기 전에 발목이나 허리 부분의 스트레칭을 하는 것은 아주 중요합니다. 최소한 조깅 2시간 전에 식사를 하려고 하는데, 그러면 소화불량이 생기지 않습니다. 발목을 삐지 않도록 편안한 신발을 신습니다. 탈수증을 막기 위해서 물을 많이 마십니다.

🔈 MP3 179

3. When did you initially become interested in jogging? How has your jogging style changed over the years? Tell me about it.

언제 처음 조깅에 관심을 갖게 되었습니까? 조깅하는 스타일이 몇 년 동안 어떻게 바뀌었습니까?

■I started jogging about three years ago to lose weight. I had gained weight over the years, so I had to go on a diet. It was definitely a total workout, and also an easy and inexpensive workout. ●Since I started jogging, my body has become more toned and leaner. While I run, I can clear my head, which helps me a lot to revive myself. I am focused on running farther and faster nowadays as I am getting more into jogging.

■조깅을 시작한 계기

운동을 시작하게 된 계기는 샘플답변처럼 I started jogging [기간] ago to [목적]으로 말해 보세요.

●변화

운동 스타일이 어떻게 바뀌었는지 생각해 본 적이 없나요? 이제 생각해 보시면 됩니다. 작은 변화도 좋습니다. 운동을 하는 이유가 바뀌었다든지, 복장을 더 갖추게 되었다든지, 함께하는 사람들이 바뀌었다는 점 등이 있습니다. 변화를 이야기하면서 in particular(특별히), certainly(확실하게), absolutely(완전하게) 등의 표현을 넣어서 말해 보세요.

저는 약 3년 전에 살을 빼기 위해 조깅을 시작했습니다. 지난 몇 년 동안 체중이 늘어서 다이어트를 해야 했습니다. 조깅은 확실히 전신 운동이었고, 쉽고 저렴한 운동이었습니다. 조깅을 시작한 이래로 몸이 더 탄탄해지고 날씬해졌습니다. 뛰는 동안 저는 머리를 비울 수 있는데, 이로 인해 스스로 재충전이 됩니다. 조깅에 더 많이 빠져들면서 요새는 더 멀리 더 빨리 달리는 데 중점을 둡니다.

Ask me!

🔈 MP3 180

그동안 컴퓨터가 계속 질문했지만, 이제는 역으로 질문을 해달라는 요청을 받습니다. 주제별로 할 수 있는 질문을 미리 생각해 두세요. (컴퓨터는 응시자의 질문에 답변하지 않습니다)

Q. You said you enjoy jogging. I like jogging as well. Ask me three or four questions about it.

당신은 조깅을 즐긴다고 했습니다. 저 역시 조깅을 즐깁니다. 저에게 그에 대해 서너 가지 질문해 보세요.

■You enjoy jogging too! So do I. Do you mind if I ask you a few questions about it? ●How often do you usually jog and what time do you prefer to jog? Do you have any special items you bring with you when jogging? Many people enjoy listening to music when jogging. Do you enjoy listening to music while jogging?

■동질감 형성

So do I는 상대와의 동질감을 나타냅니다. 대화에서는 이러한 말이 대화의 분위기를 부드럽게 합니다.

●추가 질문

Who do you jog with? 누구와 조깅을 합니까?

당신도 조깅을 즐기시네요. 저 역시 그렇습니다. 그에 대해 몇 가지 질문을 해도 괜찮겠죠? 얼마나 자주 조깅을 하고 언제 조깅하는 걸 선호합니까? 조깅할 때 가지고 가는 특별한 물건이 있습니까? 많은 사람들이 조깅할 때 음악을 즐겨 듣습니다. 당신도 조깅할 때 음악을 즐겨 듣습니까?

UNIT 12 헬스

기출 질문

Describe the gym you go to. Where is it? What kinds of equipment are there? Tell me about the place in detail.

당신이 운동하러 가는 헬스장을 묘사해 주세요. 어디에 있습니까? 어떤 운동기구가 있습니까? 그곳에 대해서 자세히 말해 주세요.

[헬스]를 선택하면 운동을 하는 장소인 헬스장을 묘사하라는 질문이 가장 많이 출제됩니다. 여러분이 가는 헬스장의 모습은 어떤가요?

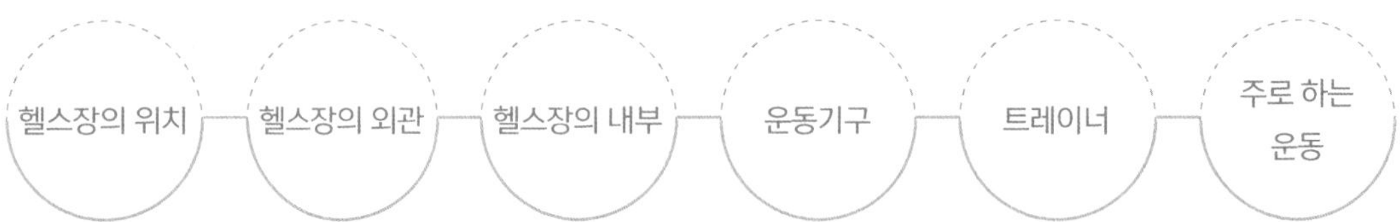

답변 준비

헬스장을 묘사할 때는 자신이 다니는 헬스장의 위치를 먼저 언급하고 집에서 시간이 얼마나 걸리는지, 어떤 교통수단을 이용해서 가는지도 말할 수 있어야 합니다. 헬스장의 특징적인 모습들, 큰 창문이나 거울, 운동기구 등 눈에 띄는 모습을 묘사합니다. 운동을 할 때 헬스장 밖으로 보이는 창밖의 풍경을 언급한다면 좀 더 알찬 답변이 될 수 있습니다.

헬스장의 위치	걸어서 20분 거리, 지하철역 근처
헬스장의 외관	오래된 복합상가
헬스장의 내부	안내데스크, 탈의실, 운동하는 곳
운동기구	러닝머신, 덤벨, 헬스사이클, 레그프레스머신, 디핑머신, 안마기, 체중계 등등
주로 하는 운동	유산소 운동, 러닝머신, 근력운동, 덤벨

• 따라 읽기

다음 샘플답변을 듣고 따라 읽어 보세요. 샘플답변을 참고해서 나만의 답변을 생각해 보세요.

MP3 181

1 The gym that I go to is not very far from my home. 2 It is located near the subway station and it's a 20-minute walk from my home. 3 It looks shabby from the outside, but if you go inside, you can see that everything in the facility is the latest. 4 As soon as you go inside, there's a reception desk where you can get a locker key. 5 There are many treadmills, dumbbells and other exercise equipment. 6 I run on a treadmill for about 20 minutes and lift weights for about 30 minutes. 7 I love the gym because there are always personal trainers that help me when I do my workout.

1 제가 다니는 헬스장은 집에서 그리 멀지 않습니다. 2 지하철역 근처에 있는데, 집에서 걸어서 20분이 걸립니다. 3 외부에서 보면 초라하게 보이지만, 안으로 들어가면 최신 시설을 볼 수 있습니다. 4 안으로 들어가자마자 사물함 열쇠를 받을 수 있는 안내데스크가 보입니다. 5 러닝머신과 아령을 비롯해 기타 운동 기구들이 있습니다. 6 저는 20분정도 러닝머신 위에서 뛰고 30분 정도 근력운동을 합니다. 7 제가 운동할 때 도와주는 개인 트레이너들이 항상 있어서 저는 이 헬스장을 좋아합니다.

1 헬스장의 위치

대체로 헬스장은 집 근처나 회사 또는 학교 근처입니다. 20-minute walk from(~에서 걸어서 20분 거리)과 같은 표현으로 위치와 이동수단을 한꺼번에 말할 수 있습니다.

3 헬스장의 내부

헬스장 내부로 들어서자마자 보이는 것부터 시작해서 이용 순서에 따라 하나씩 설명하세요. treadmills(러닝머신), dumb bells(아령) 등과 같은 운동기구(exercise equipment) 관련 어휘를 준비하세요. weightlifting equipment(근력운동기구), bench press(벤치 프레스), stationary bicycle(실내 자전거), rowing machine(로잉 머신), skiing machine(스키 머신)

7 헬스장의 장점

헬스장에 다니는 이유나 장점에 대해 언급하면서 마무리합니다. 답변에서와 같이 personal trainers(개인 트레이너) 외에, clean facilities(깨끗한 시설), state-of-the-art equipment(최신식 기구), spacious changing room(넓은 탈의실), many lockers(많은 사물함) 등이 예가 될 수 있습니다.

PLUS

헬스장에서 하는 일

stretch 스트레칭을 하다
do aerobic exercise 유산소 운동을 하다
warm up 준비운동을 하다
do anaerobic exercise 무산소 운동을 하다
lift weights 근력운동을 하다
run on the treadmill 러닝머신에서 뛰다

자주 쓰는 표현

OPIc 답변으로 유용한 표현들을 듣고, 나에게 필요한 것을 골라 큰 소리로 말해 보세요.

1. 헬스장 묘사 MP3 182

+ It's a **modern** building **with high ceilings.**
  천장이 높은 현대식 건물입니다.
+ It doesn't look very special **from the outside**, but it's very clean **when you go inside.**
  겉으로 보이기에는 특별해 보이지 않지만 안으로 들어가면 정말 깨끗합니다.
+ It's **newly built** so all the facilities are **brand new.**
  새로 지어져서 모든 시설이 새것입니다.
+ The building is painted white so **it stands out.**
  건물이 흰 색으로 페인트칠이 되어 있어서 눈에 띕니다.
+ You can find the **changing room** for women **on the 1st floor.**
  여성용 탈의실은 1층에 있습니다.
+ As you exercise, you can **check your movements in the mirrors.**
  운동을 하면서 자신의 움직임을 거울로 확인할 수 있습니다.
+ In the corner, there is a place where you can **exercise using dumbbells.**
  한쪽에 아령을 이용해 운동할 수 있는 곳이 있습니다.

It's a(n) ____________ building with ____________.

2. 헬스장에서 하는 활동 MP3 183

+ When I get to the gym, I **change my clothes** first.
  체육관에 도착하면 가장 먼저 옷을 갈아입습니다.
+ First, I **do a bit of stretching** and then I **do aerobic exercise.**
  우선 저는 약간의 스트레칭을 하고 그다음에 유산소 운동을 합니다.
+ I do a quick **stretching** routine to **warm** myself **up.**
  저는 준비 운동으로 간단한 스트레칭을 합니다.
+ I **do weightlifting** every day to **build muscles.**
  저는 근육을 키우기 위해 매일 웨이트리프팅을 합니다.
+ **While running on the treadmill,** I watch my favorite TV program.
  저는 러닝머신에서 뛰면서 좋아하는 TV 프로그램을 봅니다.
+ I need someone to help me when I **lift weights.**
  근력운동을 할 때에는 누군가의 도움이 필요합니다.
+ When I don't feel like running, I **take a yoga class.**
  저는 뛰고 싶지 않을 때는 요가 수업을 듣습니다.
+ I **take the Pilates class** three times a week.
  일주일에 세 번 필라테스 수업을 듣습니다.
+ I **take a shower** immediately after my workout.
  운동이 끝나면 바로 샤워를 합니다.

🎙 While ____________, I watch TV programs.

3. 헬스의 장점 🔊 MP3 184

- The gym stays open until very late, so I can **go and exercise anytime I want.**
  헬스장이 밤늦게까지 열기 때문에 제가 가고 싶을 때 아무 때나 가서 운동할 수 있습니다.
- I'm very **satisfied with** the free classes they provide.
  그들이 제공하는 무료 수업에 저는 정말 만족합니다.
- The people working there are really kind so I **feel comfortable.**
  그곳에서 일하는 사람들이 정말 친절해서 저는 편안함을 느낍니다.
- I'm so used to the place it **feels a bit like home.**
  저는 그곳에 익숙해져서 집처럼 느껴집니다.
- I can **kill two birds with one stone.** I can **burn fat** and **lose weight** as well.
  일석이조입니다. 지방도 태우고 살을 뺄 수 있으니까요.
- I can **build muscle mass and bone strength.**
  근육과 골 강도를 키울 수 있습니다.
- A good workout helps me **feel good** and **relieve stress.**
  열심히 운동하면 기분이 좋아지고 스트레스도 풀 수 있습니다.
- Exercising helps me **tone my body** and I can **have good posture.**
  운동은 몸에 탄력을 주고 좋은 자세를 가질 수 있습니다.
- After a long day of hard work, I can **meditate** and **relieve stress** by exercising.
  힘든 하루를 보내고 나서, 저는 운동으로 명상도 되고 스트레스를 풀 수 있습니다.
- Actually, I'm a little stiff, but I've **become more flexible** since I began exercising.
  사실 저는 약간 몸이 뻣뻣한데 운동을 시작하고 나서 많이 유연해졌습니다.

🎙 I'm very ____________ with the service they provide.

나만의 답변

자주 쓰는 표현을 이용해 나만의 답변을 만들어 보세요.

Describe the gym you go to. Where is it? What kinds of equipment are there? Tell me about the place in detail.

콤보문제

[헬스]를 선택하면 헬스장 묘사 외에도 어떤 운동을 하며, 어떤 기구를 이용하는지, 그 운동이 어떤 효과가 있는지 등의 문제가 출제될 수 있습니다. 다음 4개의 콤보문제를 살펴보고 샘플답변을 참고해서 자신의 답변을 준비해 보세요.

MP3 185

1. You indicated in the survey that you go to the gym. Tell me about the activities you normally do there in detail.

당신은 설문에서 헬스장에 다닌다고 했습니다. 그곳에서 보통 하는 활동에 대해 말해 주세요.

■First, I do a bit of stretching before exercising. And then I run on the treadmill to do aerobic exercise. While running on the treadmill, I watch TV programs or listen to music. I run for about 20 minutes, and after running, I start lifting weights. Every day, I lift for different parts of my body. If I think I have gotten enough exercise, I take a shower in the locker room and get changed.

■헬스장에서 하는 일

사람들마다 운동 패턴은 다르지만 일반적인 모습을 생각해 보면 운동복으로 갈아입기 → 스트레칭하기 → 유산소 운동과 근력운동 → 스트레칭이나 마사지 → 샤워하기의 과정입니다. 상대가 궁금해 하지 않을 것 같아도, 상세하게 설명해 주세요.

우선 저는 운동하기 전에 스트레칭을 조금 합니다. 그러고 나서 유산소 운동을 위해 러닝머신을 달립니다. 달리면서 TV 프로그램을 보거나 음악을 듣습니다. 약 20분 정도 달리고 난 후에는 리프팅을 시작합니다. 매일 몸의 다른 부분을 위해 리프팅을 합니다. 운동이 충분하다고 생각하면 로커룸에서 샤워를 하고 옷을 갈아입습니다.

MP3 186

2. When did you start working out at the gym? Why did you decide to start and how did you feel when you first exercised at the gym?

언제 체육관에서 운동을 시작했습니까? 왜 체육관에서 운동을 시작했으며, 처음 운동했을 때 느낌이 어땠습니까?

■I started working out at the gym because a new gym opened near my house. The gym gave me a six-month opening discount and it was an opportunity to start my workout at a very cheap price. When I first started exercising, my whole body was aching and in pain. ●However, I did not give up and continued to exercise and eventually I felt that I had a stronger and healthier body. In addition, a good workout helped me feel good and relieve stress.

■운동의 계기

헬스장에 가서 운동을 시작한 계기에 대한 질문입니다. 처음 운동했을 때의 상태와 그 후의 변화를 비교하여 답변을 준비하세요. 안 쓰던 근육을 움직이면 몸이 아프기 마련입니다. aching and in pain(몸이 아프고 쑤시는)

●몸의 변화

헬스장에 꾸준히 다닌 이후에는 어떤 변화가 있을까요? stay fit(건강을 지키다), lose weight(살을 빼다), relieve stress(스트레스를 풀다), become flexible(유연해지다), burn fat(지방을 태우다), increase metabolism(기초대사량을 늘리다), keep one's balance(균형감각을 키우다), promote blood circulation(혈액순환을 돕다)

저는 집 근처에 새로운 체육관이 개장했기 때문에 운동을 시작했습니다. 체육관에서 6개월간 개장 기념 할인을 해 주었는데, 아주 저렴한 가격으로 운동을 시작할 수 있는 기회였습니다. 처음 운동을 시작했을 때, 온몸이 아프고 고통스러웠습니다. 그러나 저는 포기하지 않고 끊임없이 운동했고, 결국 몸이 더욱 강하고 건강해졌다고 느꼈습니다. 게다가 열심히 운동해서 기분이 좋아졌고 스트레스도 풀 수 있었습니다.

MP3 187

3. I want to talk about your memorable experiences while exercising at the gym. Something unexpected might have happened. Please tell me in detail.

헬스를 하는 중에 있었던 기억에 남는 경험에 대해 이야기 해봅시다. 예상하지 못했던 일이 있었을 수도 있습니다. 자세히 말해 주세요.

■It was a while since I started working out. I was watching TV while using the treadmill. There was a very funny show on TV, and I burst into laughter. ●Then, I slipped on the treadmill and fell on the floor. Everyone was surprised and rushed to me to see what was happening. Fortunately, I was not really hurt, but so embarrassed. I don't want to recall that moment and it is an experience that still makes me blush.

■헬스장의 기억

헬스장은 운동을 위한 장소이지만 크고 무거운 운동기구을 조작해야 하기 때문에 안전에도 주의해야 합니다. 너무 장황하지 않게 사실과 사건 위주로 답변을 준비하세요.

●헬스장에서 일어날 수 있는 사고

slip(미끄러지다), fall down(넘어지다), drop a dumbbell(아령을 떨어뜨리다), twist my ankle(발목을 삐다) 같은 표현들을 운동하다가 일어날 수 있는 사건 묘사에 활용할 수 있습니다.

헬스를 시작하고 얼마 후였습니다. 저는 러닝머신 위에서 뛰면서 TV를 보고 있었습니다. TV에서 웃긴 프로그램이 방송되고 있었는데 웃음이 터졌습니다. 그러자 저는 러닝머신 위에서 미끄러져 바닥으로 떨어지고 말았습니다. 모두가 놀라서 무슨 일인가 보려고 저에게 달려왔습니다. 다행히 많이 다친 곳은 없었지만 너무 창피했습니다. 그 순간을 떠올리고 싶지 않은데, 여전히 제 얼굴을 화끈거리게 하는 경험입니다.

• Ask me!

MP3 188

그동안 컴퓨터가 계속 질문했지만, 이제는 역으로 질문을 해달라는 요청을 받습니다. 주제별로 할 수 있는 질문을 미리 생각해 두세요. (컴퓨터는 응시자의 질문에 답변하지 않습니다)

Q. You indicated that you are exercising at the gym. I also go to a gym for exercising. Please ask me three or four questions about it.

당신은 체육관에서 운동을 한다고 했습니다. 저 또한 운동하러 체육관에 갑니다. 저에게 그에 대해 서너 가지 질문해 보세요.

I heard you also exercise at the gym. ■How far is it from your home? What kind of exercise do you do at the gym? Why did you start working out? What changes have occurred in your body since you started exercising at the gym?

■추가 질문

When do you usually go to the gym? 주로 언제 헬스장에 갑니까?

Do you go to the gym alone or with others? 헬스장은 혼자서 갑니까, 여럿이 갑니까?

당신도 운동을 한다고 들었습니다. 그곳은 집에서 얼마나 멉니까? 헬스장에서 어떤 운동을 합니까? 헬스를 시작한 이유가 무엇입니까? 헬스를 하면서 몸에 어떤 변화가 있습니까?

UNIT 13 국내/해외 여행

기출 질문

You indicated in the survey that you travel domestically. Tell me about your last trip. Where did you go and with whom did you go?

당신은 설문에서 국내여행을 한다고 했습니다. 최근 갔던 여행에 대해서 말해 주세요. 어디로, 누구와 함께 갔습니까?

[국내여행]과 [해외여행]을 선택한다면 설문주제의 질문에 대비해 국내와 해외 여행 각각 1개씩 여행지를 미리 생각해 두어야 합니다. 여행 계획, 여행 중에 생겼던 일, 여행을 다녀온 느낌, 여행지의 특징 등을 잘 설명해 보세요.

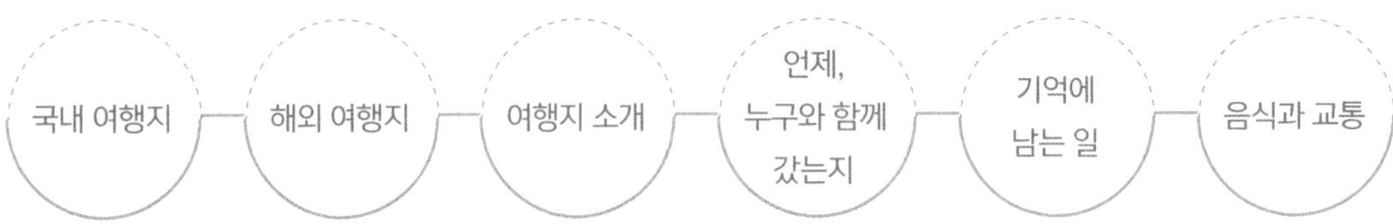

답변 준비

가장 최근에 갔던 여행을 떠올려 보세요. 먼저 언제, 어디로, 누구와 여행을 갔는지 기본적인 설명을 합니다. 그다음으로, 여행지에서 본 특징적인 것들을 묘사합니다. 듣는 사람이 가보지 않았어도 떠올릴 수 있도록 쉽고 생동감 있게 표현해 보세요. 그리고 어떤 곳을 다녔는지, 무엇을 먹었는지, 무엇을 샀는지 등을 구체적으로 말해 주세요. 마지막으로 어떠한 여행이었는지 개인적인 느낌을 덧붙이면서 답변을 마무리합니다.

최근에 간 여행	친구들과 부산 여행
여행지에서 한 일	휴식, 수영, 태닝, 맛있는 음식 먹기
여행지의 풍경	사람들이 많았지만 바닷물이 깨끗했다.
여행지 음식	회, 해물탕, 돼지국밥 등등
소감	친구들과 함께 한 즐거운 기억이었다.

따라 읽기

다음 샘플답변을 듣고 따라 읽어 보세요. 샘플답변을 참고해서 나만의 답변을 생각해 보세요.

MP3 189

1 The last trip I went on was to Busan last summer with my friends. 2 It was only a weekend trip. 3 Upon arrival, we unpacked our things and went straight to the beach in front of the hotel. 4 The deep blue sea was crystal clear. 5 It was so beautiful that I couldn't believe my own eyes. 6 We enjoyed swimming and sunbathing. 7 At night, we went to a night market to eat fresh fish. 8 With the nice view, it was more delicious. 9 I'll never forget the trip.

1 제가 최근에 갔던 여행은 친구들과 부산으로 갔던 여름휴가입니다. 2 주말여행이었습니다. 3 도착하자마자 우리는 짐을 풀고 호텔 앞에 있는 바다로 갔습니다. 4 짙푸른 바다는 매우 투명했습니다. 5 너무 아름다워서 제 눈을 믿을 수가 없었습니다. 6 우리는 수영과 태닝을 즐겼습니다. 7 밤에는 신선한 생선을 먹기 위해 야시장에 갔습니다. 8 풍경이 예뻐서 더 맛있었습니다. 9 저는 그 여행을 절대 잊을 수 없습니다.

1 국내여행
최근 갔던 여행지를 말하면서 여행 기간과 동행했던 사람에 대해 말합니다. a weekend trip(주말여행), a three-day trip(3일간의 여행) 같은 표현을 써보세요.

3 여행지에서 한 일
바닷가라면 enjoy swimming and sunbathing(수영과 태닝을 하다), go snorkeling(스노클링을 가다), 시장이 근처에 있다면 go to a night market(야시장에 가다), 해외로 갔다면 try exotic foods(이국적인 음식을 먹다) 등 여행지에서 했던 다양한 일을 준비해 보세요.

5 여행지의 풍경
여행 중 아름다운 곳을 봤을 때 couldn't believe my own eyes(내 눈을 믿을 수 없었다), couldn't be better than that(그보다 더 좋을 수 없었다) 같은 표현을 써보세요.

9 소감
즐거운 여행이었는지, 반대로 힘들었던 여행이었는지, 여행의 소감으로 답변을 마무리합니다. 아주 간단한 문장이라도 좋습니다. It was a nice trip. (좋은 여행이었다)

PLUS

여행을 가다
take a trip, travel, go on a vacation, visit

여행지
great[large, big] city, metropolis 대도시
urban area 도시 지역
suburb, small town 교외, 소도시
downtown 시내
historic site 유적지
tourist destination 관광지
tourist attraction 관광명소

• 자주 쓰는 표현

OPIc 답변으로 유용한 표현들을 듣고, 나에게 필요한 것을 골라 큰 소리로 말해 보세요.

1. 여행의 경험 MP3 190

- I **went on vacation to** Jeju Island last week.
  저는 지난주에 제주도로 여행을 다녀왔습니다.
- I **took a three-week** vacation to Europe.
  저는 유럽을 3주간 여행했습니다.
- I **stayed** there **for** a month. 저는 한 달 동안 그곳에서 지냈습니다.
- I **spent** five days in Japan. 저는 일본에 5일 동안 있었습니다.
- My friend **accompanied** me **on** my trip to India.
  친구가 저의 인도 여행에 동행해 주었습니다.
- I was finally going to **visit the country** I had wanted to go to for a long time.
  마침내 저는 오랫동안 가보고 싶었던 나라에 갈 수 있게 되었습니다.
- **The night before I left,** I was so excited that I had a hard time falling asleep.
  떠나기 전날 밤, 저는 너무 설레서 쉽게 잠에 들지 못했습니다.

> I went on vacation to ____________ last ____________.

2. 여행지의 모습 MP3 191

- The buildings were very **modern[contemporary].**
  건물들이 아주 현대적이었습니다.
- The exterior of many buildings were very **traditional.**
  많은 건물들의 외관이 전통적이었습니다.
- The bridges **were beautifully lit.**
  다리들이 조명으로 아름답게 밝혀져 있었습니다.
- The town **was surrounded by** mountains.
  그 마을은 산으로 둘러싸여 있었습니다.
- I was **mesmerized by** the beautiful landscape of mountains.
  저는 아름다운 산 풍경에 매료되었습니다.
- The night view was **beyond description.**
  말로 표현할 수 없을 만큼 야경이 아름다웠습니다.

PLUS
eye-catching 눈을 사로잡는
blinding 눈이 부시는
fascinating 황홀한
unbelievable 믿기 어려운
breath-taking 숨을 멎게 하는
fantastic 환상적인

> I was mesmerized by ____________.

3. 여행지에서 하는 일 MP3 192

- It is always fun to **visit a night market** because I can find many interesting things.
  여러 가지 재미있는 물건을 볼 수 있어서 야시장에 가는 것은 항상 재미있습니다.
- I **bought some beautiful handicrafts** for my family and friends.
  저는 가족과 친구들을 위해 예쁜 수공예품을 샀습니다.

- I always **buy souvenirs** for my parents.
  저는 항상 부모님께 드릴 기념품을 삽니다.
- When I'm traveling, I must **spend time taking walks** in the city.
  여행을 할 때 저는 반드시 그 도시를 걸으면서 시간을 보냅니다.
- Every time I go on a trip, I **attend a cultural festival** there.
  저는 여행을 갈 때마다 그곳의 문화축제에 참가합니다.
- I always **enjoy local food** when I go to an area.
  저는 어느 지역을 가면 반드시 현지 음식을 즐깁니다.
- I **upload photos to my blog** every few hours during the trip.
  여행 틈틈이 블로그에 사진을 올립니다.
- I didn't know what to do when I **lost my passport.**
  저는 여권을 잃어버려 어찌할 바를 몰랐습니다.
- I panicked when I found out that I had **been pick-pocketed.**
  저는 소매치기 당했던 것을 알고는 너무 놀랐습니다.

PLUS
souvenir 기념품
specialty 특산품
duty-free, tax-free 면세품
local food 현지 음식

I always buy ____________ for my parents.

4. 소감 MP3 193

- It's **one of the most beautiful places** I've ever been to.
  그곳은 제가 가본 중에서 가장 아름다운 곳입니다.
- I recommend **paying a visit** there. 저는 그곳에 가보라고 추천합니다.
- When I go travelling, I can **have a chance to** step back and reflect on myself.
  여행을 가면 한 발짝 물러서서 자신을 돌아볼 수 있습니다.
- I can definitely **broaden my mind** and **learn about a new culture.**
  확실히 생각의 폭을 넓히고 새로운 문화에 대해 배울 수 있습니다.
- I get to **meet new people** and **develop new friendships.**
  새로운 사람들을 만나고 친구를 사귀게 됩니다.
- It is a little bit hard to **communicate** because of the language barrier.
  언어장벽으로 의사소통이 약간 힘이 듭니다.

It's one of the ____________ places I've ever been to.

나만의 답변

자주 쓰는 표현을 이용해 나만의 답변을 만들어 보세요.

You indicated in the survey that you travel domestically. Tell me about your last trip. Where did you go and with whom did you go?

콤보문제

처음으로 갔던 여행지, 최근에 갔던 여행지, 어렸을 때 갔던 여행지, 가장 기억에 남는 호텔이나 식당 등 장소에 관한 문제가 많이 나옵니다. 다음 4개의 콤보문제를 살펴보고 샘플답변을 참고해서 자신의 답변을 준비해 보세요.

MP3 194

1. You indicated that you take overseas trips. Tell me about your first overseas trip. Why was it memorable?

당신은 설문지에서 해외여행을 간다고 했습니다. 첫 해외여행에 대해 말해 주세요. 왜 기억에 남습니까?

■Last year, I spent three days in Taiwan and it was my first overseas trip ever. I was accompanied by my best friend. We went to some tourist attractions and visited famous night markets. It was the first time I left Korea, so everything seemed exotic. People were lively and all the sights were strange and new to me. My first overseas trip was so much fun that I decided to travel overseas whenever I could afford it.

■첫 해외여행
흔히 첫 해외여행은 잊지 못하는 것 같습니다. 한국과 다른 낯설고 이국적인 모습을 묘사하는 데 중점을 두어 말해 봅시다. exotic, unusual, strange, fascinating, unfamiliar와 같은 단어를 꼭 사용해 보세요.

작년에 저는 대만에서 사흘을 보냈는데, 이것이 저의 첫 해외여행이었습니다. 가장 친한 친구와 같이 갔습니다. 우리는 관광지 몇 곳을 갔고, 유명한 야시장도 방문했습니다. 한국을 떠나 처음 간 외국이었기 때문에 모든 것이 이국적으로 보였습니다. 사람들이 활기찼고, 모든 광경들이 저에게는 낯설고 새로웠습니다. 첫 번째 해외여행이 너무 재미있어서 여유가 생길 때마다 해외여행을 가려고 계획했습니다.

MP3 195

2. What do you do to prepare for a trip? Tell me about the whole process from start to finish.

여행 준비를 위해 당신은 무엇을 합니까? 처음부터 끝까지 전체 과정을 말해 주세요.

■When you want to travel, the first thing you need to do is to find information about the destination. Sometimes I go on a trip on my own, but I actually prefer a cheap and convenient group tour. ●So, I compare each travel agency's plan, and I choose the one I like most. On the day of departure, I go to the airport and meet the group I will travel with. Then I just follow the guide and enjoy the trip.

■여행 준비
여행지가 낯설수록 여행 정보가 많이 필요합니다. 가이드가 있는 패키지여행(guided tour, package tour)보다는 가이드 없는 자유여행(unguided tour)이 점점 늘어나고 있지만, 개인이 모든 것을 준비해야 하는 자유여행은 부담스러운 답변이 될 수도 있으니 주의하세요.

●준비 과정
make up an itinerary(여행 일정을 짜다), make a reservation(예약하다), look for vacancy(빈방을 찾다) 등등 다양한 표현을 써보세요. 개인 여행보다 여행사가 준비해 주는 패키지여행으로 답변을 준비해 보는 방법도 있습니다.

여행을 갈 때 가장 먼저 하는 일은 목적지에 대한 정보를 찾는 것입니다. 자유여행을 갈 때도 있지만 저는 사실 저렴하고 편리한 패키지여행을 선호합니다. 그래서 여행사마다 좋은 패키지 상품이 있는지 보고 그중 가장 마음에 드는 것을 고릅니다. 여행 당일 공항에 가서 함께 여행할 무리를 만납니다. 그다음은 그냥 가이드만 잘 따라 다니면서 여행을 즐기면 됩니다.

MP3 196

3. What is the most memorable experience for you while traveling? When and where did you go? Tell me about it.

여행하는 동안 가장 기억에 남는 경험은 무엇입니까? 언제 어디로 갔었습니까? 그에 대해 말해 주세요.

■It was the first time I went to Japan a few years ago. I was in the shopping center and there was an item I really wanted to buy. I got so excited that I bought several at once. I believed the seller's words that they guaranteed the cheapest prices in the world. ●However, as I came back home, I found out that it was commonly sold in Korea even at cheaper prices. It was my fault, but I was so embarrassed and upset about my carelessness.

■기억에 남는 여행

여행지에서 겪은 잊지 못할 일에 대한 답변으로 국내여행이나 해외여행, 또는 출장과 관련하여 공통으로 사용할 수 있는 답변을 준비해 보세요. 잊지 못한 경험이므로 first time이나 for the first time 같은 표현을 이용해 답변을 구성해 봅시다.

●경험담

However와 같은 표현을 적절히 쓰면 이야기의 전개가 자연스럽습니다. 이외에도 otherwise(그렇지 않다면), therefore, then, as a result(그래서), also, moreover, in addition, besides(게다가) 같은 다양한 표현을 써 보세요.

몇 년 전에 처음으로 일본에 갔을 때였습니다. 쇼핑센터에 들렀는데 제가 사고 싶던 물건이 있었습니다. 저는 너무 신이 나서 여러 개를 한꺼번에 구입했습니다. 저는 세계에서 제일 싼 가격을 보장한다는 판매자의 말을 믿었습니다. 그런데 집에 돌아와 보니 그 제품은 한국에서 흔하게 팔리고 있었고, 심지어는 더 싼 가격으로 판매되는 것이었습니다. 제 잘못이었지만 저의 경솔함에 너무 창피하고 화가 났습니다.

Ask me!

MP3 197

그동안 컴퓨터가 계속 질문했지만, 이제는 역으로 질문을 해달라는 요청을 받습니다. 주제별로 할 수 있는 질문을 미리 생각해 두세요. (컴퓨터는 응시자의 질문에 답변하지 않습니다)

Q. You said that you like to go overseas. I also go on overseas trips sometimes. Please ask me three or four questions about my travels.

당신은 해외에 가는 것을 좋아한다고 했습니다. 저 또한 가끔 해외여행을 갑니다. 제 여행에 대해 서너 가지 질문해 보세요.

You also like to go on overseas trips. I'm glad to hear that. Let me ask you some questions about that. ■How do you usually prepare when you are planning to go on a trip? Are there any special things to consider when you choose a destination? Do you have any particular concerns before traveling? If so, what are they?

■추가 질문

Where is your favorite place to travel? 가장 좋아하는 여행지는 어디입니까?

When did you first visit there? 언제 그곳을 처음 갔습니까?

What was your first impression of that place? 그 장소의 첫인상은 어땠습니까?

당신도 해외여행을 좋아하는군요. 반가운 말이네요. 그에 대해 몇 가지 질문을 하겠습니다. 여행을 계획할 때 주로 어떻게 준비를 합니까? 목적지를 고를 때 특별히 고려하는 것들이 있습니까? 여행 전에 특별한 주의사항이 있습니까? 그렇다면 어떤 것들입니까?

UNIT 14 국내/해외 출장

기출 질문

You indicated in the survey that you travel for business. Tell me about the last time you went on a business trip.

당신은 설문에서 출장을 간다고 했습니다. 최근 다녀왔던 출장에 대해 말해 주세요.

설문조사에서 선택할 수 있는 출장은 [국내출장]과 [해외출장]으로 구분되어 있지만, 어느 쪽을 선택하든 문제에 큰 차이가 없습니다.

답변 준비

최근 다녀온 출장에 대해서 묻는 질문입니다. 출장을 갔던 때를 떠올리며 육하원칙에 맞게 이야깃거리를 정리해 보세요. 언제 출장을 갔는지 밝히며 답변을 시작할 수 있습니다. 누구와 갔는지, 왜 갔는지도 중요한 답변 포인트입니다. 출장은 [국내여행], [해외여행]에서처럼 숙박시설의 이용에 관련한 질문도 많이 나오니, 여행과 함께 준비하세요. 출장지에서의 업무뿐만 아니라, 일을 마친 후 자유시간에 대해서도 이야기할 수 있을 것입니다. 마지막으로 업무의 성과나 실패의 경험을 언급해 주세요.

최근 다녀온 출장	동료와 함께 간 미국 출장
숙박시설	가격이 비싸지 않고 무난한 호텔
출장 업무	계약 마무리 작업
출장의 성과	전반적으로 만족스러운 성과를 냈다.

따라 읽기

다음 샘플답변을 듣고 따라 읽어 보세요. 샘플답변을 참고해서 나만의 답변을 생각해 보세요.

MP3 198

1 Last month, I went on a business trip to the United States with two of my coworkers for a week. 2 The hotel we stayed at was a little out of the way. 3 Other than its location, the hotel was not bad. 4 It was reasonably priced and we felt comfortable during our stay. 5 From morning till night, we were tied up with meetings, and went over many things to finalize our contract. 6 Overall, the result was more than satisfactory and I felt great because of the result.

1 지난달에 저는 두 명의 동료와 일주일간 미국으로 출장을 갔습니다. 2 저희가 머물렀던 호텔은 시내에서 조금 멀었습니다. 3 위치를 제외하고 호텔은 나쁘지 않았습니다. 4 가격이 적당했고, 머무르는 동안 편안함을 느꼈습니다. 5 아침부터 밤까지 저희는 회의로 바빴고 계약을 마무리하기 위해 많은 것들을 검토했습니다. 6 전반적으로 결과는 기대 이상이었고 그 결과에 기분이 좋았습니다.

1 최근 다녀온 출장

언제, 어디로, 누구와, 얼마간 다녀왔는지를 설명하는 것으로 시작합니다. a two-day business trip(이틀간의 출장), two other coworkers accompanied me(두 명의 동료들이 동행했다)

2 숙박시설

당일 출장인 경우도 있겠지만 먼 지역이나 해외로 출장을 가는 경우는 숙박시설에 대한 언급도 잊지 마세요. 업무상의 이야기보다 숙박시설이나 교통수단에 대해 이야기하는 것이 효율적입니다.

5 출장 업무

출장의 목적을 앞부분에서 언급하고 나서 구체적으로 어떤 일을 수행했는지 이야기해 주세요. hold a meeting(회의를 하다), give a presentation(발표하다), make a contract(계약서를 쓰다)

6 출장의 성과

마지막으로 출장에서 돌아와 느낀 점이나 업무 결과에 대해 설명합니다. The result was(결과는 ~했다)

PLUS

업무 결과
satisfactory 만족스러운
more than satisfactory 기대 이상인
a total failure 완전한 실패

자주 쓰는 표현

OPIc 답변으로 유용한 표현들을 듣고, 나에게 필요한 것을 골라 큰 소리로 말해 보세요.

1. 출장 MP3 199

- I often **go on a business trip to** China.
  저는 중국으로 자주 출장을 갑니다.
- I often **go on a business trip** to finalize contracts.
  저는 종종 계약을 마무리 짓기 위해서 출장을 갑니다.
- I **returned[got back] from a business trip** to New York yesterday.
  저는 뉴욕으로 출장을 갔다 어제 돌아왔습니다.
- Once, I had to **participate in** an important conference abroad.
  한번은 해외에서 중요한 미팅에 참석해야 했습니다.
- When I'm pressed for time, I **get down to business** right away.
  시간이 촉박할 때, 저는 일에 바로 착수합니다.

I often go on a business trip to ____________.

2. 교통과 숙박시설 MP3 200

- As soon as I arrive at the airport, I **catch a cab** to the hotel.
  공항에 도착하자마자 저는 택시를 타고 호텔로 갑니다.
- Usually, my coworkers **pick me up** and take me to the venue for the meeting.
  보통 동료들이 마중 나와 저를 회의 장소로 데려다 줍니다.
- I **booked a hotel room** before I went on a business trip.
  저는 출장을 가기 전에 호텔을 예약해 두었습니다.
- We **stayed at a five-star hotel.** 우리는 5성급 호텔에 머물렀습니다.
- We spent a few days **at a hotel near the airport.**
  우리는 공항 근처의 호텔에서 며칠 묵었습니다.
- I stayed at a motel because I had to **stick to a budget.**
  예산에 맞춰야 했기 때문에 저는 모텔에 묵었습니다.

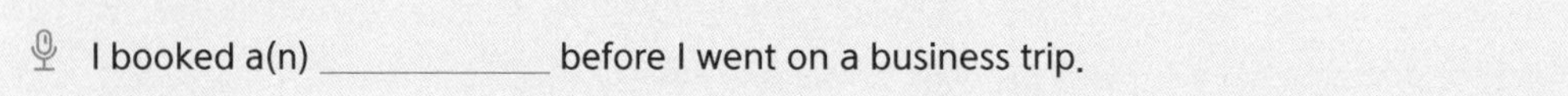
I booked a(n) ____________ before I went on a business trip.

3. 출장 업무 MP3 201

- I **prepare some small gifts** for my clients.
  저는 고객을 위해 작은 선물을 준비합니다.
- Before I leave, I **do some market research.**
  저는 떠나기 전에 시장조사를 합니다.
- The first thing I do is **look around** the area and **do some market research.**
  제가 제일 먼저 하는 일은 그 지역을 돌아다니며 시장조사를 하는 것입니다.

- In the evening, I **attended a dining party** and I got to **meet many people in my field.**
  밤에 저는 회식에 참석하여 제 분야에 있는 사람들을 많이 만나볼 수 있었습니다.
- We spent hours **finalizing our contract.**
  우리는 계약을 마무리하면서 몇 시간을 보냈습니다.
- I **go to a local spa** and get the full treatment.
  저는 스파에 가서 휴식을 취합니다.
- I **enjoy dining at a fancy restaurant** with my coworkers.
  저는 동료들과 근사한 식당에서 식사를 즐깁니다.
- If I have some time left, I **walk around downtown by myself.**
  시간이 남으면 저는 혼자서 시내를 돌아다닙니다.
- At night, we **went out for a night on the town.**
  우리는 밤에 시내로 외출을 했습니다.
- When I go somewhere on business, I don't **have a lot of free time.**
  저는 업무상 어디에 가면 자유시간이 많이 없습니다.

The first thing I do is ____________.

4. 출장의 성과 MP3 202

- **Things went** really **well.** 일이 아주 성공적이었습니다.
- It was a **successful meeting.** 성공적인 회의였습니다.
- We **got good results from** the negotiation.
  우리는 협상에서 좋은 결과를 얻었습니다.
- We **reached a satisfactory contract.**
  우리는 만족스러운 계약을 맺게 되었습니다.
- I **successfully gave a presentation** and my business partners were very satisfied.
  저는 성공적으로 발표를 했고 업무 파트너들도 매우 만족했습니다.
- I look forward to **building a good relationship** with my client.
  저는 고객과 좋은 관계를 맺기를 기대합니다.

It was a(n) ____________ meeting.

나만의 답변

자주 쓰는 표현을 이용해 나만의 답변을 만들어 보세요.

You indicated in the survey that you travel for business. Tell me about the last time you went on a business trip.

콤보문제

출장지의 업무에 관한 문제 외에도 업무가 끝난 후 자유시간에 관한 문제도 출제됩니다. 이러한 문제는 여행 경험과 연관 지어서 준비할 수 있습니다. 다음 4개의 콤보문제를 살펴보고 샘플답변을 참고해서 자신의 답변을 준비해 보세요.

MP3 203

1. What do you do when you go on a business trip? Do you have meetings? What else do you do?

출장 갈 때 당신은 무엇을 합니까? 회의를 하나요? 그 밖에 어떤 일을 합니까?

■When I'm on a business trip, the first thing I do is to check the schedule, so I don't miss anything important. After that, I do things one by one such as visiting a customer, attending a conference, or having a meeting with a representative at a branch office. ●If I have spare time after work, I enjoy dining at a fancy restaurant with my coworkers or walking around downtown by myself.

■일정의 시작

출장 시 처음으로 하는 일(the first thing I do)부터 업무를 마친 후(after work)까지 순차적으로 설명해 줍니다.

●일정의 마지막

업무 일정이 끝나고 시간이 남았을 때(If I have spare time) 어떻게 보내는지를 덧붙이며 마무리합니다.

출장 중일 때 가장 먼저 하는 일은 중요한 어떤 것도 놓치지 않기 위해 일정을 확인하는 것입니다. 그다음에는 고객을 방문하거나 회의에 참석하거나, 아니면 지점에서 담당자와 회의를 하는 것 같은 일을 차례대로 합니다. 일이 끝나고 여유가 생기면 저는 동료들과 멋진 식당에서 저녁을 먹거나 혼자서 시내를 걷기도 합니다.

MP3 204

2. Can you tell me how you typically get to your destination when you take a business trip? Tell me about it from the beginning to the end in detail.

출장을 가면 목적지까지 보통 어떻게 가는지 말해 줄 수 있습니까? 처음부터 끝까지 구체적으로 말해 주세요.

■When I go on a business trip, I check what transportation I should take first. I drive if it's in the near area, but for long distances, I usually fly. ●When I go abroad, I make sure to take my passport, and take clothes that fit the weather of the destination. When I arrive at the airport, normally local staff is waiting for me. Most of the time, I go to the hotel and unpack before starting work the next day.

■교통편

출장을 가야 한다고 할 때 목적지까지 가는 교통편을 확인하는 것이 필수죠. 거리에 따라 교통수단이 달라질 것입니다. 직접 운전하거나(drive a car by myself), 기차나 비행기, 택시, 버스 같은 대중교통을 이용할 수도 있습니다.

●챙겨야 할 것

해외출장도 업무적인 것을 빼면 해외여행과 비슷합니다. 해외로 출장을 간다면 뭘 챙겨야 하나요?

출장을 갈 때 목적지까지 가는 교통편으로 우선 무엇을 타야 할지 확인합니다. 가까운 지역은 제가 운전하지만 장거리일 때는 보통 비행기를 탑니다. 해외로 출장 갈 때는 여권을 꼭 챙기고 그 지역 날씨에 맞는 옷을 챙깁니다. 공항에 도착하면 주로 현지 직원이 저를 맞이합니다. 대부분은 다음 날 일을 시작하기 전에 호텔로 가서 짐을 풉니다.

MP3 205

3. Have you ever experienced something unexpected during your business trip? When and where did you go on the business trip? What happened?
출장을 갔다가 생각지도 못한 일을 겪은 적이 있습니까? 언제, 어디로 갔던 출장입니까? 어떤 일이 있었습니까?

■Once, I was in the wrong place for an important meeting because I was not familiar with that area. No matter how long I waited, I couldn't see any staff coming in, and I found out that I was in a completely different place. I was so embarrassed and rushed to where the meeting was being held. Fortunately, the other staff members understood my mistake and the meeting ended well. ●Since then, if I go on a business trip to a strange place, I double check the schedule and place so I don't make the same mistake again.

■출장의 기억
과거의 에피소드를 이야기할 때 '한번은 이런 일이 있었습니다'라는 표현으로 once를 씁니다. 출장에서 흔히 일어나는 일로, 잘못된 장소에 있었던 경험을 준비해 보았습니다.

●교훈
실수를 교훈으로 삼고, 같은 일을 반복하지 않기 위해 어떻게 하는지 덧붙입니다. make sure to take notes(반드시 적어 둔다), always check the schedule(항상 일정을 체크한다), ask the person in charge again(담당자에게 다시 물어본다)

한번은 제가 그 지역에 익숙하지 않아서 중요한 회의 때 다른 장소에 있었습니다. 아무리 기다려도 들어오는 직원이 없자, 제가 엉뚱한 곳에 있었다는 것을 깨달았습니다. 저는 너무 당황하여 회의가 열리는 곳으로 달려갔습니다. 다행히 다른 직원들이 제 실수를 이해해 줬고, 회의는 잘 끝났습니다. 이후로 낯선 곳으로 출장을 가면 같은 실수를 반복하지 않기 위해 일정을 다시 한 번 확인합니다.

Ask me!

MP3 206

그동안 컴퓨터가 계속 질문했지만, 이제는 역으로 질문을 해달라는 요청을 받습니다. 주제별로 할 수 있는 질문을 미리 생각해 두세요. (컴퓨터는 응시자의 질문에 답변하지 않습니다)

Q. I also go on a business trip sometimes. Please ask me three or four questions about my business trip.
저 역시 가끔 출장을 갑니다. 저에게 저의 출장에 대해 서너 가지 질문해 주세요.

You go on a business trip sometimes. I would like to ask you some questions about it. ■Where do you usually go on a business trip? Do you go alone or go with other colleagues? What transportation do you usually use on a business trip? How long does it take normally?

■추가 질문
Do you have any special items you take with you when you go on a business trip? 출장 갈 때 특별히 챙기는 물품이 있습니까?
What do you do if you have spare time on a business trip? 출장을 가서 여유 시간이 생기면 무엇을 합니까?

당신도 가끔 출장을 가는군요. 그에 대해 몇 가지 질문을 하고 싶습니다. 출장은 주로 어디로 가나요? 출장을 갈 때는 혼자 가나요, 아니면 다른 동료들과 함께 갑니까? 출장을 갈 때 주로 어떤 교통편을 타고 갑니까? 출장은 대개 며칠 걸립니까?

CHAPTER 03 롤플레이

○ 롤플레이 미리보기

UNIT 01 전화로 예약/예매 하기
UNIT 02 전화로 정보 얻기
UNIT 03 상황에 따라 질문하기
UNIT 04 상황 설명하고 대안 제시하기
UNIT 05 관련 경험 말하기

○ 콤보로 롤플레이 문제 풀어보기

롤플레이 미리보기

롤플레이(Role Play)는 말 그대로 역할극을 하는 것입니다. 어떤 상황이 주어지고, 여러분은 그 속의 인물이 되어 전화로 예약하고, 질문도 해야 합니다. 일종의 미션을 수행하는 것이지요. 롤플레이만큼은 자기 자신에 대해 말하는 게 아니라, 다른 사람이 되어서 그 역할에 충실해야 합니다. 상대가 있다고 가정하기 때문에 어느 정도의 연기력이 필요합니다. 실제로 롤플레이는 그 상황에 있는 것처럼 연기하는 응시자가 더 좋은 점수를 받기도 합니다.

콤보문제

롤플레이는 여러분이 설정한 난이도에 따라 질문이 달라집니다. Intermediate Low(IL)까지를 최고 목표로 하는 분은 난이도를 1 또는 2로 설정하는데, 이때는 롤플레이 문제가 출제되지 않습니다. 이 책의 목표인 IM 이상을 원한다면 난이도를 3 이상으로 설정해야 합니다. 이 경우에 롤플레이가 나오는데, 11번부터 13번까지 연달아 3문제가 콤보문제로 출제됩니다. 롤플레이 문제는 각각 다음과 비슷한 말로 시작합니다.

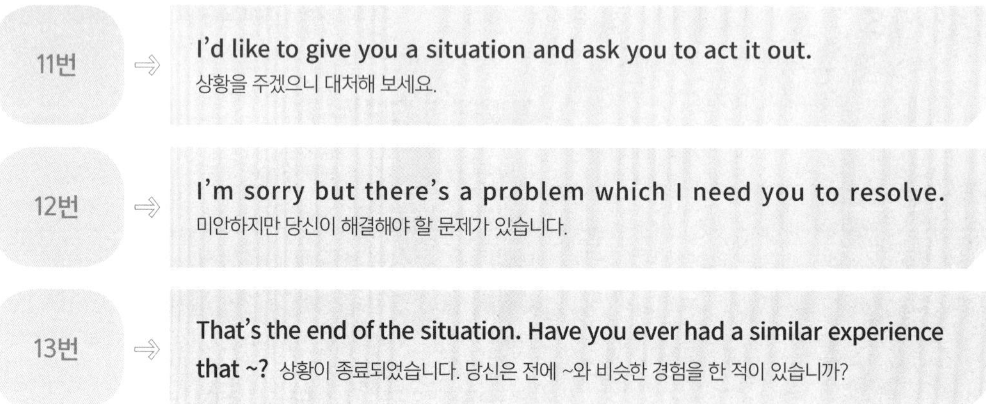

11번 ⇨ **I'd like to give you a situation and ask you to act it out.**
상황을 주겠으니 대처해 보세요.

12번 ⇨ **I'm sorry but there's a problem which I need you to resolve.**
미안하지만 당신이 해결해야 할 문제가 있습니다.

13번 ⇨ **That's the end of the situation. Have you ever had a similar experience that ~?** 상황이 종료되었습니다. 당신은 전에 ~와 비슷한 경험을 한 적이 있습니까?

문제 미리보기

롤플레이는 다음과 같이 3문제가 콤보로 출제됩니다.

1. 전화로 예약 또는 예매 하기 / 전화로 정보 얻기 / 상황에 따라 질문하기 중 1개
2. 상황 설명하고 대안 제시하기
3. 관련 경험 말하기

전화로 예약/예매 하기

상황을 주고, 전화를 해서 예매나 예약에 필요한 몇 가지 질문을 하고 예약하라고 합니다. 호텔 객실 예약, 병원 진료 예약, 공연의 표 예매, 항공권 예매 등 상황은 다양합니다. 기본적으로 전화 상황에서 첫인사와 끝인사를 하는 연습을 해야 합니다. 그리고 시험 전에 어떤 상황이 나오든 적용할 수 있는 상호명과 날짜와 요일, 시간을 가상으로 정해 두세요. 어차피 역할극이기 때문에 사실 여부와는 관계가 없습니다.

⇨ **Call the travel agency and ask several questions to make a reservation.**

전화로 정보 얻기

설문주제나 돌발주제와 관련된 장소에 전화해서 정보를 파악하라는 문제입니다. 참석해야 하는 행사나 다니는 학교, 근무하는 회사 등을 배경으로 여러 상황을 제시하고, 질문을 통해 정보를 얻으라고 합니다. 면대면으로 질문하는 것과 전화상으로 질문하는 것에는 차이가 있습니다. 따라서 전화 상황을 잘 표현해 줄 수 있는 말을 골라야 합니다. 첫말은 Hello로 시작하고, 자신을 지칭할 때 This is ~라고 하는 연습을 하세요.

⇨ **Call the department and ask a representative several questions about the new product.**

상황에 따라 질문하기

전화를 걸어 지인을 행사에 초대하기, 친구에게 물건 빌리기, 친구와 어떤 활동을 하자고 요청하기, 매장에서 직접 직원에게 물어보기 등의 상황이 주어질 수 있습니다.

⇨ **Call your friends and invite them to your birthday party.**

상황 설명하고 대안 제시하기

롤플레이 문제 중 가장 까다로운 유형입니다. 콤보문제 중 첫 번째 질문하기에서 정보를 얻었다면, 이제는 그와 관련된 문제 상황이 주어집니다. 상대에게 문제 상황을 설명하고, 본인이 생각하는 해결책을 두세 가지 제시해야 합니다. 까다로운 문제이니 만큼, 대답을 잘했을 경우 고득점을 기대할 수 있는 중요 문제입니다. 답변의 절반은 질문에서 주어진 표현으로 충분히 채울 수 있습니다.

⇨ **Explain the situation and then give him or her some solutions to solve this problem.**

관련 경험 말하기

11번과 12번 문제가 끝나면 상황이 종료되었다고 하면서 이제는 응시자에게 실제로 이와 유사한 경험이 있는지 묻습니다. 관련 경험 말하기 문제는 대체로 좋지 않은 문제 상황에 있어 봤는지를 묻습니다. '상황 설명하고 대안 제시하기' 문제에 답변하고 나면, 그와 관련된 경험이 있는지를 묻는 질문이 나온다는 것을 예상하고 준비하세요.

⇨ **Have you experienced a situation in which you broke a promise with other people because of an emergency situation?**

UNIT 01 전화로 예약/예매 하기

기출문제

I'd like to give you a situation and ask you to act it out. A new restaurant has just opened in your city and you want to make a reservation. Call the restaurant and ask three or four questions about how to make a reservation.

상황을 주겠으니 대처해 보세요. 당신이 사는 도시에 새로운 레스토랑이 생겼고 당신은 예약을 원합니다. 레스토랑에 전화해서 예약 방법에 대해 서너 가지 질문하세요.

식당을 예약할 때는 어떤 것들을 확인해야 할까요? 우리가 평상시에 식당에 전화를 걸어 예약할 때 확인하는 것에 대해 생각해 보세요.

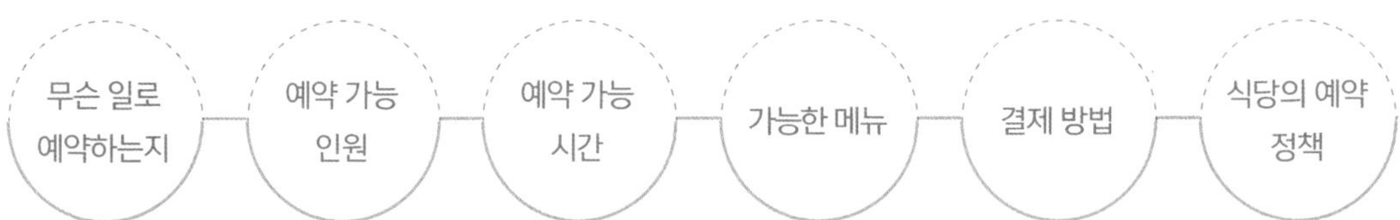

답변 준비

롤플레이의 예약/예매에는 스포츠나 영화, 공연 관람을 위한 예매와 기차나 비행기, 렌터카 같은 교통수단 예매, 호텔이나 식당 예약이 있습니다. 전화로 대화하는 상황이기 때문에 전화 예절을 갖추며 시작하는 것이 좋습니다. 시험 전에 인원과 시간 등 예약에 필요한 정보를 정해 두어야 합니다. 단순히 질문만을 하는 것이 아니라, 그런 질문을 통해서 원하는 정보를 얻고 예약까지 수행해야 합니다.

식당 이름	ABC 레스토랑
목적	식당 예약, 가족 모임
정보	6명, 저녁 7시
메뉴	특선 메뉴가 있는지?
특이사항	놀이방과 주차장이 있는지? 노쇼(no-show) 패널티가 있는지? 신용카드 결제가 가능한지?

따라 읽기

다음 샘플답변을 듣고 따라 읽어 보세요. 샘플답변을 참고해서 나만의 답변을 생각해 보세요.

MP3 207

1 Hello, is this ABC Restaurant? 2 This is Hye-sun Oh and I'm calling to ask you some questions. 3 I'm planning to have a family gathering at your restaurant. 4 I'd like to book a table for six for 7 o'clock tonight. 5 Are there any tables available? 6 I have another question. 7 What kinds of food do you serve? 8 If I show up a little late, how long will you hold the table? 9 My name is Hye-sun Oh and I'll be there at 7. Thank you!

1 여보세요, ABC 레스토랑이죠? 2 저는 오혜선이라고 합니다. 몇 가지 질문이 있어서 전화했습니다. 3 당신의 레스토랑에서 가족 모임을 계획 중인데요. 4 오늘밤 7시에 6명 테이블을 예약하고 싶습니다. 5 가능한 테이블이 있나요? 6 또 질문이 있어요. 7 어떤 종류의 음식이 있나요? 8 만약 제가 조금 늦게 나타나면 자리가 언제까지 유효한 건가요? 9 제 이름은 오혜선이고 7시에 그곳으로 가겠습니다. 감사합니다.

1 첫인사
실제 전화 통화를 하는 것처럼 Hello로 시작합니다. Is this ~로 상대를 확인하고, This is ~로 본인의 이름을 밝힙니다. 식당, 극장, 호텔, 쇼핑몰 등 어느 상황이 되더라도 적용할 수 있도록 미리 상호명을 하나 정하세요.

3 예약 목적
식당을 예약하는 목적을 밝히면 좋습니다. family gathering(가족 모임), birthday party(생일 파티), business meeting(업무 회의) 등을 미리 설정해 두세요.

4 기본 정보
식당 이용 시간과 인원수를 알려줍니다. 그러면서 예약이 가능한지 available을 이용하여 자연스럽게 묻습니다.

6 연결어
질문 사이에 I have another question.이라고 말하면서 자연스럽게 질문을 연결시킵니다.

7 부가 질문
식당이니 메뉴에 대해 물을 수 있습니다. 그 외에도 채식 요리 여부를 물을 수 있겠지요. 또 예약 시간보다 식당에 늦게 나타날 경우 어떻게 되는지 확인하기도 합니다.

9 끝인사
질문을 마치면 예약자인 자신의 이름을 한 번 더 확인시키고, Thank you!로 마무리합니다.

PLUS

예약하다
- 방, 좌석, 표 등을 예약하다
  - make a reservation, book
- 병원 진료, 상담 등을 예약하다
  - make an appointment

자주 쓰는 표현

OPIc 답변으로 유용한 표현들을 듣고, 나에게 필요한 것을 골라 큰 소리로 말해 보세요.

1. 예약하기 MP3 208

식당 I want to **make a reservation** for two tonight. 오늘밤에 두 사람 자리를 예약하고 싶습니다.

병원 I'd like to **make an appointment** with the doctor for my mother.
어머니가 받으실 진료를 예약하고 싶습니다.

항공 I'd like to **book a flight** to Japan. 일본행 항공편을 예약하고 싶습니다.

공연 I'd like to **book a ticket for** the musical. 뮤지컬 티켓을 사고 싶습니다.

호텔 I need to **make a reservation** for a hotel room. 호텔방 예약이 필요합니다.

> I'd like to ____________.

2. 상황별 예약 MP3 209

식당

- Can I **order some food in advance**? 미리 음식을 주문할 수 있나요?
- Do you have a **special menu for vegetarians**? 채식주의자를 위한 메뉴가 따로 있나요?
- What time is your **final seating**? 식당에 몇 시까지 있을 수 있나요?

> Do you have ____________?

병원

- Is it possible to **change my reservation** to July 1st? 7월 1일로 예약을 바꿀 수 있나요?
- When do the **doctor's rounds start**? 선생님의 회진은 언제 시작하나요?
- When can I **get my prescription filled**? 제 처방전은 언제 받을 수 있나요?

> Is it possible to ____________?

항공

- Can I get a **round-trip ticket to LA** on July 1st?
  7월 1일에 LA행 왕복티켓이 있나요?
- Is there a **nonstop flight to New York** on July 1st?
  7월 1일에 뉴욕행 직항편이 있나요?
- Do you have any **evening flights**?
  저녁 비행기편이 있습니까?
- Can you **book me a window seat**?
  창가 좌석으로 주실 수 있습니까?

PLUS
economy 일반석
business 비즈니스석
first class 일등석
aisle seat 통로 좌석
window seat 창가 좌석

> Can you book me ____________?

공연

+ When will the last *X-Men* **be released?** 최근에 나온 <엑스맨>은 언제 개봉하나요?
+ What kinds of movies **are available for this Sunday?** 이번 주 일요일에 어떤 영화를 상영하나요?
+ Can I get a discount for **the early morning movies?** 조조영화 할인을 받을 수 있습니까?
+ Can I **choose my seat?** 좌석을 선택할 수 있습니까?
+ Can I **get a student discount?** 학생 할인을 받을 수 있습니까?

When will ____________ be released?

호텔

+ How much are **the room rates per night?** 하룻밤에 얼마인가요?
+ What's the rate **during the high season?** 성수기의 요금은 얼마인가요?
+ Do you have **a non-smoking room?** 비흡연실이 있나요?
+ Is a **seaside view room** available? 바다 전망인 방이 있나요?
+ Is there **a cancellation fee** if I cancel my reservation? 예약을 취소했을 때 취소 수수료가 있나요?
+ Do you have any **promotion to upgrade rooms?** 방을 업그레이드하는 행사를 하지는 않나요?

How much are ____________?

3. 예약 확인 MP3 210

+ Could you **check my reservation** again? 제 예약을 다시 한 번 확인해 주시겠습니까?
+ Are you going to send me a **confirmation by e-mail?** 저에게 확인 이메일 보내주시나요?
+ **Is everything done for my reservation?** 예약이 이제 끝난 건가요?
+ I'd like to make sure that I **booked the right ticket.** 제가 티켓을 제대로 예매했는지 확인하고 싶습니다.

I'd like to make sure that ____________.

나만의 답변

자주 쓰는 표현을 이용해 나만의 답변을 만들어 보세요.

I'd like to give you a situation and ask you to act it out. A new restaurant has just opened in your city and you want to make a reservation. Call the restaurant and ask three or four questions about how to make a reservation.

기출 상황

먼저 예약 가능 여부 확인하기, 그다음 예약 내용 말하기, 마지막으로 예약 확정하기의 순서로 말하도록 합니다. 다음 기출 상황을 살펴보고 샘플 답변을 참고해서 자신의 답변을 준비해 보세요.

MP3 211

1. Suppose that you want to make an appointment to the doctor. Call the doctor and ask three or four questions to make an appointment.
의사에게 진료 예약을 하고 싶다고 가정해 봅시다. 의사에게 전화를 걸어 예약에 필요한 서너 가지 질문을 하세요.

■Hello, is this Dr. Win's Medical Center? I'd like to make an appointment with the doctor for myself. I'd like to have my general checkup next week. ●Is Dr. Win available on Monday afternoon? Can I see the doctor if I am at the hospital by 6? Is it possible to change my appointment before my appointment date? ◆Thank you for being so kind. I appreciate it.

안녕하세요. Win 선생님의 병원이지요? 제 예약을 하고 싶습니다. 다음 주에 검진을 받고 싶은데요. Win 선생님께서 월요일 오후에 진료를 하십니까? 제가 6시까지만 가면 진료를 받을 수 있나요? 제가 예약한 날짜 전에 예약을 변경하는 게 가능합니까? 친절하게 응해 주셔서 감사합니다.

■진료 예약하기
Is this ~로 상대가 병원 관계자인지 확인합니다. 진료 예약이 전화의 용건입니다. I'd like to ~을 이용해 말해 보세요.

●질문
병원을 예약할 때 확인할 사항들을 정리해 봅시다. 병원 예약은 시간대가 가능한지 알아보는 것이 중요합니다.

◆마무리
끝으로 감사의 표현은 두 번 반복해도 괜찮습니다.

MP3 212

2. Now, I am going to give you a situation and ask you to act it out. Let's suppose that you're planning a vacation with a friend. Call the travel agency and ask three or four questions to make a reservation for a hotel room.

상황을 주겠으니 대처해 보세요. 당신은 친구와 여행을 가려고 합니다. 여행사에 전화해서 호텔 객실을 예약하기 위해 서너 가지 질문을 하세요.

■Hello, is this ABC travel agency? How are you? I am calling you because I am planning a vacation with my friend next month and need to make a reservation for a hotel room before we leave. ●How much are the room rates per night? Is there a discount if I stay more than two nights? Did it include breakfast? I want a room with a view of the ocean. Is the price more expensive in this case? ◆Thank you. It was very helpful.

여보세요. ABC 여행사죠? 안녕하세요? 저는 다음 달에 친구와 여행을 가려고 하는데, 출발 전에 호텔 객실을 예약해야 해서 전화했습니다. 1박 객실 요금이 얼마나 됩니까? 2박 이상을 할 경우 할인이 있나요? 조식이 포함되어 있나요? 저는 바다 전망의 방을 원합니다. 그런 경우 요금이 더 비싼가요? 감사합니다. 대단히 도움이 되었습니다.

■호텔 객실 예약하기

문제에서 주어진 대로 여행사에 전화합니다. 여행사 이름은 시험 전에 미리 생각해 두세요. 그리고 전화를 건 용건을 밝혀야겠지요. 문제 속 표현을 그대로 이용해서 I am planning a vacation with my friend라고 말합니다. 날짜를 말하고 싶다면 고민할 필요 없이, 시험 당일 날짜를 말해 보세요.

●질문

호텔 객실을 예약할 때 무엇을 물어보나요? 여행 날짜에 방이 있는지(available room), 가격은 어떤지, 조식 포함인지, 프로모션이 있는지 등을 물어볼 것입니다.

◆마무리

감사의 인사로 마무리합니다. 마치 진짜 통화를 한 것처럼 과거형으로 It was very helpful.이라고 했습니다.

PLUS

호텔 서비스

morning call service 모닝콜 서비스
laundry service 세탁 서비스
business center 비즈니스 센터
safety box 안전 금고

MP3 213

3. Let's suppose that you are planning to see a movie with your friend. Call the theater and ask three or four questions to book tickets.

친구와 영화를 보려 한다고 가정해 보세요. 극장에 전화를 해서 티켓을 예매하기 위해 서너 가지 질문을 하세요.

■Good morning. Is this ABC theater? I am planning to see a movie with my friend this weekend. Before I go, I want to book tickets in advance. ●How much is the movie ticket price? Can I choose the seats? Is it possible to book tickets online? I am a university student now. Do you give any discounts for students? ◆I really appreciate your helpful answers. Thanks again.

안녕하세요. ABC 극장이죠? 저는 친구랑 이번 주말에 영화를 보러 가려고 계획 중입니다. 가기 전에 먼저 표를 예매하고 싶습니다. 영화표 가격이 얼마인가요? 제가 좌석을 선택할 수 있나요? 온라인 예매가 가능합니까? 저는 지금 대학생입니다. 학생 할인이 있습니까? 도움이 되는 답변에 정말 감사드립니다. 다시 한 번 감사합니다.

■영화 예매하기

이번에는 Hello가 아닌 Good morning으로 인사해 보았습니다. 그리고 문제에서 제시된 표현을 응용해서 목적을 밝힙니다. 시간은 this weekend가 무난하지만, this Friday와 같은 요일을 말해도 됩니다.

●질문

영화를 예매할 때 무엇을 물어보나요? 상영 영화, 표의 가격, 할인 여부, 예매 방법을 물어볼 수 있습니다.

◆마무리

질문으로 답변을 끝내면 안 됩니다. 마무리는 감사의 말이라는 것을 잊지 마세요.

UNIT 02 전화로 정보 얻기

기출문제

You want to buy a new cell phone. Call the store and ask three or four questions about the phone you want to buy.
당신은 전화기를 사고 싶습니다. 상점에 전화해서 당신이 사고 싶은 전화기에 대해 서너 가지 질문해 보세요.

새 스마트폰을 살 때 여러분은 주로 어떤 것을 확인하나요? 전화상으로 질문할 수 있는 내용을 생각해 보세요.

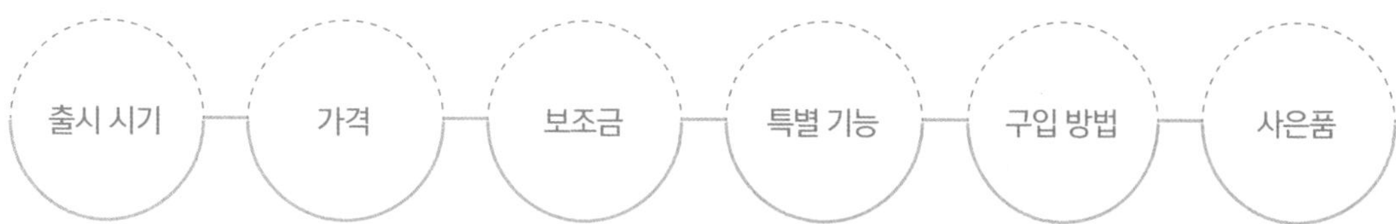

답변 준비

전화로 정보 얻기도 돌발적으로 주어지는 상황에서 몇 가지 질문을 해야 합니다. 휴대전화 매장에 전화를 걸어 자신이 누구인지를 밝히고, 통화하고 싶은 사람을 찾는 것부터 시작합니다. 자신이 원하는 전화기에 대해 이야기하고 궁금한 점을 묻는 순서로 답변을 구성해 보세요.

매장 이름	ABC 매장
전화의 목적	새 스마트폰을 사고 싶다.
기능	배터리가 오래 가는지? 사진이 잘 찍히는지? 메모리가 얼마나 되는지?
가격	가격이 얼마인지? 보조금이 있는지?
특이사항	색상 선택이 가능한지? 사은품이 있는지?

따라 읽기

다음 샘플답변을 듣고 따라 읽어 보세요. 샘플답변을 참고해서 나만의 답변을 생각해 보세요.

MP3 214

1 Hello, is this ABC cell phone store? 2 I'm calling because I'm planning to buy a new cell phone. 3 I have some questions about the brand new phone launched last month. 4 First of all, I wonder how long its battery lasts. 5 Second, I like taking pictures. 6 Can you tell me how many pixels the camera has? 7 And finally, I've heard that I can choose my phone's color. 8 Do you have the new phone in pink? 9 Well, I think that's all for now. 10 I will drop by your shop soon. 11 See you then. Bye!

1 안녕하세요. ABC 휴대전화 매장인가요? 2 저는 휴대전화를 새로 사려고 해요. 3 지난달 출시된 신형 휴대전화에 관해 질문이 있는데요. 4 우선 배터리가 얼마나 가는지 궁금합니다. 5 두 번째로, 저는 사진 찍기를 좋아해요. 6 카메라 화소가 얼마인지 알 수 있을까요? 7 마지막으로 제가 전화기의 색상을 선택할 수 있다고 들었는데요. 8 매장에 분홍색 전화기가 있나요? 9 지금은 이 정도가 궁금하네요. 10 곧 매장에 들르겠습니다. 11 그때 뵙죠. 안녕히 계세요.

2 전화한 목적

I'm calling because로 전화의 목적을 밝힙니다. 질문에서 제시된 상황(buy a new cell phone)을 듣고 그대로 답변에 응용합니다. 상대가 요점을 파악할 수 있도록 목적을 밝혀야 합니다. 질문이 있어서 전화했다고 할 때 I've got some questions 또는 I have some questions와 같은 표현을 사용할 수 있습니다.

4 질문

기계에 관해서는 주로 기능에 대한 질문을 하지요. 자주 쓰는 기능이나 꼭 필요한 기능을 갖추고 있는지 확인합니다. First, Second, Finally로 차근차근 질문하세요.

7 사실 확인

질문을 하기 위해 정보를 이야기할 수 있습니다. I've heard that ~이라고 알고 있는 내용을 말하고 그 내용이 사실인지 물으면 좀 더 풍부한 답변이 됩니다.

10 끝인사

전화를 끊을 때는 꼭 끝인사를 합니다. 정보를 더 얻기 위해 매장에 들르겠다든지, 좀 더 생각해 보고 전화하겠다는 등의 마무리하는 말을 합니다.

PLUS

완곡히 물어보기

- I wonder ~
- I want to know ~
- I have to know ~
- Would you tell me ~?
- You have to tell me about ~

자주 쓰는 표현

OPIc 답변으로 유용한 표현들을 듣고, 나에게 필요한 것을 골라 큰 소리로 말해 보세요.

1. 전화 인사 MP3 215

+ **This is** Min-ho **calling[speaking].** 저는 민호입니다.
+ **This is** ABC Media **calling.** ABC 미디어에서 전화드립니다.
+ **This is** marketing manager, Kim Min-ho, **from** ABC company.
저는 ABC사의 마케팅 과장 김민호입니다.

아는 사이일 때

+ How are things going? 요즘 어때?
+ Is everything going well? 다 잘되어 가고 있어?
+ What have you been up to? 어떻게 지냈어?
+ Are things going as planned? 계획된 대로 잘되고 있어?
+ How are things looking? 어떻게 되어 가는 것 같아?

Hello. This is ____________ calling.

2. 전화를 건 이유 MP3 216

+ **I'm calling to ask some questions about** the brand new cell phone.
새로 나온 휴대전화에 대해 몇 가지 물어보려고 전화했습니다.
+ **I called because I was so curious about** the game being released next month.
다음 달에 출시될 게임에 대해 너무 궁금해서 전화를 했습니다.
+ **I've got something to tell you about** the brand new Bluetooth speaker.
새로 나온 블루투스 스피커에 대해 이야기할 게 있어서 전화했습니다.
+ **I have some questions concerning** furniture for my house.
제 집에 놓을 가구에 대해 질문할 게 몇 가지 있습니다.
+ I want to buy a brand new phone, **and that's why I am calling you.**
저는 새로운 전화기를 사고 싶고 그것 때문에 전화를 했습니다.
+ I am going on a trip next week and need to rent a car, **so I called to ask about it.**
다음 주에 여행을 가서 차를 빌려야 하는데 그에 대해 물어볼 것이 있어서 전화했습니다.
+ I have to buy new furniture, **so I called to ask some questions before visiting** your store.
가구를 구매해야 하는데 가게를 방문하기 전에 몇 가지 물어볼 것이 있어서 전화했습니다.
+ I have a movie I want to see and **I have some questions about it before making reservations.**
보고 싶은 영화가 있는데 예매하기 전에 질문이 있습니다.

I'm calling to ask some questions about ____________.

3. 상황에 따른 질문 MP3 217

- I travel abroad a lot. **Does it have** an auto roaming function?
  저는 해외여행을 자주 다닙니다. 자동 로밍 기능이 있나요?
- **What should I do if** I find the product is damaged after buying it?
  상품을 사고 나서 물건에 하자가 있다는 걸 발견하면 어떻게 해야 합니까?
- **What should I do if** I have an emergency situation and need to cancel my appointment?
  제가 급한 사정이 생겨서 약속을 취소해야 한다면 어떻게 해야 할까요?
- When I need to change my reservation, **how can I do that**?
  예약을 변경하려면 어떻게 해야 할까요?
- **Is there anything else** I should know?
  그 밖에 제가 알아야 할 사항이 있습니까?
- **How long** is the warranty?
  보증 기간이 얼마나 됩니까?

What should I do if ____________?

4. 마무리 MP3 218

- **Thank you. I appreciate it.** 감사합니다.
- Please **let me know.** 그것에 대해 알려 주세요.
- **Feel free to contact me at** 010-8763-자/기/번/호.
  010-8763-자/기/번/호로 언제든지 전화 주세요.
- **You can reach me at** my office[home, 010-8763-자/기/번/호].
  제 사무실로[집으로, 010-8763-자/기/번/호로] 전화하시면 됩니다.
- Please **call me anytime.** 아무 때나 전화 주세요.
- **I'll be waiting for** your call. 전화 기다리고 있을게요.
- **I would appreciate a call from you.** 전화주시면 감사하겠습니다.
- I will **drop by** your shop soon. See you later. 가게에 곧 들르겠습니다. 나중에 뵙겠습니다.
- **I would really appreciate any information** that you can give me about it.
  당신이 줄 수 있는 어떠한 정보라도 정말 감사하겠습니다.

You can reach me at ____________ at ____________.

나만의 답변

자주 쓰는 표현을 이용해 나만의 답변을 만들어 보세요.

You want to buy a new cell phone. Call the store and ask three or four questions about the phone you want to buy.

기출 상황

신발, 옷, 휴대전화, 전자기기 등을 구매하는 상황, 신제품에 대해 문의하는 상황이 출제됩니다. 여가활동과 관련해서 스포츠, 게임, 취미에 대한 정보 얻기도 자주 출제되기 때문에 본인이 선택한 주제에서 상황을 설정하고 질문하는 연습을 미리 해보는 게 좋습니다. 다음 기출 상황을 살펴보고 샘플답변을 참고해서 자신의 답변을 준비해 보세요.

MP3 219

1. You want to buy new furniture for your house. Call the store and ask three or four questions about furniture you like to buy.
당신은 집에 놓을 새 가구를 사고 싶습니다. 상점에 전화해서 당신이 사고 싶은 가구에 대해 서너 가지 질문해 보세요.

■Hello? Is this ABC furniture store? I just moved into a new house and plan to get some new furniture. ●I want to buy a desk and a bookcase together. ◆Do you have any wooden desks in your store? I'm going to buy a six-level bookshelf that matches the wooden desk. Do you have a six-level bookshelf there? I will drop by your shop soon. See you later! Thanks again.

여보세요? 거기 ABC가구점이죠? 저는 새 집에 이사 와서 가구를 좀 장만하려고 합니다. 책상과 책장을 함께 구매하려고 해요. 매장에 나무로 된 책상이 있습니까? 나무 책상과 어울리는 6단 책장을 사려고 합니다. 매장에 6단 책장이 있나요? 가게에 곧 들르겠습니다. 나중에 뵐게요. 감사합니다.

■가구 사기
가구 매장에 전화하는 상황입니다. 왜 가구를 사려고 하는지 순발력 있게 이사를 했다(moved into a new house)고 답했습니다.

●구입하려는 가구
어떤 가구를 살 것인지 상황에 제시되지 않은 것도 재빨리 선택해야 합니다. 무난하게 책상과 책장(a desk and a bookcase)을 사고 싶다고 합니다.

◆정보 얻기
가구를 살 때 어떤 정보가 필요한가요? 가구의 가격과 재질, 크기 등이 중요할 것입니다. 참고로 '6단짜리 책장'은 a six-level bookshelf로 말합니다. 그냥 bookshelf라고 말하는 것보다는 six-level과 같이 구체적이고 정확한 표현으로 답변의 수준을 올려 보세요.

PLUS

가구의 모양
round table 둥근 테이블
square dining table 사각형 식탁
rectangular desk 직사각형 책상
circular sofa 둥근 소파

MP3 220

2. You need some information about a new game that the company will be releasing next month. Call the shop and ask three or four questions to get all the information that you need.
당신은 회사에서 다음 달에 새로 출시되는 게임에 대한 정보가 필요합니다. 상점에 전화를 걸어서 필요한 모든 정보를 얻기 위해 서너 가지 질문해 보세요.

■Good morning. Is this ABC game shop? I am thinking about buying a new game that will be released next month and I need some information. May I ask you a few questions about it if you do not mind? ●First of all, what is the exact date of the release? Second, how much does the game pack cost? Finally, how much computer storage should I have to play the game? I would really appreciate any information that you can give me.

안녕하세요. 거기가 ABC 게임숍인가요? 저는 다음 달에 새로 출시될 게임을 사려고 생각 중인데, 정보가 필요합니다. 괜찮으시다면 몇 가지를 물어봐도 될까요? 가장 먼저 정확히 출시되는 날짜가 어떻게 되나요? 두 번째로 게임 팩 가격은 얼마나 되나요? 마지막으로, 그 게임을 하려면 컴퓨터 용량이 얼마나 돼야 할까요? 어떠한 정보를 주시든 정말 감사합니다.

■신제품 문의
다음 달에 새롭게 출시되는 게임에 대한 질문을 해야 합니다. May I ask you a few questions about it if you do not mind?로 본격적인 질문 전에 예의를 갖춥니다.

●정보 얻기
게임에 관심이 없다고 해도 새롭게 출시되는 제품에 대한 일반적인 질문을 생각해 볼 수 있습니다. 제품의 출시일과 가격, 제품의 장점에 대해 묻고, 더 나아가 기기의 호환성이나 컴퓨터 적정 사양 등에 대해 물어볼 수 있습니다.

MP3 221

3. You're going to New York for summer vacation and you want to rent a car. Call a car rental agency, and ask two or three questions about their rental policies.

당신은 여름휴가로 뉴욕에 가려는데 차를 빌리고 싶습니다. 렌터카 회사에 전화해서 대여 정책에 대해서 두세 가지 질문해 보세요.

■Hello, is this ABC rental car service? I am going to New York for summer vacation next month and I need to rent a car. This is my first time to visit New York. ◆How does the car rental process work in New York? How do you choose a car for me? What kind of options do I have? Everything will be unfamiliar to me and I need a customer-friendly explanation, too. I would very much appreciate your help.

여보세요. ABC 렌터카죠? 저는 다음 달에 여름휴가로 뉴욕에 가려는데, 차를 빌려야 합니다. 이번이 처음 방문인데요. 뉴욕의 렌탈 시스템은 어떻게 운영되고 있습니까? 제게 맞는 차를 어떻게 선택해 주시나요? 저에게는 어떠한 선택권이 있습니까? 모든 것이 낯설 것 같아서 고객편의의 설명이 꼭 필요합니다. 도움을 주시면 대단히 감사하겠습니다.

■차 렌트 문의

문제에서 제시된 상황을 그대로 언급합니다. 질문 전에 This is my first time to visit New York.처럼, 자신의 이야기를 하는 것으로 답변을 풍부하게 할 수 있습니다. 롤플레이에서는 그게 진실이든 아니든 상관없습니다.

◆정보 얻기

차를 렌트하는 데 어떤 정보가 필요할까요? 우선은 차를 빌리는 절차(car rental process)에 대해 물을 수 있습니다. 그리고 어떤 차를 빌릴 수 있는지, 하루에 렌탈 비용은 얼마나 되는지 물을 수 있습니다.

UNIT 03 상황에 따라 질문하기

기출문제

I am going to give you a situation and ask you to act it out. You want to invite your friend's family to dinner. Call your friend and leave a message to invite them.

상황을 주겠으니 대처해 보세요. 당신은 친구의 가족을 저녁 식사에 초대하고 싶습니다. 친구에게 전화를 걸어 그들을 초대하기 위해 메시지를 남기세요.

사람을 초대할 때는 무슨 말을 할까요? 우선 초대하는 대상이 누구이고, 어떤 모임을 하려는 것인지 생각해 보세요.

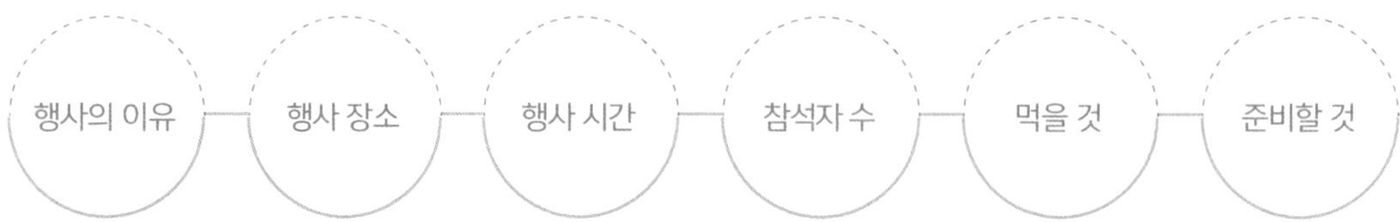

답변 준비

지인에게 전화를 걸어 식사나 파티에 초대해 보라는 유형입니다. 다른 유형들은 격식을 갖추어 답변을 구성하지만, 지인은 좀 더 자연스럽고 격식 없는 표현을 쓸 수 있습니다. 초대하고 싶은 날짜에 시간이 되는지를 묻고, 자신이 어떤 이유로 저녁 식사를 준비하려고 하는지 설명합니다. 특별히 그 친구를 초대하고 싶은 이유를 밝혀도 좋습니다. 몇 가지 질문을 하라는 유형으로 응용될 경우, 먹고 싶은 음식이 있는지, 미리 도착해서 도와줄 수 있는지 질문할 수 있습니다. 통화를 마무리할 때 갑자기 말을 끊기보다는 그때 보자든지, 파티가 기대된다는 등의 말로 끝내세요.

전화 건 목적	저녁 식사 초대
날짜와 장소	다음 주 토요일, 우리 집
준비할 것	없음
확인할 것	초대에 올 수 있는지? 특별히 먹고 싶은 게 있는지?
당부	올 수 있는지 답변 주기

따라 읽기

다음 샘플답변을 듣고 따라 읽어 보세요. 샘플답변을 참고해서 나만의 답변을 생각해 보세요.

MP3 222

1 Hello. This is Hye-in speaking. 2 I'm calling you to invite you to dinner next weekend. 3 The dinner is next Saturday at my place. 4 Are you available next Saturday? 5 Is there any special food you want to have for dinner? 6 I think it will be great if you and your family could come together. 7 I'll get everything ready. 8 You just need to show up and enjoy the meal. 9 Please let me know if you can come or not. 10 You know my number. Please call me back.

1 여보세요. 나 혜인이야. 2 다음 주말에 널 저녁식사에 초대하려고 전화했어. 3 저녁은 다음 주 토요일 우리 집에서 할 거야. 4 다음 주 토요일에 시간 되니? 5 저녁식사에서 먹고 싶은 특별한 음식이라도 있니? 6 너와 네 가족이 같이 와 준다면 좋을 것 같아. 7 내가 모든 것을 다 준비할 거야. 8 너는 그냥 와서 재미있는 시간 보내. 9 올 수 있는지 알려줘. 10 내 번호 알 테니 전화 줘.

2 전화 건 목적

I'm calling you to로 전화를 건 목적을 말할 수 있습니다. 그 외에도 This is about, I've got to tell you something about 등의 표현을 쓸 수 있습니다.

3 모임의 목적

시간과 장소를 알려주고 참석 여부를 확인합니다. 참석 가능 여부는 직접적으로 물어보세요. Are you available at that time? Can you make it?

5 배려

좀 더 여유가 있는 답변은 상대를 고려하는 말도 넣습니다. 시간은 조정이 가능하다든지, 샘플답변처럼 가족들 모두 와도 괜찮다고 하거나, 먹고 싶은 게 있는지 묻는 것입니다. If the time does not work for you, we can reschedule the dinner. (시간이 안 된다면 저녁 일정을 다시 조정할 수 있습니다)

9 마무리

초대하는 메시지에는 참석 가능 여부를 알려달라는 말로 마무리합니다. Let me know if you can come or not. 이 문장은 꼭 알아두세요.

PLUS

파티 초대

- send the invitations for the party 파티 초대장을 보내다
- bring some food 음식을 가져오다
- prepare food for the party 파티 음식을 준비하다
- come to the party early 파티에 일찍 오다
- decorate the party room 파티룸을 꾸미다

자주 쓰는 표현

OPIc 답변으로 유용한 표현들을 듣고, 나에게 필요한 것을 골라 큰 소리로 말해 보세요.

1. 지인 초대하기 MP3 223

- **My birthday party will be** on this coming Sunday. **Can you come to** my party?
  이번 주 일요일에 제 생일 파티가 있어요. 파티에 오실 수 있나요?
- I'm **having a house warming party** this Saturday. **Will you come and join us?**
  이번 주 토요일에 집들이를 해요. 와서 함께 하실래요?
- I'm going to **throw a Christmas party.** I **want to invite you over** for the party.
  크리스마스 파티를 열 건데, 당신을 파티에 초대하고 싶어요.
- Homecoming **will be held** on May 25th. **Why don't you come?**
  5월 25일에 홈커밍 파티가 열립니다. 오시는 게 어떠세요?
- We're going to **celebrate Daria's promotion. You are more than welcome** to come to the party.
  Daria의 승진을 기념하려고 해요. 당신이 파티에 오면 좋겠어요.

> I'm having a(n) ____________ this Saturday.

2. 지인에게 요청하기 MP3 224

- **I would like you to join** me at the game.
  당신이 게임을 저와 함께 했으면 좋겠어요.
- **I wonder if you can** go see a movie with me.
  저와 함께 영화를 보러 가실 수 있는지 궁금해서요.
- If you have time in the afternoon, **why don't we go** to the park together?
  오후에 시간이 괜찮다면 공원에 함께 가는 게 어떨까요?
- **Can you give me more information about** the cell phone you bought before?
  전에 산 휴대전화에 대한 정보를 좀 더 주겠어요?
- I'm going cycling. **Do you want to go with me**?
  자전거를 타러 나가려고 하는데 함께 갈래요?
- My cell phone camera is out of order. **Can I borrow** your camera?
  내 휴대전화 카메라가 고장 났어. 너의 카메라를 빌릴 수 있을까?
- I'm going to go to the newly opened fitness center. **Would you come with me**?
  이번에 새로 개장한 헬스장에 가보려고 하는데, 같이 갈 수 있을까?
- I'm going to the concert of my favorite singer next month. **Would you like to go with me**?
  다음 달에 내가 좋아하는 가수의 콘서트를 가려고 하는데, 같이 갈래?

> I wonder if you can ____________ with me.

3. 상품에 대해 물어보기 MP3 225

- **What is the price** of the product?
  제품의 가격은 얼마인가요?
- **Can you tell when** the game will be released exactly?
  게임이 정확히 언제 출시될지 알 수 있을까요?
- **Is there any way** I can buy at a discounted price?
  혹시 할인된 가격으로 살 수 있는 방법이 있나요?
- Do you have any brands you **would like to recommend**?
  혹시 추천할 만한 브랜드가 있습니까?
- I want to buy the latest model. **What is the most recent model**?
  저는 최신 모델을 사려고 합니다. 가장 최신 모델이 무엇입니까?
- **What do I need to know** before I buy this product?
  이 상품을 구매하기 전에 제가 알아야 할 것이 있나요?
- **I want to know the other functions of** this product.
  이 상품의 다른 기능에 대해 알고 싶습니다.

What is the price of ____________?

4. 공공장소에서 물어보기 MP3 226

- **Could you tell me** where the information desk is?
  안내데스크가 어디인지 알 수 있을까요?
- **Is there** a tourist information center nearby?
  근처에 관광안내소가 있습니까?
- **Excuse me.** Can you tell me how to get to this place?
  실례지만 이곳을 찾아가는 방법을 알려 주시겠습니까?
- **Do I need** a student ID to use this library?
  이 도서관을 이용하려면 학생증이 있어야 합니까?
- **What should I** do to use this copy machine?
  이 복사기를 사용하려면 어떻게 해야 하나요?

Excuse me. Can you tell me ____________?

나만의 답변

자주 쓰는 표현을 이용해 나만의 답변을 만들어 보세요.

I am going to give you a situation and ask you to act it out. You want to invite your friend's family to dinner. Call your friend and leave a message to invite them.

• 기출 상황

초대하는 상황 외에도 공공장소의 시설물에 대해 물어 봐야 하는 상황이라던가, 어떤 물건을 사러 가서 점원에게 물어 보는 상황 등 다양한 상황이 출제됩니다. 어떠한 상황이 나와도 기본적으로 지켜야 할 것은 질문에서 제시된 상황을 정확히 알아듣고 거기에서 벗어나지 않는 답변을 만드는 것입니다. 다음 기출 상황을 살펴보고 샘플답변을 참고해서 자신의 답변을 준비해 보세요.

MP3 227

1. You want to spend some time with your friend during the weekend. Call your friend and invite him or her to some weekend activities.
당신은 주말에 친구와 시간을 보내고 싶습니다. 전화를 걸어 주말 활동에 친구를 초대하세요.

■Hello. This is Young-hee speaking. How are you? I'm going to go on a picnic in the park with friends this weekend and I am calling to see if you can go with us. ●Are you available this weekend? ◆The picnic will begin at two o'clock. Is that okay? People will bring food to share. If you do not mind, can you bring something, too? If it is difficult, you can just come and enjoy the picnic. We'll get everything ready. Please call me whenever if you decide. Bye.

안녕. 나 용희야. 잘 지내? 이번 주말에 친구들과 함께 공원으로 소풍 갈 건데 너도 올 수 있을까 해서 전화했어. 이번 주말에 시간이 되니? 피크닉은 두 시부터 할 거야. 괜찮아? 사람들이 나눠먹을 음식을 가져올 거야. 괜찮다면 너도 가져올 수 있을까? 힘들다면 너는 그냥 와서 즐겨. 우리가 다 준비할게. 결정되면 언제든 전화 줘. 안녕.

■주말 활동에 초대하기
질문에서 구체적으로 무엇을 하기로 했다는 내용은 제시되지 않았습니다. 이런 경우 순발력이 필요합니다. 무난하게 공원으로 소풍을 가자고(go on a picnic in the park) 설정해 보았습니다.

●핵심 질문
답변의 핵심은 Are you available this weekend?라는 문장입니다. 이 말을 꼭 넣어야 분명한 답변이 될 수 있습니다.

◆정보
제안하는 활동에 대한 정보를 줘야 상대방도 어떻게 할지 결정을 할 것입니다. 시간과 장소, 준비할 게 뭐가 있는지 등을 말해 줍니다. 예를 들어, 공원이라면 함께 배드민턴을 칠 수도 있으니 라켓을 준비해 오라고 할 수도 있습니다.

MP3 228

2. I'm going to give you a situation and ask you to act it out. You are in the library and need to use a computer. Ask the librarian three or four questions to use a computer in the library.

상황을 주겠으니 대처해 보세요. 당신은 도서관에서 컴퓨터를 사용해야 합니다. 도서관에서 컴퓨터를 사용하기 위해 사서에게 서너 가지 질문해 보세요.

■Hello. I have to use a computer now, but I don't know what to do. I am new here. I need your help, please. ●Do you have a computer lab here? Do I need an ID to use the lab? How long can I use a computer for? Is there any fee for using one? ◆I would like to thank you for your assistance. I feel much better.

안녕하세요. 저는 지금 컴퓨터를 사용해야 하는데 어떻게 해야 할지 모르겠습니다. 저는 여기가 처음이거든요. 당신의 도움이 필요합니다. 여기에 컴퓨터실이 있나요? 컴퓨터실을 이용하기 위해 신분증이 필요한가요? 컴퓨터를 얼마나 오래 사용할 수 있나요? 사용 요금이 있나요? 도와주셔서 감사합니다. 안심이 되네요.

■시설 문의하기

공공시설은 여러 사람이 함께 이용하는 것이니, 정해진 시스템이 있기 마련입니다. 상황에서 제시된 대로 도서관에서 컴퓨터를 사용하려고 할 때 어떤 정보가 필요할지 생각해 보세요. I need your help.는 이 답변의 핵심입니다.

●질문하기

컴퓨터실이 있는지, 어디에 있는지, 아무나 사용할 수 있는지, 사용에 제한시간이 있는지, 돈을 내야 하는지 등을 물을 수 있습니다. 질문만 하는 걸 어색해 하지 마세요. 상대도 답을 하고 있다고 상상하세요.

◆마무리

도움을 얻었으면 감사의 말도 잊지 마세요. I would like to thank you for your assistance[help].

MP3 229

3. Now, I'm going to give you a situation and ask you to act it out. Let's suppose that you have gone to a clothing store. Ask three or four questions about some items you are looking for in the shop.

상황을 주겠으니 대처해 보세요. 당신이 옷 가게에 갔다고 가정해 보세요. 가게에서 찾고 있는 상품에 대해 서너 가지 질문해 보세요.

■Hello? How are you? I am here to buy some clothes. Before I buy anything, I have some questions. ●First, I need to buy clothes for my mother's birthday gift. Do you have some items that you can recommend? I also need to buy jeans for myself. Do you have black jeans here? Which floor should I go to to look for them? ◆I appreciate your help. It helps a lot.

■상품 문의하기
옷을 사러 옷 가게에 갔을 때 직원에게 상품에 대해 물어보는 상황입니다. 샘플답변에서처럼 질문이 있다고 I have some questions.라고 직접적으로 말하세요.

●살 물건
롤플레이 답변은 설정이 필요합니다. 샘플답변처럼 엄마의 생일을 가정해서 선물을 사려 한다는 설정을 해 보세요. 더 나아가 엄마의 취향을 언급하면서 그런 물건이 있는지 물어볼 수 있습니다. She likes red. Do you have anything in red here?

◆마무리
점원이 친절하게 응답했다고 가정하고 감사를 표하며 마무리하세요.

안녕하세요. 저는 여기에 옷을 사러 왔습니다. 물건을 사기 전에 몇 가지 질문이 있습니다. 우선, 제가 어머니의 생신 선물로 옷을 사야 해요. 제게 추천하실 물건이 있나요? 또, 제가 입을 청바지도 구입해 하는데요. 여기 검은 청바지도 있나요? 그 옷들을 보려면 몇 층으로 가야 하나요? 도와주셔서 감사합니다. 도움이 많이 돼요.

UNIT 04 상황 설명하고 대안 제시하기

기출문제

Unfortunately, there is a problem that you have to resolve. You've realized that the MP3 player you have borrowed from your friend is broken. Call your friend and explain the situation and then give him or her some solutions to solve this problem.

당신이 해결해야 할 문제가 있습니다. 친구에게서 빌린 MP3 플레이어가 고장 났다는 것을 알게 되었습니다. 친구에게 전화를 걸어 상황을 설명하고 이 문제를 해결하기 위해 해결책을 주세요.

친구에게 빌린 물건이 나의 부주의로 고장이 났다는 것을 알게 됐다면 어떻게 해야 할까요? 답변에 어떤 내용이 들어가야 할지 생각해 보세요.

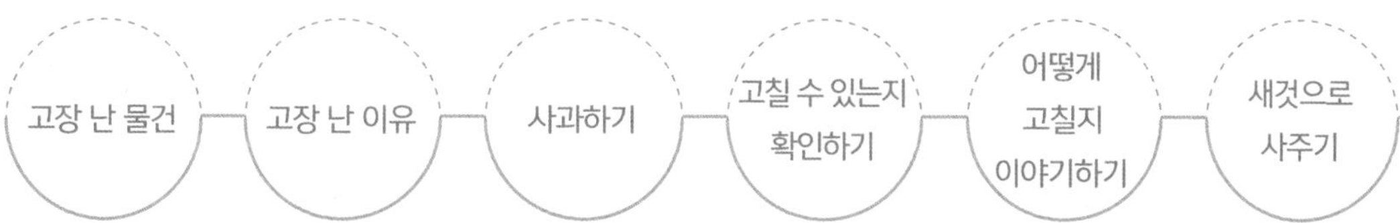

답변 준비

이 유형은 앞선 롤플레이 질문 상황과 연관시켜서 곤란한 상황을 제시하고 응시자가 해결책을 내놓도록 요구합니다. 제시되는 문제 상황은 자신이 잘못한 경우와 상대가 잘못한 경우가 있습니다. 자신이 잘못한 경우에는 우선 잘못을 인정하고 사과하는 과정이 꼭 필요하며, 합리적인 대안을 제시해서 용서를 구하거나 설득할 수 있어야 합니다. 상대가 잘못한 경우에는 적절히 불만을 이야기하고 보상받을 방법을 대안으로 제시합니다. 각 상황에 따라 논리적으로 알맞은 대안을 제시하는 것이 가장 중요합니다. 함께 준비할 수 있는 유사 질문으로는 구입한 물건의 결함에 대해 설명하는 것인데, 이때는 먼저 불만을 제기하고, 환불이나 교환을 요구하면 됩니다.

상황 설명	MP3 플레이어를 떨어뜨렸는데 그 후 작동이 안 된다.
대안 제시	1. 수리 비용을 부담해서 고쳐 주기 2. 새 것으로 사주기

따라 읽기

다음 샘플답변을 듣고 따라 읽어 보세요. 샘플답변을 참고해서 나만의 답변을 생각해 보세요.

MP3 230

1 Hello, this is Min-ho. 2 You know, I borrowed your MP3 player a few days ago. 3 I'm terribly sorry but I've found that the MP3 player doesn't work. 4 I dropped the player by accident and it broke. 5 I feel really guilty about it. 6 If it is okay with you, I have some possible solutions. 7 I think I can find a repair shop. 8 I will let them fix it. 9 Or can I buy another one for you? 10 I'm very sorry again. 11 I will make it up to you next time.

1 여보세요, 나 민호야. 2 내가 며칠 전에 너한테서 MP3 플레이어를 빌렸잖아. 3 정말 미안한데 MP3 플레이어가 작동하질 않더라고. 4 내가 실수로 떨어뜨렸는데 고장이 났어. 5 정말 가책을 느낀다. 6 너만 괜찮다면 나에게 몇 가지 해결책이 있어. 7 내가 수리점을 찾을 수 있을 것 같아. 8 거기에 고쳐달라고 할게. 9 아니면 내가 다른 것을 사줘도 될까? 10 정말 미안해. 11 다음에 꼭 보상할게.

2 화제 꺼내기

화제 전환을 위해 you know(너도 알다시피)라는 표현으로 자연스럽게 이야기를 꺼냅니다.

3 상황 이야기하기

MP3 플레이어가 고장 난 원인을 설명합니다. 왜 고장이 났는지는 질문에서 제시해 주지 않기 때문에 이유를 이야기할 때는 순발력이 필요합니다. 기기를 떨어뜨려서(drop) 고장이 났다는 게 흔합니다. 그 외에도 물이 들어갔다, 작동을 잘못했다 등의 이유를 댈 수 있습니다. 그게 고의가 아니라, 우연히 실수에 의한(by accident) 것이라는 게 중요합니다.

5 진심 어린 사과

고의로 그런 것이 아니라고 설명하고 미안한 마음을 전달하는 것이 좋습니다. feel guilty(죄책감을 느끼다)로 유감스러운 상황에 대한 감정을 충분히 전달할 수 있습니다.

6 대안 제시하기

이제 상황에 맞는 합리적인 대안을 제시합니다. if it is okay with you ~라고 시작하면 상대를 배려한다는 느낌을 줄 수 있습니다.

10 마무리

다시 한 번 사과하고 미안한 마음을 충분히 전달합니다. 다음에 꼭 보상하겠다는 말로 자연스럽게 마무리할 수 있습니다.

PLUS

사과하기

- I'm so sorry to say this, but ~
- I'm afraid to say this, but ~
- I'm terribly sorry, but ~

자주 쓰는 표현

OPIc 답변으로 유용한 표현들을 듣고, 나에게 필요한 것을 골라 큰 소리로 말해 보세요.

1. 상기시키기 MP3 231

- **You know** I borrowed your CD yesterday.
  내가 어제 네 CD 빌렸잖아.
- **You know** we planned to go out together tonight.
  우리 오늘 밤 함께 외식하기로 했잖아.
- **Do you remember that** I bought a shirt yesterday?
  제가 어제 셔츠를 하나 샀는데 기억하시나요?
- **I'm not sure if you remember** me, but I bought a pair of shoes at your shop two days ago.
  저를 기억하실지 모르겠지만, 이틀 전에 그 가게에서 신발 한 켤레를 샀는데요.
- **You told me that** I could call you anytime if I had any problems with the MP3 player.
  MP3 플레이어에 문제가 생기면 언제든지 전화하라고 하셨잖아요.
- We decided to see a movie this weekend. **Do you remember**?
  이번 주말에 영화를 같이 보기로 했잖아. 기억하니?
- **I heard** you bought the camera I wanted to buy. **Is that right**?
  내가 사고 싶은 카메라를 네가 먼저 샀다고 들었어. 맞니?

Do you remember that ____________?

2. 문제 상황 MP3 232

- **I'm sorry to say this, but** I broke your MP3 player.
  이런 말 하기 미안하지만 네 MP3 플레이어를 고장 냈어.
- **I'm terribly sorry, but** I found a problem with the shoes I bought yesterday.
  유감스럽지만 어제 산 신발에서 문제를 발견했습니다.
- **I'm sorry I have to tell you this,** but the sweater turned out to be awful.
  이런 말 하는 것이 유감이지만 알고 보니 그 스웨터가 엉망이 되었어요.
- **Unfortunately, I found a problem with** the product.
  제품에서 문제점을 발견했습니다.
- **I've got some bad news about** the item.
  그 물건과 관련해서 안 좋은 소식이 있습니다.
- **You're going to kill me for this, but** I broke your laptop.
  네가 알면 날 가만 안 두겠지만, 네 노트북을 고장 냈어.
- **I'm afraid to say this,** but I think I will not be able to take the test today.
  죄송하지만 오늘 제가 시험을 치지 못할 것 같습니다.
- **The reason I'm calling is that** I've discovered a crack in the plate.
  전화 드린 이유는 그 접시에 금이 가 있어서요.

You're going to kill me for this, but ____________.

3. 구체적인 상황 MP3 233

- Your MP3 player **is out of order.** 너의 MP3 플레이어가 고장이 났어.
- Your laptop **has trouble turning on.** 노트북 켜는 데 문제가 있는 것 같아.
- I think it **has a mechanical problem.** 기계적인 문제가 있는 것 같아요.
- The computer **is not working.** 컴퓨터가 작동하지 않아요.
- The screen **is cracked.** 모니터에 금이 가 있습니다.
- **I was in a car accident** on the way to school.
  학교를 가다가 자동차 사고를 당했습니다.
- **Something is wrong with** the new smart phone.
  새 스마트폰에 문제가 있어요.
- **The thing is that** there are several holes in the pants.
  문제는 바지에 구멍이 여러 개 있다는 것입니다.
- **What happened is that** the hair dryer is broken.
  무슨 일이냐 하면 헤어드라이어가 고장 난 상태라는 것입니다.

The thing is that ____________.

4. 대안 제시하기 MP3 234

- I have some **ideas.** / I've got some ideas. 나에게 생각이 있어.
- I have some **options.** / There are some **alternatives.** 대안이 있어요.
- I **came up with** some options. 다른 방법들을 생각해 봤어.
- **One option** is to find a repair shop. 한 가지 선택은 수리점을 찾는 거야.
- **What if** I ask a repair shop to fix it? 내가 수리점에 고쳐달라고 하면 어떨까?
- **If it's okay with you,** I can buy you a new one.
  너만 괜찮다면 내가 하나 사줄게.
- **What do you think about** me paying you for the MP3 player?
  내가 MP3 플레이어 값을 물어주면 어떨까?

What do you think about me ____________?

나만의 답변

자주 쓰는 표현을 이용해 나만의 답변을 만들어 보세요.

Unfortunately, there is a problem that you have to resolve. You've realized that the MP3 player you have borrowed from your friend is broken. Call your friend and explain the situation and then give him or her some solutions to solve this problem.

• 기출 상황

상황 설명하고 대안 제시하기에서 나오는 상황은 주로 이렇습니다. 친구에게 빌린 물건이 고장 난 상황, 약속을 취소해야 하는 상황, 학교 행사나 시험에 결석한 상황, 쇼핑한 물건에 문제가 있는 상황, 여행 상품 또는 비행기 표를 환불해야 하는 상황 등입니다. 다음 기출 상황을 살펴보고 샘플 답변을 참고해서 자신의 답변을 준비해 보세요.

MP3 235

1. I'm sorry. There is a problem which I need you to resolve. You are supposed to take a test today, but something happened and you are not able to go to school today. Call your professor, explain your situation and find out what you can do.

당신이 해결해야 할 문제가 있습니다. 당신은 오늘 시험을 치르기로 되어 있지만, 어떤 일이 일어나서 오늘 학교에 가지 못합니다. 교수에게 전화를 걸어 상황을 설명하고 어떻게 할 수 있을지 알아보세요.

■Good morning, Professor Kim? This is Ji-soo speaking. I am in your class. I am so sorry. I know there is a test today, but I cannot go to school today. ●I had sudden severe stomach pains and came to the emergency room this morning. I had several medical tests and I am waiting for the results. ◆If you don't mind, can I have a make-up test later? Otherwise, can I submit a paper instead? I appreciate your understanding.

안녕하세요, 김 교수님이시죠? 저는 지수이고, 교수님 수업을 듣고 있습니다. 정말 죄송하지만, 오늘 학교에서 시험이 있다는 걸 아는데 학교에 가지 못합니다. 오늘 아침 갑자기 심한 복통이 와서 응급실에 왔습니다. 병원에서 여러 검사를 받았고, 결과를 기다리고 있습니다. 괜찮으시다면 저는 다음 주에 재시험을 봐도 될까요? 그렇지 않으면 리포트로 대신해도 될까요? 저의 상황을 이해해 주셔서 감사합니다.

■결석하는 상황

전화이기 때문에 상대를 확인하고 본인을 밝히는 것으로 시작합니다. 결석하는 문제 상황은 질문에 나온 표현들을 응용해서 말합니다.

●상황 설명

질문에서는 왜 결석을 하는지에 대한 구체적인 상황은 제시해 주지 않습니다. 미리 생각해 두어야 하는 것이지요. 샘플답변처럼 갑자기 복통이 왔다(had sudden severe stomach pains)고 할 수 있고, 교통사고가 났다(was in a car accident)고 할 수도 있습니다. 학교 다니면서 결석할 수밖에 없었던 상황을 떠올려 보세요.

◆대안 제시

이제 합리적인 대안을 제시할 차례입니다. If you don't mind로 정중히 시작합니다. 그리고 상황을 이해해 주길 바란다는 말로 마무리합니다.

MP3 236

2. Unfortunately, there is a problem that you have to resolve. You have booked a ticket for a flight which is nonrefundable. However, you are unable to leave on that day. Call the travel agency, give some appropriate reason and discuss what you can do.

당신이 해결해야 할 문제가 있습니다. 당신은 환불이 불가능한 비행기표를 예약했습니다. 그러나 출국 당일에 떠나지 못할 상황에 처했습니다. 여행사에 전화해서 적절한 이유를 이야기하고 어떻게 할 수 있는지 의논해 보세요.

■Hello, is this Dream Travel agency? I booked an airline ticket departing next week and I just found out that I am not able to travel on that day due to circumstances. My entire schedule at that destination has been canceled, so I have no reason to go there. ●I know this ticket is nonrefundable but I have an unavoidable problem, so I want to know if there is any possibility of getting a refund. ◆If it's not possible, I wonder if I can reschedule the flight. Please let me know what I should do. Thank you.

여보세요. 드림여행사죠? 제가 다음 주에 떠나는 비행기표를 예약했는데, 현지 사정으로 그날은 여행을 못 가게 되었다는 걸 방금 알게 되었습니다. 그 나라에서의 일정이 다 취소되었기 때문에 제가 그곳에 갈 이유가 없습니다. 저는 이 표가 환불이 불가능하다는 걸 알지만 제가 피할 수 없는 사정이 생긴 거라서 환불이 가능한지 알고 싶습니다. 불가능하다면 탑승 일정을 다시 잡을 수 있을지 궁금합니다. 어떻게 해야 할지 알려주세요. 감사합니다.

■환불하는 상황

전화 건 곳이 표를 구매한 여행사가 맞는지 확인하는 것으로 답변을 시작합니다. 질문에 제시되지 않은 구체적인 상황을 말해야 합니다. 어떤 경우 환불을 하나요? 현지의 날씨가 좋지 않아서 환불을 받아야 하는 것도 생각해 볼 수 있습니다. The local weather is not good and I need to get a refund.

●환불 요청

환불이 불가능한(nonrefundable) 상황인 걸 알지만, 정중히 물어봅니다.

◆대안 제시

환불이 불가능하다면 비행 날짜를 바꾸거나 쿠폰 등으로 바꿔줄 수 있는지 물어볼 수 있습니다. (If I can't get a refund, may I change my flight date or get a voucher?) 그리고 답변의 마지막에는 맺는 말을 꼭 하세요.

MP3 237

3. I'm sorry. There is a problem which I need you to resolve. You are supposed to see a movie with your friend, but you feel like you won't be on time for the movie. Please call your friend and explain your situation and give two or three alternatives.

당신이 해결해야 할 문제가 있습니다. 당신은 친구와 함께 영화를 보기로 했지만 영화 시간에 맞추지 못할 것 같습니다. 친구에게 전화를 걸어 상황을 설명하고 두세 가지의 대안을 제시해 보세요.

■Hello. I'm really sorry. I know the movie is about to start and you are waiting for me. Work ended really late, and now I'm stuck in a traffic jam. ●I'm really sorry but I have some alternatives. ◆Is it possible to change the movie time? Or can you go inside first and watch the movie? I will join you inside the theater as soon as I get there. If you don't want to do it, how about going for dinner instead of watching the movie? I'll buy. Please let me know what you think.

안녕. 정말 미안해. 영화는 곧 시작할 거고 너는 날 기다리고 있다는 걸 알고 있어. 일이 너무 늦게 끝나버린 데다가 지금 교통체증으로 꼼짝 못하고 있어. 정말 미안하지만 몇 가지 대안이 있어. 영화 시간을 바꿀 수 있을까? 아니면 너 먼저 들어가서 영화를 보고 있을래? 도착하는 대로 나도 극장 안으로 들어갈게. 네가 그러길 원하지 않으면 영화 대신에 저녁을 먹으러 가는 게 어때? 내가 살게. 네 생각을 알려줘.

■약속에 늦는 상황

자신이 늦는 이유를 설명해 주어야 합니다. 우리가 보통 약속에 늦을 때는 어떤 문제가 있어서인가요? 일이 늦게 끝났다(work ended late), 차가 막힌다(because of heavy traffic), 지하철이 지연되었다(the subway was delayed), 늦잠을 잤다(I overslept), 갑자기 화장실이 급했다(I suddenly had to go to the toilet) 등 다양한 상황이 있을 것입니다.

●사과하기

전화하자마자 사과를 했지만, 다시 한 번 사과의 표현을 합니다. 그리고 대안(alternatives)을 제시하지요.

◆대안 제시

영화 상영 시간을 다른 것으로 바꿀 수 있을지, 아니면 친구 먼저 극장 안으로 들어가든지, 그도 아니면 영화는 취소하고 대신 다른 일을 할 수도 있을 것입니다. 질문 사이에는 or(또는), otherwise, if not(그렇지 않으면), If you don't want to do that(원하지 않으면) 등의 표현을 넣어 주세요.

UNIT 05 관련 경험 말하기

기출문제

Excellent. That's the end of the situation. Have you experienced a situation in which you broke a promise with other people because of an emergency? What was the problem? How did you handle it? Please tell me about it.

훌륭합니다. 상황이 종료되었습니다. 당신은 긴급 상황으로 인해 다른 사람들과 약속을 어긴 경험이 있습니까? 어떤 문제였습니까? 어떻게 처리했습니까?

롤플레이 콤보문제의 마지막입니다. 제시된 상황과 관련된 경험이 있는지 묻고 있습니다. 약속을 어긴 경우 어떻게 처리했는지 기억하시나요?

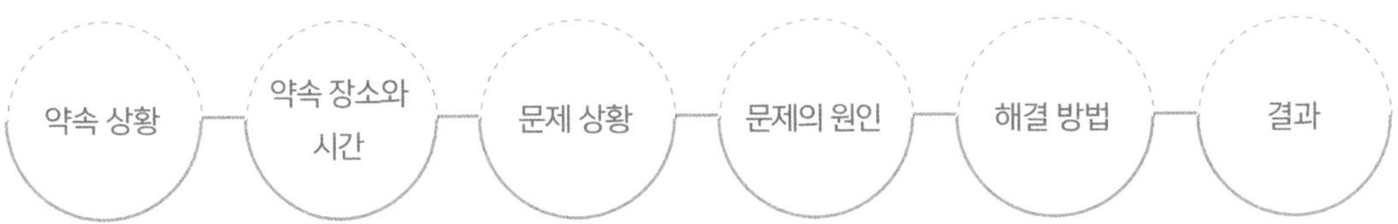

답변 준비

설문주제에서 관련 경험을 묻는 것과 같습니다. 롤플레이에서는 살아생전에 정말 그런 경험이 없었다고 해도 '나는 연기 중이다'라고 생각하고 답변해야 합니다. 앞에서 나온 '상황 설명하고 대안 제시하기'를 나의 경험으로 바꾼다고 생각하세요. 앞에서 한 답변을 적절히 수정하고 과거시제로 바꾸면 됩니다. 상황 설명으로 시작하고, 본인이 어찌하여 그런 문제 상황을 만들게 되었는지 말해야 합니다. 그리고 그 문제 상황을 어떻게 해결했는지로 마무리합니다. 대체로 잘 해결되었다라는 결론으로 이끌어 가는 게 좋습니다.

약속 상황	주말에 친구들을 집으로 초대했던 약속
약속을 어긴 이유	거실 천장에 누수가 생겨서 위층이 물바다가 되었다.
해결 방법	파티를 연기하기로 했다.
결과	친구들에게 전화를 돌려 양해를 구했다. 다행히 별일은 없었다.

• 따라 읽기

다음 샘플답변을 듣고 따라 읽어 보세요. 샘플답변을 참고해서 나만의 답변을 생각해 보세요.

MP3 238

1 Yes. I had a similar experience before. 2 I once invited my friends to have a weekend party at home. 3 However, on the day of the party, suddenly, there was a leak in the living room ceiling. 4 I was told that the bathroom pipe upstairs cracked and the upper floor was flooded. 5 Ultimately, I had to cancel the party because of it. 6 I called every single person who was invited and explained that I had to postpone the party. 7 I felt really sorry, but thankfully they all understood.

1 네, 저에게도 비슷한 경험이 있습니다. 2 한번은 저희 집으로 친구들을 초대해서 주말 파티를 하려고 했었습니다. 3 그런데 파티가 있던 그날 갑자기 거실 천장에서 물이 샜습니다. 4 위층 욕실 파이프가 터져 위층이 온통 물바다가 되었다고 들었습니다. 5 결국 저는 그것 때문에 파티를 취소해야 했습니다. 6 그날 저는 초대받은 사람들에게 일일이 전화해서 파티를 연기해야 한다고 설명했습니다. 7 정말 미안했는데 감사하게도 사람들이 이해해 줬습니다.

1 약속을 어긴 상황
실제로 그러한 경험이 없어도 비슷한 경험이 있었다고 전제하고 답변을 시작합니다. 집에서 파티를 계획했다가 거실 천장에서 물이 새는 사고가 발생한 일입니다. 약속을 취소할 수밖에 없었던 긴급상황을 연출해 보세요.

5 대처 방법
문제 상황에서 결단을 내려야 합니다. '결국 ~해야 했다'는 표현 Ultimately, I had to를 이용해 보세요. 또 어떻게 무례하지 않게 사람들을 설득시켰는지도 이야기해야 합니다.

7 결과
사람들이 이해해줘서 감사했다는 말로, 잘 해결된 결과로 마무리합니다.

PLUS

좋지 않은 감정
worried 걱정되는
nervous, uneasy 불안한
embarrassed 당황스러운
shamed 부끄러운
disappointed 실망한
awkward 거북한
uncomfortable 언짢은

자주 쓰는 표현

OPIc 답변으로 유용한 표현들을 듣고, 나에게 필요한 것을 골라 큰 소리로 말해 보세요.

1. 관련 경험 MP3 239

- I have **a similar experience** in fact. 사실 저도 비슷한 경험이 있습니다.
- It was **a quite similar experience.** 상당히 비슷한 경험이었습니다.
- **Once** I had a similar experience to the one that I just heard in the question.
  한번은 질문에서 들은 것과 유사한 경험이 있었습니다.
- Surprisingly, **I have experienced something like this before.**
  놀랍게도 저도 이 같은 경험을 한 적이 있습니다.
- I don't want to think about it again, but I **made the same mistake before.**
  다시 생각하고 싶지 않지만 저도 전에 똑같은 실수를 한 적이 있습니다.

It was a quite ____________ experience.

2. 사건 개요 MP3 240

- I planned to travel abroad, but the weather was bad and **the flight was canceled.**
  해외여행을 계획했는데 날씨가 안 좋아서 비행기가 취소되었습니다.
- I ordered an item, but when I opened the package, **they'd sent a completely different product.**
  물건을 주문했는데 포장을 열었더니 전혀 다른 제품이었습니다.
- I planned to go to the concert with my friend, but work ended too late, so **I couldn't reach the venue in time.**
  친구와 콘서트를 보러 가기로 했는데 일이 너무 늦게 끝나서 공연장에 제시간에 가지 못했습니다.
- I was not able to keep the promise to work out together because **something urgent happened** at work.
  갑자기 회사에 급한 일이 생겨서 함께 운동을 하러 가기로 한 약속을 지키지 못했습니다.
- I had to take the test but suddenly, **I had a high fever that kept me from going to school** that day.
  시험을 봐야 했는데 갑자기 열이 심해서 그날 학교에 가지 못했습니다.
- I could not attend the meeting **because there was a sudden car accident** on the way to work.
  회사 가는 길에 갑자기 교통사고가 나서 회의에 참석하지 못했습니다.
- I borrowed my friend's bike, but there was an accident that **severely damaged the bike.**
  친구의 자전거를 빌렸었는데 사고가 나서 친구 자전거가 심하게 망가져 버렸습니다.
- I got a free ticket and went to the concert, but I realized **the ticket was out of date** at the last moment.
  공짜 표가 생겨서 콘서트를 갔는데 마지막 순간에 유효기간이 지난 표라는 걸 알게 되었습니다.

I planned to ____________, but ____________.

3. 대처 방법 MP3 241

- I had to **explain the matter to** them.
  그들에게 그 문제를 설명해야 했습니다.
- **Instead of** watching a movie, we **had a good time** at a restaurant.
  영화를 보는 대신 식당에서 좋은 시간을 보냈습니다.
- I was responsible for the item, so I had to **pay a certain amount of money** to replace it.
  저도 그 물건에 책임이 있어서 새것으로 바꾸는 데 어느 정도 돈을 내야 했습니다.
- I requested a refund for the item, but they refused. So, I **exchanged it for a new product.**
  물건에 대해 환불을 요청했지만 안 된다고 해서 새 제품으로 교환했습니다.
- I suggested that I **would do everything I could.**
  제가 할 수 있는 모든 걸 하겠다고 제안했습니다.
- I explained that I had to cancel the party and **asked to reschedule.**
  파티를 취소할 수밖에 없는 사정을 설명하고 다시 일정을 잡자고 했습니다.

Instead of __________, __________.

4. 결과 MP3 242

- I was relieved that **things worked out well.**
  일이 잘 해결되어서 저는 안심했습니다.
- I was glad that my friend was **so understanding.**
  친구가 모든 걸 이해해 줘서 저는 기뻤습니다.
- I thought that I should **be careful so it wouldn't happen again.**
  다시는 이런 일이 일어나지 않도록 조심해야겠다고 생각했습니다.
- I thought that it was important **not to repeat the same mistakes.**
  같은 실수를 반복하지 않는 게 중요하다고 생각했습니다.
- **I consoled myself** by telling myself that everything was going to be okay.
  모든 게 괜찮을 거라고 스스로를 위로했습니다.

I was relieved that __________.

나만의 답변

자주 쓰는 표현을 이용해 나만의 답변을 만들어 보세요.

Excellent. That's the end of the situation. Have you experienced a situation in which you broke a promise with other people because of an emergency? What was the problem? How did you handle it? Please tell me about it.

기출 상황

롤플레이 경험 말하기 유형에는 약속을 깬 적이 있는지, 응급상황이 발생해서 계획이 어긋난 적이 있는지, 어떤 물건에 대해 안 좋은 경험이 있는지 등을 묻습니다. 관련 없는 엉뚱한 답변을 말하지 않도록, 다음 기출 상황을 살펴보고 샘플 답변을 참고해서 자신의 답변을 준비해 보세요.

MP3 243

1. That's the end of the situation. Have you ever bought tickets and something went wrong? When and where did this happen, and who were you with? Tell me all the details and what you did to resolve it.

상황이 종료되었습니다. 표를 샀다가 잘못된 적이 있습니까? 언제, 어디에서 이런 일이 일어났으며 누구와 함께였습니까? 그것을 해결하기 위해 무엇을 했는지 상세하게 말해 주세요.

■Some time ago, I actually had a similar experience. I suggested to my friend that we go to see a movie together because I had free movie tickets. ●But when we arrived at the movie theater, I found out that my tickets were out of date and we could not use them at all. I was so embarrassed and felt sorry. ◆So I wanted to buy the movie tickets, but my friend didn't want to see the movie and wanted to have dinner instead. Luckily, we had a good time and enjoyed the rest of the night at the restaurant.

얼마 전에 실제로 저는 이와 비슷한 경험이 있었습니다. 저는 친구에게 공짜 영화표가 생겨서 함께 영화를 보러 가자고 제안했습니다. 그런데 막상 영화관에 도착하니 제가 가진 표는 유효기간이 지난 표여서 전혀 사용할 수가 없었습니다. 저는 너무 당황했고 미안했습니다. 그래서 직접 표를 사서 영화를 보여주겠다고 했지만 친구는 영화를 보고 싶지 않아 했고 대신 저녁을 먹고 싶어 했습니다. 다행히 우리는 식당에서 그날 저녁을 즐겁게 보냈습니다.

■표와 관련한 안 좋은 경험

실제 비슷한 경험이 있었다(had a similar experience)고 말하면서 시작합니다. 이제 상황을 설명합니다. 공짜 영화표로 친구에게 영화를 보러 가자고 했던 경험을 답변으로 준비해 봤습니다.

●문제 상황

유효기간이 지나서 표를 사용할 수 없는 일이 종종 발생하곤 합니다. 샘플답변처럼 out of date라고 할 수도 있고, be expired라고 말할 수도 있습니다. 이런 상황에서 느꼈던 감정도 embarrassed, sorry와 같이 언급해 주세요.

◆대처 방안

기한이 지난 표는 다시 사야 하겠지요. 하지만 그러지 않고 대신(instead) 다른 일을 하는 것으로 대처했습니다.

MP3 244

2. Very good. That's the end of the situation. Have you ever broken some items you borrowed from other people? What was the problem? How did you handle that? Tell me all the details.

아주 좋습니다. 상황이 종료되었습니다. 당신은 다른 사람에게서 빌린 물건을 고장 낸 적이 있습니까? 무슨 문제였습니까? 어떻게 그걸 처리했습니까? 세부 내용을 말해 주세요.

■Once, I had borrowed a bicycle from a friend. ●However, there was an accident when I was riding the bicycle. A car popped out suddenly and hit the bike. Fortunately, I was not badly hurt, but the bike was severely damaged. Because I was responsible for the bike, I had to pay a certain amount of money to buy a new bike for my friend. ◆My friend understood everything and I was relieved that he liked the new bike.

한번은 친구에게서 자전거를 빌린 적이 있었습니다. 그런데 제가 자전거를 타고 갈 때 사고가 있었습니다. 갑자기 차가 튀어 나와서 자전거를 쳤습니다. 다행히 저는 많이 다치지는 않았는데 자전거가 심하게 망가지고 말았습니다. 제가 자전거에 책임이 있었기에 친구에게 줄 새 자전거를 사는 데 돈을 내야 했습니다. 친구는 모든 걸 이해해 주었고 새로운 자전거를 마음에 들어 해서 저는 안심했습니다.

■빌린 물건을 고장 낸 경험

친구에게서 자전거를 빌렸던 경험에 대해 준비해 보았습니다. Once는 과거의 일을 이야기할 때 유용하게 쓸 수 있는 표현입니다.

●상황 설명

However는 이야기의 전말을 시작하는 문장에 적절합니다. 자전거를 타다가 사고가 있었고 자전거가 심하게 망가졌던 사건을 설명합니다. Suddenly, All of a sudden, Unfortunately, Fortunately 등의 부사를 사고 상황 묘사에 적절히 쓰이면 자연스러운 답변이 될 수 있습니다.

◆대처 방법

남에게 손해를 끼쳤으니 보상해 주는 것이 인지상정입니다. 결론은 되도록이면 좋게 마무리하세요.

MP3 245

3. That's the end of the situation. Could you describe a situation in which you were disappointed with a product? I'd like to know all the details of the situation from beginning to end. Tell me the whole story.

상황이 종료되었습니다. 제품에 실망했던 상황을 설명해 줄 수 있습니까? 처음부터 끝까지 상황의 모든 상세한 사정을 알고 싶습니다. 전체적인 이야기를 해 주세요.

■Last year, I bought shoes from an online shop. ●But the moment I opened the box, I was very disappointed because I had received a smaller size than the size I had ordered. ◆I called the customer service center immediately. The employee told me to exchange them. Unfortunately, however, there were no shoes in my size left for my order, so I had to get a refund. I was so disappointed that I couldn't buy the shoes I'd wanted for such a long time.

작년에 저는 온라인으로 신발을 샀습니다. 그런데 상자를 연 순간 저는 매우 실망했습니다. 제가 주문한 사이즈가 아닌 더 작은 사이즈가 온 것입니다. 그래서 저는 고객센터에 즉시 전화를 했습니다. 직원은 교환해 주겠다고 했습니다. 그러나 불행히도 제 신발 사이즈가 남아 있지 않았고, 그래서 저는 환불을 받아야 했습니다. 제가 오랫동안 정말 갖고 싶던 신발을 못 사서 굉장히 실망했습니다.

■제품에 실망했던 경험

답변으로는 구매 중에 있었던 사건과 구매 상품 자체에 대한 실망이 있을 수 있습니다. 샘플답변은 구매 중에 있었던 착오를 이야기합니다. 상품 자체에 대해서는 상품의 질에 실망했던 일을 말할 수 있습니다.

●상황 설명

온라인으로 제품을 구매하는 일이 많아지면서 제품의 실물을 보지 못하기 때문에 발생하는 사건들을 한 번쯤 경험해 보셨을 겁니다. 그중 사이즈와 관련한 문제가 흔합니다. 더 재미있는 일을 겪으셨다면 그 경험을 답변으로 준비해 보세요.

◆대처 방안

우선 나의 대처를 말합니다. 제품과 관련한 일이므로 판매자와의 해결 과정을 언급할 수 있습니다. 순조롭게 일이 풀린 경험을 말하면 좋지만, 그렇지 않고 끝까지 실망했던 결말을 준비해 보았습니다.

콤보로 롤플레이 문제 풀어보기

롤플레이 역시 콤보문제이기 때문에 11번, 12,번, 13번 문제로 연달아 출제됩니다. 이러한 출제 방식을 이해하고 한번 연습해 볼 필요가 있습니다.

11번 – 상황에 따라 질문하기

Let's suppose that you are planning to see a movie with your friend. Call the theater and ask three or four questions to book tickets.

친구와 영화를 보려고 한다고 가정해 보세요. 극장에 전화해서 티켓을 예매하기 위해 서너 가지 질문해 보세요.

12번 – 상황 설명하고 대안 제시하기

I'm sorry. There is a problem which I need you to resolve. You are supposed to see a movie with your friend but you feel like you won't be on time for the movie. Please call your friend and explain your situation and give two or three alternatives.

미안하지만, 당신이 해결해야 할 문제가 생겼습니다. 당신은 친구와 함께 영화를 보기로 했지만 영화 시간에 맞추지 못할 것 같습니다. 친구에게 전화를 걸어 상황을 설명하고 두세 가지 대안을 제시해 보세요.

13번 – 관련 경험 말하기

Excellent. That's the end of the situation. Have you experienced a situation in which you broke a promise with other people because of an emergency? What was the problem? How did you handle it? Please tell me about it.

훌륭합니다. 상황이 종료되었습니다. 당신은 긴급 상황으로 인해 다른 사람들과 약속을 어긴 경험이 있습니까? 어떤 문제였습니까? 어떻게 처리했습니까?

CHAPTER

04 돌발주제

○ 돌발질문 미리보기

UNIT 01 쇼핑
UNIT 02 외식
UNIT 03 TV · DVD
UNIT 04 인터넷 서핑
UNIT 05 전화
UNIT 06 독서
UNIT 07 가구
UNIT 08 건강 · 병원
UNIT 09 교통수단
UNIT 10 약속
UNIT 11 집안일
UNIT 12 호텔

돌발질문 미리보기

OPIc은 설문조사를 통해 응시자가 선택한 주제에 관한 문제들로 구성되지만, 설문에 없던 주제에 관해서 묻기도 합니다. 아무 예고 없이 갑자기 나온다고 해서 이런 문제를 돌발질문이라고 부릅니다. 하지만 그간의 출제 경향을 분석해 보면 설문주제와 질문 패턴이 다르지 않습니다. OPIc 질문은 나의 경험에 대한 질문, 나의 일상적인 습관에 대한 질문, 사물이나 환경 묘사 질문, 주변 사람 묘사 질문, 등으로 나누어볼 수 있습니다. 문제가 '나'에 집중할수록 쉬운 반면, 주변과 사회로 퍼질수록 어려워지는 경향이 있습니다.

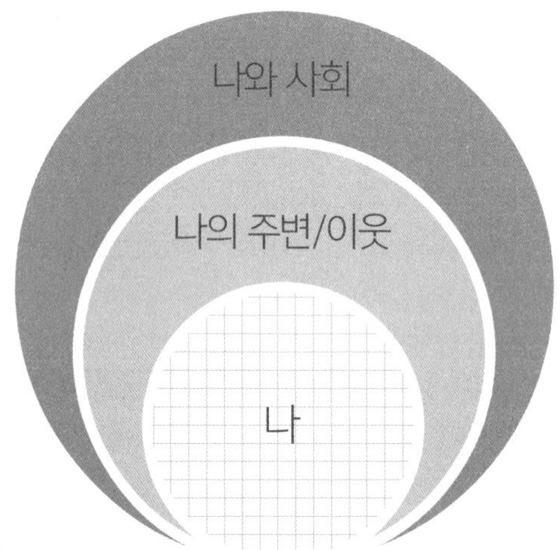

난이도

높음

나와 사회

내가 살고 있는 사회나 문화, 자연의 특징에 관한 질문입니다. 레벨을 높게 설정하면 이러한 돌발문제가 나올 수 있습니다. 지역사회보다 더 큰 국가, 나라 간의 문화차이, 날씨 등 자연의 변화에 대한 문제가 나옵니다.

나와 주변/이웃

주변에서 볼 수 있는 사물이나 사람들에 관한 질문입니다. 가족을 벗어나 이웃, 친구, 동료 등 조금 더 넓은 범위의 사회에서 경험할 수 있는 활동들, 예를 들어 약속, 함께 하는 활동들이 주제가 됩니다.

나의 경험

일상생활에서 내가 겪는 경험이나 습관을 묻습니다. 학교, 회사, 집 등에서 생활하면서 경험할 수 있는 활동으로 독서, 집안일, 취미생활 등이 주제가 됩니다. 보통 자기 자신과 가족을 중심으로 이야기합니다.

낮음

문제 미리보기

나에 대한 경험, 그리고 나와 주변에 관한 경험 위주로 돌발질문에 대비하세요.

나의 경험에 대해서

나의 일상생활과 밀접한 관련이 있는 주제에 대해 묻는 문제들입니다. 독서나 쇼핑, 호텔 같은 주제는 개인의 선호도가 있지만 꾸준히 돌발주제로 출제되고 있으니 미리 대비해 두는 것이 좋습니다.

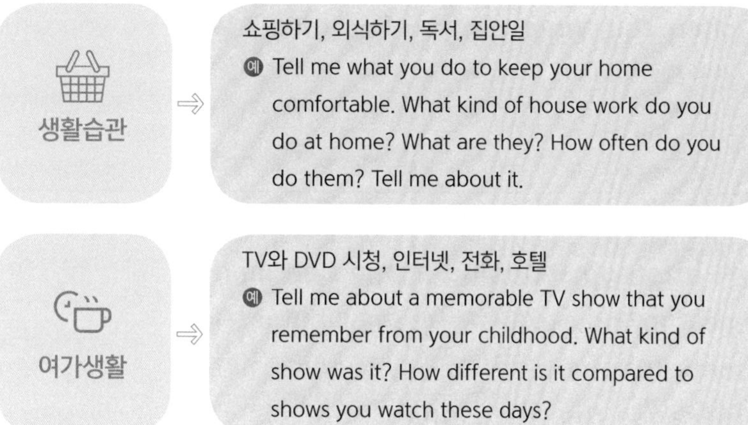

생활습관 ⇒ 쇼핑하기, 외식하기, 독서, 집안일

예 Tell me what you do to keep your home comfortable. What kind of house work do you do at home? What are they? How often do you do them? Tell me about it.

여가생활 ⇒ TV와 DVD 시청, 인터넷, 전화, 호텔

예 Tell me about a memorable TV show that you remember from your childhood. What kind of show was it? How different is it compared to shows you watch these days?

나와 주변에 대해서

나뿐만 아니라 누구나 접하는 주제에 대해 묻는 문제들입니다. 한국의 교통수단이 어떻게 되어 있으며, 건강한 사람이란 어떤 사람인지 등은 누구나 한 번쯤 생각해 볼 만한 주제들입니다. OPIc 응시자라면 반드시 대비해야 하지만, 복잡하고 전문적인 지식은 필요 없습니다. 누구나 알 수 있는 상식적인 수준에서 답변해도 충분합니다.

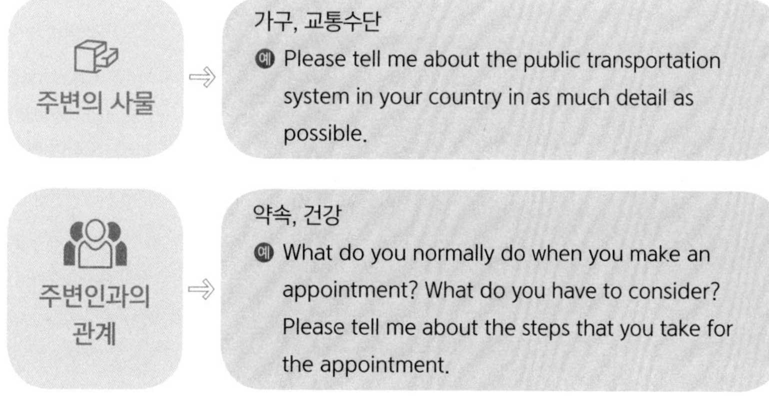

주변의 사물 ⇒ 가구, 교통수단

예 Please tell me about the public transportation system in your country in as much detail as possible.

주변인과의 관계 ⇒ 약속, 건강

예 What do you normally do when you make an appointment? What do you have to consider? Please tell me about the steps that you take for the appointment.

UNIT 01 쇼핑

• 기출문제

MP3 246

1. You may go shopping. Please tell me about a shopping place you often visit. What can you find there? What do you usually buy when you go there?
당신은 쇼핑을 할 겁니다. 자주 가는 쇼핑 장소에 대해 이야기해 주십시오. 그곳에는 무엇이 있습니까? 그곳에 가면 보통 무엇을 삽니까?

■I often go shopping at the flea market near my house. It is a bit small but it takes only 10 minutes from my place. I like it because the atmosphere there is very friendly. ●If you go there, you'll find you can buy almost anything. Even though things there are used, it's a good place to find good deals. ◆What I like the most about it is that I can find some very unique designs there.

저는 집 근처에 있는 벼룩시장에 자주 갑니다. 그곳은 약간 작지만 집에서 10분밖에 걸리지 않습니다. 그곳의 분위기가 매우 친숙해서 저는 그곳을 좋아합니다. 그곳에 가면 어떤 물건이든 거의 다 살 수 있습니다. 그곳에 있는 물건들은 중고품들이지만 적당한 가격에 좋은 상품을 찾을 수 있어 좋은 곳입니다. 그곳에서 가장 마음에 드는 점은 독특한 디자인의 물건들을 찾을 수 있다는 것입니다.

■즐겨 찾는 쇼핑 장소
자주 가는 쇼핑 장소가 어디이며 어떤 종류의 상점인지, 어디에 있고, 규모와 분위기는 어떤지 묘사합니다.

●상품의 종류
그곳에서 어떤 물건들을 파는지, 가격과 품질은 어떤지, 인기 있는 상품들은 어떤 것인지 예를 들어 설명합니다. you can buy/find ~ there(그곳에서 ~를 살 수 있다), they mostly sell(그곳에서는 대부분이 ~를 팔고 있다), it is a good[great] place to(~하기에 좋은 장소이다) 등의 표현을 쓸 수 있습니다. good deal은 적당한 가격에 또는 싸게 좋은 물건을 사는 것을 이야기합니다.

◆자주 가는 이유
마지막으로 왜 그곳에 자주 가는지를 강조하며 마무리 지으면 훌륭한 답변이 될 수 있습니다. What I like the best there is 또는 What I like the most about it is(가장 마음에 드는 점은)라고 말할 수 있습니다.

2. Can you tell me about an item you recently bought? What was it? Where did you buy it? Did you like the product?
최근에 산 물건에 대해 이야기해 주시겠습니까? 무엇입니까? 어디에서 샀습니까? 그 물건이 마음에 들었나요?

■Recently, I went to a clothing store downtown to buy new clothes for an important meeting. The clothing store was a three-story building selling different styles on each floor. ●I went to the third floor for an office look, and the shop assistant recommended a black jacket. ◆The jacket looked really good on me and fit me well. The price was very reasonable, so I was really happy to buy something I liked at such a good price.

■최근에 쇼핑한 경험
최근에 쇼핑을 갔다가 산 물건에 대해 이야기할 때는 어떤 물건을 샀는지, 그 물건의 특징과 가격, 품질 등을 언급해 줍니다. 어떻게 그 물건을 사게 되었는지 쇼핑 과정도 설명해 주면 훌륭한 답변이 될 수 있습니다.

●쇼핑 과정
직원이 상품을 '권하다'라는 표현을 할 때에는 동사 recommend가 유용합니다.

◆상품 묘사
상품을 적절히 묘사하는 형용사를 미리 생각해 두세요.

최근에 저는 중요한 미팅을 위해 옷을 사러 시내에 있는 옷 가게에 갔습니다. 옷 가게는 각층마다 다른 스타일의 옷을 팔고 있는 3층으로 된 건물이었습니다. 저는 3층의 정장류를 파는 곳으로 갔고, 점원이 재킷을 추천해 주었습니다. 재킷은 저에게 잘 어울리고, 잘 맞았습니다. 가격도 합리적이어서, 저렴한 가격에 좋아하는 걸 사서 정말 행복했습니다.

상품 묘사
brand-new 신상품의
latest, fashionable 최신 유행의
old-fashioned 구식의
modern 현대적인
classic 고전적인
unique 독특한
typical 전형적인
functional 실용적인

MP3 248

3. Please tell me about one of your memorable shopping experiences. Where did you go? What did you buy? Who did you go with? Why is this experience so memorable?

가장 기억에 남는 쇼핑 경험 중 하나에 대해 이야기해 주십시오. 어디로 갔습니까? 무엇을 샀습니까? 쇼핑은 누구와 함께 갔나요? 왜 그 경험이 기억에 남습니까?

■It was not long ago. I saw a laptop I'd wanted to buy online and it was on sale at a big discount. I gladly ordered it and waited. ●However, when it arrived, an important function of the laptop was missing. I called the store immediately and I was told to pay an extra amount to add that feature. ◆I was so angry that I asked for a refund, but they said electronics were nonrefundable. I was so upset but I had no choice except to pay more to add that function. Of course, now I am using it well, but I felt like that I'd been deceived by them.

얼마 되지 않은 일입니다. 저는 온라인에서 사고 싶던 노트북을 크게 할인하고 있는 걸 봤습니다. 저는 기쁜 마음으로 노트북을 주문하고 기다렸습니다. 그런데 물건이 왔을 때 노트북에 중요한 기능이 빠져 있었습니다. 가게에 즉시 전화를 했더니 그 기능을 추가하려면 추가 금액을 내야 한다는 것이었습니다. 저는 너무 화가 나서 환불을 요청했는데 전자제품은 환불이 안 된다는 것이었습니다. 너무 속상했지만 할 수 없이 그 기능을 추가하기 위해서 돈을 더 냈습니다. 물론 지금은 잘 쓰고는 있지만 그들에게 속은 것 같습니다.

■기억에 남는 쇼핑 경험

쇼핑의 기억이 항상 좋지만은 않습니다. 상당히 성가셨던 쇼핑의 기억으로 답변을 준비해 봤습니다. 물건을 이야기할 때에는 a, an을 붙일 수 있는 셀 수 있는 명사와 some만 붙일 수 있는 셀 수 없는 명사에 주의하세요. a laptop (O), a cheese (X)

●사건의 시작

컴퓨터 기기 결함 등 전문적인 분야에 대해 자세한 설명은 하지 않아도 좋습니다. 구체적인 설명으로 들어가면 질문의 요지에서도 벗어나게 된답니다.

◆화가 나는 일

angry, upset 등으로 불쾌한 경험을 표현할 수 있습니다. I had no choice except to(~할 수밖에 없었다)

• Ask me!

MP3 249

그동안 컴퓨터가 계속 질문했지만, 이제는 역으로 질문을 해달라는 요청을 받습니다. 주제별로 할 수 있는 질문을 미리 생각해 두세요. (컴퓨터는 응시자의 질문에 답변하지 않습니다)

Q. I also enjoy shopping. Please ask me three or four questions about my shopping routine.
저 역시 쇼핑하는 걸 좋아합니다. 저의 쇼핑 습관에 대해 서너 가지 질문을 해보세요.

■You also like to go shopping! I love shopping as well. ●Where do you usually go shopping? What kind of things do you like to buy? Who do you go shopping with? Do you do any special things after shopping? ◆I'd like to know about it. Thank you.

■확인하기
질문에서 들은 대로 말할 때, '또한'이란 뜻으로 too 외에 as well을 써 보세요. 더욱 고급스러운 답변이 될 수 있습니다.

●추가 질문
Are there any special reasons why you enjoy shopping? 당신이 쇼핑을 즐기는 특별한 이유가 있습니까?
Have you ever had a troublesome time while shopping? 쇼핑하다가 곤란한 일을 겪은 적이 있습니까?

◆마무리
질문은 알고 싶기 때문에 하는 것이기에 I'd like to know about it.으로 마무리하는 것도 좋습니다. 시도해 보세요.

당신도 쇼핑을 좋아하시는군요. 저 역시 쇼핑을 아주 좋아합니다. 보통 어디로 쇼핑을 갑니까? 어떤 물건을 사는 걸 좋아합니까? 주로 누구와 함께 쇼핑을 갑니까? 쇼핑 후에 특별히 하는 일이 있나요? 그에 대해 알고 싶습니다. 감사합니다.

자주 쓰는 표현

OPIc 답변으로 유용한 표현들을 듣고, 나에게 필요한 것을 골라 큰 소리로 말해 보세요.

1. 쇼핑 장소 MP3 250

+ I like to shop in **large shopping malls.**
  저는 대형 쇼핑몰에서 쇼핑하는 것을 좋아합니다.
+ I prefer to buy in bulk at **discount stores.**
  저는 할인점에서 대량으로 구매하는 것을 선호합니다.
+ It is very convenient to **buy everything online.**
  온라인으로 모든 것을 사는 것이 매우 편리합니다.
+ I can get a used product at a lower price at a **flea market.**
  저는 중고 상품을 벼룩시장에서 저렴한 가격에 살 수 있습니다.
+ It is easy to shop in a **department store** because of convenience.
  백화점의 편리성 때문에 백화점에서 쇼핑하는 것이 쉽습니다.

department store 백화점 public market 시장 shopping complex 종합쇼핑몰 warehouse 창고형 할인매장 outlet 직판점 thrift shop 중고품 할인매장 supermarket 슈퍼마켓 grocery store 식료품점

I like to shop in ____________.

2. 자주 가는 이유 MP3 251

+ The clerks always **attend to the customers well.**
  직원들이 항상 손님들을 잘 대합니다.
+ Their service was **good[poor].**
  그들의 서비스는 좋았습니다[좋지 않았습니다].
+ There were products **I'd been longing for.**
  제가 애타게 기다리던 상품이 있었습니다.
+ The products were **well displayed.**
  물건들이 잘 진열되어 있었습니다.
+ Large stores often provide **larger discounts.**
  대형마트는 종종 더 좋은 할인가를 제공합니다.
+ Department stores are **usually quite good about taking returns.**
  백화점에서는 보통 상품 교환을 잘 받아줍니다.

PLUS

convenient 편리한 inconvenient 불편한 exotic 이국적인 well-decorated 잘 꾸며진 neat 잘 정돈된 crowded, hectic 붐비는

Their service was ____________.

3. 쇼핑 습관과 경험 MP3 252

- I **go shopping** with my friends about twice a month.
  저는 한 달에 두 번 정도 친구들과 쇼핑을 갑니다.
- I love **window-shopping[browsing].**
  저는 그냥 둘러보는 것을 좋아합니다.
- I like to **look around** the store first before I buy anything.
  저는 물건을 사기 전에 먼저 매장을 둘러보는 것을 좋아합니다.
- When I **tried on** the jacket, it **looked great on** me.
  그 재킷을 입어 보니, 저에게 잘 어울리는 것 같았습니다.
- I did some **unexpected shopping** yesterday.
  저는 어제 충동구매를 했습니다.
- I usually **think about what to buy** before I go shopping.
  저는 쇼핑하기 전에 무엇을 살지 미리 계획을 세웁니다.
- I **go grocery shopping in the evening** because there aren't too many customers there at that time.
  저는 밤에 식료품을 사러 가는데 그 시간엔 손님이 별로 많지 않기 때문입니다.
- The shop assistant was **pretty annoying.**
  그 점원은 꽤 귀찮게 굴었습니다.

> I usually think about ____________ before I go shopping.

4. 가격 MP3 253

- The product was very **cheap[expensive].**
  그 물건은 아주 쌌습니다[비쌌습니다].
- The price was **reasonable[affordable].**
  그 가격은 적당했습니다.
- I couldn't **afford** it. 저는 그것을 살 여유가 안 됐습니다.
- I **paid 300 dollars for** the pants. 저는 그 바지를 300달러에 샀습니다.
- I **received a 20% discount.** 저는 20%의 할인을 받았습니다.
- I bought the hat **at a bargain.** 저는 그 모자를 싸게 샀습니다.
- I think I **wasted my money on** that thing.
  저는 그 물건에 돈을 낭비한 것 같습니다.
- I had to **pay full price for** the item.
  저는 그 물건을 정가를 주고 사야 했습니다.
- I bought the furniture **on an installment plan.**
  저는 그 가구를 할부로 샀습니다.

> I bought ____________ on an installment plan.

UNIT 02 외식

원어민 음성 바로듣기

기출문제

MP3 254

1. Can you describe one of your favorite restaurants? What kind of restaurant is it? What do you like about the restaurant?
가장 좋아하는 음식점 중 한 곳을 묘사해 주시겠습니까? 어떤 종류의 음식점입니까? 그 음식점의 어떤 점이 좋은가요?

■My favorite restaurant is Mr. Chang. It is a Chinese restaurant located in the Gangnam area. Since it only takes 5 minutes to get there from my work, I go there for lunch or dinner once or twice a week. ●The restaurant is almost 20 years old, but I really like the atmosphere. I like it because the people are all very friendly and the interior is very traditional and unique. ◆In general, all of their dishes are excellent, so you can choose anything and you won't regret it.

제가 가장 좋아하는 음식점은 미스터 장입니다. 그곳은 중국 음식점으로 강남에 있습니다. 회사에서 5분밖에 걸리지 않기 때문에 점심이나 저녁을 먹으러 일주일에 한두 번 갑니다. 거의 20년 된 식당이지만 저는 그곳의 분위기를 매우 좋아합니다. 제가 이곳을 좋아하는 이유는 그곳 사람들이 아주 친절하고 내부도 전통적이며 독특하기 때문입니다. 일반적으로 모든 음식들이 맛있기 때문에 당신이 어떤 음식을 선택해도 후회하지 않을 것입니다.

■**좋아하는 음식점**
좋아하는 음식점의 이름을 먼저 언급합니다. 어떤 음식을 팔고 있는지, 어떤 특징이 있는지 덧붙이면 좋습니다. 음식점의 위치와 거리는 방문 횟수로 자연스럽게 연결됩니다.

●**음식점의 특징**
음식점의 역사와 인테리어, 직원, 분위기 등 그 음식점만이 가지고 있는 특징에 대해 이야기합니다. 음식 메뉴도 빠질 수 없지요. 음식점에서 가장 인기 있는 요리와 자신이 좋아하는 요리에 대해 이야기합니다. 여기에 맛과 관련된 어휘를 알아두면 좋습니다.

◆**마무리**
음식점에 대한 전반적인 평가로 In general(보통)을 써서 이야기를 마무리합니다.

음식의 맛
nice, tasty, delicious, yummy 맛이 좋은
spicy, hot 매운
sweet 단
salty 짠
sour 신
bitter 쓴
crispy 바삭바삭한
creamy 크림이 많은
greasy 기름기가 많은
chewy 쫄깃쫄깃한

MP3 255

2. How often do you eat out? What kind of restaurant do you usually go to? Who do you go to restaurants with?

얼마나 자주 외식을 합니까? 어떤 음식점에 주로 갑니까? 누구와 함께 가나요?

■I don't usually cook at home, so I enjoy eating out as often as I can. I like to go eat out with my friend who knows a lot of famous eating spots. ●We like to go to Korean restaurants because the food there reminds me of my mom's cooking. We also like to go to steak houses. ◆If you order a steak, wine is on the house. After a long day, if I eat such delicious food, it helps me relieve stress.

저는 보통 집에서 요리를 하지 않기 때문에 가능한 한 자주 외식을 즐깁니다. 특별히 저는 맛집을 많이 알고 있는 친구와 외식을 합니다. 우리는 한국 음식점에 가는 걸 좋아합니다. 왜냐하면 그곳의 음식은 어머니의 요리를 생각나게 하기 때문입니다. 스테이크 하우스에 가는 것도 좋아합니다. 스테이크를 주문하면 와인이 서비스로 제공됩니다. 긴 하루 뒤에 이렇게 맛있는 음식을 먹으면 스트레스를 푸는 데 도움이 됩니다.

■외식 횟수

정확한 횟수를 말해도 되지만 as often as I can(가능한 한 자주)라고 말해도 좋습니다. 누구와 얼마나 자주 외식을 하는지에 대해 이야기하면서, I don't usually cook at home(보통 집에서 요리를 하지 않기 때문에)와 같이 그 이유도 함께 설명하면 구체적이고 내용이 풍부한 답안을 만들 수 있습니다. famous eating spot(유명한 맛집)

●음식점의 종류

Korean restaurant(한국 식당), Chinese restaurant(중국 식당), Japanese restaurant(일본 식당), Italian restaurant (이태리 식당), steak house(스테이크 전문 음식점), seafood restaurant(해산물 음식점), fast-food restaurant(패스트푸드 체인점), buffet restaurant(뷔페 음식점)

◆공짜

가게에서 무료로 제공하는 음식은 on the house라는 표현을 사용합니다.

PLUS

빈도

once a while 한 번씩
twice a week 일주일에 두 번
three times a week 일주일에 세 번

MP3 256

3. Can you tell me about the most memorable time you had at a restaurant? When was it? Why was it so memorable? Tell me about it.

음식점에서의 가장 기억에 남는 시간에 대해 이야기해 주겠습니까? 언제였습니까? 왜 그때가 기억에 남습니까?

■Last year, I went to a nice Italian restaurant for my friend's birthday. ●Surprisingly, I saw one of my childhood friends working there as a chef. We greeted each other and briefly caught up on each other's lives. My friend said he studied cooking in Italy and just started working at the restaurant. We exchanged contact information and I promised to come back again. ◆Since then, this restaurant has become my favorite and every time I go there he gives me the best food and service.

작년에 친구 생일을 기념하기 위해 멋진 이탈리아 식당에 갔습니다. 놀랍게도 그곳에서 어릴 적 친구가 셰프로 일하고 있는 것을 봤습니다. 우리는 인사를 나누고, 짧게나마 서로 사는 이야기를 했습니다. 친구는 이탈리아에서 요리를 공부하고 그 식당에서 바로 일을 시작했다고 했습니다. 우리는 연락처를 주고받았고 저는 앞으로 자주 그곳을 오겠다고 약속했습니다. 그 후로 정말로 그곳을 자주 가게 되었고, 그는 갈 때마다 저에게 최고의 음식과 서비스를 제공해 줍니다.

■기억에 남는 일

음식점이나 외식과 관련된 문제들은 개별적으로 문제가 출제되기도 하지만, 종종 학교나 회사 생활 또는 가족과의 활동과 연계하여 출제되기도 합니다. 기념일이나 특별한 행사 때문에 외식을 한 경험, 또는 음식점에서 예기치 못한 사건이나 재미있는 일이 있었을 때 등 음식점에서 보낸 어떤 특정한 시간이 기억에 남는 이유를 자세히 설명합니다.

●부사 표현

Surprisingly와 같은 쉬우면서도 잊지 못할 기억과 관련한 부사를 넣어서 표현을 풍부하게 하는 것도 좋은 답변을 만드는 방법입니다.

◆마무리

Since then(그 후)으로 사건 이후의 일에 대해 언급하는 것으로 마무리합니다.

PLUS

오랜만에 만난 사람

catch up on은 뒤떨어진 일을 '만회하다', 새로운 소식을 '알아내다'라는 의미입니다. catch up on each other's lives는 오랜만에 만난 사람과 그동안 못 나눴던 이야기를 한다는 의미로 사용해도 좋습니다.

Ask me!

MP3 257

그동안 컴퓨터가 계속 질문했지만, 이제는 역으로 질문을 해달라는 요청을 받습니다. 주제별로 할 수 있는 질문을 미리 생각해 두세요. (컴퓨터는 응시자의 질문에 답변하지 않습니다)

Q. You'll probably eat out. I also like eating out in restaurants. Ask me a couple of questions about it.
당신은 외식을 할 것입니다. 저 역시 식당에서 외식하는 것을 좋아합니다. 저에게 그에 관해 몇 가지 물어보세요.

I just heard that you also enjoy eating out. ■I like to eat out when I am busy. I usually eat out with my family. Who do you eat out with? What kind of food do you usually eat? Where is your favorite restaurant? Is there any reason you particularly like it? ●I would like to hear your answer. Thank you.

■답변 시작하기
질문에서 들은 것이 맞는지 확인하고 I usually eat out with my family.와 같이 자신의 이야기를 곁들이면서 자연스럽게 질문을 시작하세요.

●마무리
실제로는 답변을 들을 수는 없지만 I would like to hear your answer.라는 말로 마무리합니다.

당신도 외식을 즐긴다고 들었습니다. 저는 바쁠 때 외식하는 걸 좋아합니다. 저는 주로 가족과 함께 외식을 합니다. 당신은 누구와 외식을 합니까? 어떤 종류의 음식을 주로 먹습니까? 당신이 가장 좋아하는 식당은 어디에 있습니까? 그곳을 특별히 좋아하는 이유가 있습니까? 대답을 듣고 싶습니다. 감사합니다.

자주 쓰는 표현

OPIc 답변으로 유용한 표현들을 듣고, 나에게 필요한 것을 골라 큰 소리로 말해 보세요.

1. 외식 습관 MP3 258

- I often **eat out with** my family. 저는 가족과 함께 자주 외식을 합니다.
- I dine out **once in a while.** 저는 가끔씩 외식을 합니다.
- I usually **go out for lunch** with my colleagues.
  저는 보통 직장 동료와 함께 점심을 먹으러 나갑니다.
- My family eats out **once every two months.**
  우리 가족은 두 달에 한 번 외식을 합니다.
- I love to go to **Italian restaurants.**
  저는 이태리 음식점에 가는 것을 좋아합니다.
- I eat in the **cafeteria** when I'm at school.
  저는 학교에 있을 때는 구내식당에서 밥을 먹습니다.
- I like to have my birthday dinner at a **fancy restaurant.**
  저는 생일을 멋진 식당에서 보내는 것을 좋아합니다.

I ____________ eat out with my ____________.

2. 음식점 소개 MP3 259

- **The name of the restaurant** is Wang Thai.
  식당의 이름은 왕타이입니다.
- **The restaurant is called** Sea Food World.
  그 식당은 시푸드월드입니다.
- **It is located in** Myeong-dong.
  그것은 명동에 있습니다.
- **My favorite restaurant is** Spicy Tacos **in** Itaewon.
  제가 가장 좋아하는 식당은 이태원에 있는 스파이시 타코스입니다.
- **The main ingredients of the dish** are fish and potatoes.
  그 음식의 주재료는 생선과 감자입니다.
- **The chef's specials are** especially outstanding.
  주방장의 특별 요리가 특히 훌륭합니다.
- The restaurant **is known for** their seafood spaghetti.
  그 음식점은 해산물 스파게티로 유명합니다.
- It is a **franchise restaurant**, and I often go to the **Gangnam location.**
  그 음식점은 체인 음식점인데 저는 강남점으로 자주 갑니다.
- It is a **self-service restaurant,** so you should **pick up your food** at the counter.
  그곳은 셀프 서비스 식당이라서 음식을 직접 카운터에서 가져와야 합니다.

PLUS

fried 튀긴
baked 구운
steamed 찐
boiled 삶은
grilled 그릴에 구운

The main ingredients of the dish are ____________.

3. 음식점의 특징 MP3 260

- **I like the decorations** there.
  저는 그곳의 실내 장식이 좋습니다.
- I like the **atmosphere[mood] of the restaurant.**
  저는 그 식당의 분위기를 좋아합니다.
- **The signboard of the restaurant** is really extraordinary.
  식당의 간판이 정말 독특합니다.
- The restaurant is **famous for its exotic atmosphere.**
  그 식당은 이국적인 분위기로 유명합니다.
- It is a restaurant **with a luxurious and modern interior.**
  그곳은 호화롭고 현대적인 인테리어를 한 식당입니다.
- **My favorite food** is spaghetti.
  제가 가장 좋아하는 음식은 스파게티입니다.
- They use only **fresh ingredients** for their food.
  그들은 음식에 신선한 재료만 사용합니다.
- **The restaurant serves** cheap, but excellent food.
  그 식당은 값은 싸지만 훌륭한 음식을 제공합니다.

PLUS
romantic 로맨틱한
traditional 전통적인
cozy 편안한
unique 독특한
modern 현대적인
exotic 이국적인
luxurious 호화로운
familial 가족적인

The restaurant serves ____________.

4. 서비스 MP3 261

- The service is **speedy.**
  서비스가 빠릅니다.
- **They serve great dishes.**
  음식이 맛이 있습니다.
- **Advance booking is mandatory** to get a table.
  자리를 잡으려면 꼭 예약해야 합니다.
- **The people who work there** are very kind.
  그곳에서 일하는 사람들은 아주 친절합니다.
- They are very fast moving, so you don't **have to wait long.**
  그들은 빨리 움직여서 오래 기다릴 필요가 없습니다.
- If you order a steak, wine is **on the house.**
  스테이크를 주문하면 와인은 무료로 제공됩니다.
- A ten percent service charge **is included.**
  10퍼센트의 서비스 요금이 부과됩니다.
- I don't have to **leave a tip.**
  저는 팁을 남길 필요가 없습니다.

The people who work there are ____________.

UNIT 03 TV · DVD

기출문제

MP3 262

1. You may watch TV shows. Tell me about TV shows that you enjoy watching. What kind of show is it? Why do you like it? Tell me about it.
당신은 TV 프로그램을 볼 것입니다. 좋아하는 TV 프로그램에 대해서 말해 주세요. 어떤 종류의 프로그램인가요? 왜 좋아하나요?

■I am really into reality shows on TV these days. ●One of my favorites is *K-Star*. *K-Star* is an audition program that recruits up-and-coming pop singers. It's aired every Sunday, so I watch it on Sunday right before dinner. ◆My family and I are really into the program, so we talk about our favorite candidates over dinner. Listening to their beautiful songs is stress-relieving for me, so I'll keep watching the program and cheering for the contestants.

저는 요즘 리얼리티 프로그램에 푹 빠져있습니다. 제가 좋아하는 프로 중 하나가 <K-Star>입니다. <K-Star>는 곧 데뷔할 가수를 뽑는 오디션 프로그램입니다. 매주 일요일에 방송을 해서 일요일에 저녁을 먹기 전에 그 프로그램을 봅니다. 우리 가족과 저는 그 프로그램에 푹 빠져 있어서 저녁을 먹으면서 서로 좋아하는 지원자에 대해 이야기합니다. 그들의 아름다운 노래를 듣고 있으면 스트레스가 풀리기 때문에 저는 계속 이 프로그램을 볼 것이고 지원자들을 응원할 것입니다.

■좋아하는 프로그램
많은 사람들이 여가시간에 하는 활동인 TV 시청은 영화 보기나 집에서 보내는 휴가와 함께 등장할 수 있는 돌발 주제입니다. 따라서 집에서 보내는 휴가와 연계해서 준비할 수 있는 주제이기도 합니다. 우선 장르와 제목을 밝히고, 그 프로그램을 얼마나 좋아하는지 덧붙입니다.

●프로그램 소개
프로그램에 대한 정보를 상세하게 이야기해 주세요. One of my favorites(좋아하는 프로그램 중 하나), be aired(방송되다)라는 표현이 유용하게 사용됩니다.

◆시청 중 하는 일
프로그램을 보면서 하는 일에 대해서 이야기할 수 있습니다. over dinner(저녁을 먹으면서), over a cup of coffee(커피를 마시면서)라고 말할 수 있습니다. 끝은 그 프로그램을 좋아하는 이유와 느낌으로 마무리합니다.

MP3 263

2. When do you usually watch TV shows or DVDs? How often do you watch TV shows and with whom do you usually watch them? Tell me about it.

언제 TV나 DVD를 봅니까? 얼마나 자주 TV를 보고, 주로 누구와 함께 봅니까?

■Because I have a TV in my room, I usually watch TV or DVDs in my room alone. But I also watch TV shows in the living room with my family when an interesting TV show is airing. ●Sometimes, I argue with my sibling over which TV program to watch, but I never miss my favorite show. If I don't have any special plan on the weekends, sometimes I watch TV all day long. ◆There are many times I fall asleep while watching TV and it seems like I am relaxing in this way.

제 방에 TV가 있기 때문에 보통 방에서 혼자 TV나 DVD를 봅니다. 그러나 흥미로운 TV 프로그램이 방송될 때에는 가족과 함께 거실에서 시청하기도 합니다. 가끔은 동생과 제가 어떤 프로그램을 볼지에 대해 다투지만, 제가 좋아하는 프로그램을 결코 놓친 적은 없습니다. 주말에 특별한 계획이 없다면, 때로 하루 종일 TV를 봅니다. TV를 보는 중에 잠이 들 때가 많아서 이런 식으로 휴식을 취하는 것 같기도 합니다.

■TV 보는 습관

돌발문제는 설문에는 등장하지 않지만 출제되는 방식이 경험 위주의 질문이 많기 때문에 자신의 경험이나 취향에 대해 정확하게 이야기할 수 있어야 합니다. 자신의 습관에 대한 이야기를 할 때에는 현재 시제를 사용합니다.

●빈도 말하기

usually, often, always 등의 부사를 사용하여 행동의 빈도를 이야기합니다. My brother and I always argue over which TV program to watch. (형과 저는 어떤 TV 프로그램을 볼 것인가를 두고 항상 싸웁니다), I never miss the 9 o'clock soap opera. (저는 9시에 하는 드라마를 빠짐없이 봅니다)

◆동시 상황

우리는 TV를 보면서 동시에 다른 일을 하곤 하지요. 이때 while watching TV(TV를 보면서)라는 표현이 유용합니다.

PLUS

TV 프로그램
documentary 다큐멘터리
sitcom 단막 코미디
soap opera 일일 연속극
variety show 버라이어티 쇼
reality show 리얼리티 쇼
talk show 토크쇼
the news 뉴스
sporting event 스포츠 경기
game show 게임 프로그램
quiz show 퀴즈쇼

MP3 264

3. Tell me about a memorable TV show that you remember from your childhood. What kind of show was it? How different is it compared to shows you watch these days?

어렸을 적 기억에 남는 TV 프로그램에 대해서 이야기해 주세요. 어떤 종류의 프로그램이었나요? 지금의 프로그램과 비교했을 때 어떻게 다른가요?

■One of the most memorable TV shows from when I was younger is *Infinite Challenge*. In fact, the original title of this show is the *Reckless Challenge*. The performers were doing many nonsensical challenges and entertained viewers by making slapstick humor in the process. ●However, TV viewers today tend to prefer reality shows to this type of variety show. People seem to find more amusement from seeing how others behave in different situations rather than watching silly scenes.

■기억에 남는 TV 프로그램
전에 봤던 프로그램들과 지금 보고 있는 프로그램들을 비교해 달라는 질문입니다. 두 개의 프로그램을 선정해서 그 특징을 생각해 보고, 달라진 이유에 대해서도 나름의 생각을 정리해 보세요.

●과거와 현재 비교
과거에 대해서는 used to, 현재에 대해서는 but now를 써서 대조하는 문장을 만들 수 있습니다. I used to watch a lot of variety shows when I was little, but now I enjoy watching documentaries. (어렸을 때에는 버라이어티 프로그램을 많이 봤지만 지금은 다큐멘터리를 즐겨 봅니다)

어렸을 때 가장 기억에 남는 TV 프로그램 중 하나는 <무한도전>입니다. 사실 이 프로그램의 원래 이름은 <무모한 도전>입니다. 출연자들은 말도 안 되는 많은 도전들을 하고 그 과정에서 슬랩스틱 유머를 만듦으로써 시청자를 즐겁게 합니다. 하지만 요즘 TV 시청자들은 이런 버라이어티 프로그램보다는 리얼리티 프로그램을 더 선호하는 경향이 있습니다. 사람들은 웃긴 장면을 시청하는 것보다는 다른 환경 속에서 다른 사람들이 어떻게 행동하는가를 지켜보는 데서 더 즐거움을 찾는 것 같습니다.

Ask me!

MP3 265

그동안 컴퓨터가 계속 질문했지만, 이제는 역으로 질문을 해달라는 요청을 받습니다. 주제별로 할 수 있는 질문을 미리 생각해 두세요. (컴퓨터는 응시자의 질문에 답변하지 않습니다)

Q. You may watch TV shows. I also enjoy watching TV shows when I have time. Ask me three or four questions about my favorite TV shows.

당신은 TV 프로그램을 볼 것입니다. 저 역시 시간이 있을 때 TV 프로그램을 보는 것을 좋아합니다. 저에게 가장 좋아하는 TV 프로그램에 대해 서너 가지 질문을 해보세요.

You like to watch TV shows like I do. ■What is your favorite TV show? What is that show about? Who are the performers in the show? Since when did you like that show? ●I'm curious about your answers. Thank you.

■추가 질문

When is the program broadcasted? 프로그램은 언제 방송되나요?

Do you like to watch the show with your family or alone? 프로그램을 볼 때 가족과 함께 보는 걸 좋아하나요, 아니면 혼자 보는 걸 좋아하나요?

●마무리

I'm curious about your answers.로 답변을 마무리합니다.

당신 역시 저처럼 TV 프로그램을 보는 것을 좋아하는군요. 당신이 가장 좋아하는 TV 프로그램은 무엇입니까? 어떤 내용인가요? 출연자가 누구인가요? 언제부터 그 프로그램을 좋아하게 되었나요? 당신의 대답이 궁금합니다. 감사합니다.

• 자주 쓰는 표현

OPIc 답변으로 유용한 표현들을 듣고, 나에게 필요한 것을 골라 큰 소리로 말해 보세요.

1. TV 프로그램의 종류 MP3 266

+ I've watched a **whole season of** *CIA*.
  저는 <CIA> 시즌 전체를 봤습니다.
+ My favorite drama **started a new season** recently.
  제가 제일 좋아하는 드라마의 새로운 시즌이 최근에 시작되었습니다.
+ I haven't missed a single **episode** of *Running Man* yet.
  저는 이제까지 <런닝맨>을 한 회도 빠지 않고 다 보았습니다.
+ The hottest program recently is the **reality show**.
  최근 가장 인기 있는 프로그램은 리얼리티쇼입니다.
+ A variety of **sporting events** are broadcasted daily for each channel.
  채널별로 다양한 스포츠 경기가 매일 방영됩니다.

I haven't missed a single episode of ____________ yet.

2. TV 시청 MP3 267

+ I'm a **couch potato**.
  저는 항상 TV 앞에 있습니다.
+ I got **hooked on** the TV show.
  저는 그 TV 프로그램에 푹 빠졌습니다.
+ I only **tune in for** light entertainment.
  저는 가벼운 오락거리만 즐겨 시청합니다.
+ The news **comes on at** nine o'clock.
  뉴스는 9시에 방송됩니다.
+ My **eyes were glued to** the TV.
  저는 TV에서 눈을 뗄 수 없었습니다.
+ I **never miss** that TV show.
  저는 그 TV 프로그램을 빠짐없이 봅니다.
+ I'm **a big fan of** Japanese soap operas.
  저는 일본 드라마의 열성 팬입니다.
+ I think documentaries are **more helpful to me than** variety shows.
  다큐멘터리가 버라이어티 프로그램보다 제게 더 도움이 되는 것 같습니다.
+ I **got bored of** those silly scenes.
  저는 그런 바보 같은 장면들에 질렸습니다.
+ My favorite show **isn't on** any more.
  제가 좋아하는 프로그램이 이제 더 이상 방송을 하지 않습니다.

I got hooked on ____________.

3. DVD/VOD 시청 🔊 MP3 268

- **I use a VOD service** when I can't find a **re-run.**
  재방송 프로를 찾지 못할 때는 VOD 서비스를 이용합니다.
- I **buy DVDs** if the movie is really worthwhile.
  영화가 정말 가치가 있으면 저는 DVD를 삽니다.
- I **have a wide collection of** DVDs.
  저는 다양한 DVD를 소장하고 있습니다.
- I can **download** my favorite TV program **off the Internet** if I miss the show.
  미처 보지 못하면 저는 온라인에서 좋아하는 TV 프로그램을 다운로드합니다.
- You can **download any program** that you missed on the web site.
  그 웹사이트에서는 당신이 보지 못한 어떤 프로그램이라도 다운로드를 받을 수 있습니다.
- I can watch TV **using a DMB service** on the bus or subway.
  저는 DMB를 이용해서 버스나 지하철에서도 TV를 볼 수 있습니다.
- I can always watch TV shows again **through online review videos** on my smart phone.
  저는 온라인 다시 보기 동영상으로 제 스마트폰에서 그 TV 프로그램을 언제든 다시 볼 수 있습니다.

🎙 I can watch TV using ____________ on the bus or subway

4. 의견과 감상 🔊 MP3 269

- The show was very **entertaining.**
  그 프로그램은 아주 재미있었습니다.
- The program is pretty **well-made.**
  그 프로그램은 꽤 잘 만들어졌습니다.
- The program is very **educational.**
  그 프로그램은 아주 교육적입니다.
- The show has **captured public attention.**
  그 프로그램은 대중의 인기를 얻었습니다.
- Watching TV sometimes **limits the workings of my imagination.**
  TV 시청은 가끔 제 상상력을 제한시킵니다.
- After watching the documentary, I **formed my own opinions on** educational inequalities.
  그 다큐멘터리를 보고 교육 불평등에 대해 제 의견을 가지게 되었습니다.
- He **hosts** several **shows** these days.
  그는 요즘 여러 프로그램을 진행하고 있습니다.
- She is **on a show** called *Top Producers*.
  그녀는 <탑 프로듀서>라는 프로그램에 출연합니다.
- He has **earned a good reputation** through starring on the program.
  그는 그 프로그램을 통해 좋은 평판을 얻었습니다.
- He always **acts like a fool** on the show, but in reality he is a very smart person.
  그는 항상 그 프로그램에서 바보같이 행동하지만 실제로는 매우 똑똑한 사람입니다.

🎙 The program is pretty ____________.

UNIT 04 인터넷 서핑

기출문제

MP3 270

1. You might surf the Internet. Which web site do you visit the most? Can you tell me details about the web site?
당신은 인터넷 서핑을 할 것입니다. 어떤 웹사이트를 가장 많이 방문하나요? 그 웹사이트에 대해 자세히 이야기해 주시겠습니까?

■There are quite a few web sites that I frequently visit. One in particular is Google. It is a portal web site that provides e-mail accounts, blogging services, and even dictionaries. ●What I like the most about Google is a knowledge bank called Google Search. When I want to learn some facts about something, I use Google Search. I just ask a question on the web site. Then other users reply to my original posting. ◆I try not to depend on online searches too much, but it is very tempting and hard to avoid.

제가 자주 방문하는 웹사이트는 꽤 많습니다. 특별히 하나를 뽑자면 구글입니다. 포털 웹사이트로 이메일 계정과 블로그 서비스, 사전 기능까지 있습니다. 제가 구글에서 가장 좋아하는 기능은 구글 서치라고 부르는 지식 창고입니다. 어떤 것에 대해 알고 싶을 때 저는 구글 서치를 이용합니다. 단지 웹사이트에 제가 궁금한 것을 질문하기만 하면 됩니다. 그럼 다른 사용자들이 제가 올린 글에 답을 달아 줍니다. 온라인 검색에 너무 의지하지 않으려 하지만 너무 매력적이어서 피하기가 어렵습니다.

■자주 방문하는 웹사이트
인터넷은 여가시간뿐 아니라 업무나 일상생활과도 밀접하게 연관되어 있습니다. 인터넷을 이용하여 할 수 있는 일은 방대하고 웹사이트도 굉장히 많죠. 그만큼 개개인에 따라 인터넷에 대한 이야깃거리는 다양하고 많습니다. 웹사이트는 사용한다(use)고 하지 않고 방문한다(visit)고 하는 것에 주의하세요.

●자주 이용하는 서비스
가장 자주 사용하는 웹사이트 이름이나 주소를 말해 주세요. 웹사이트의 시스템, 웹사이트를 운영하는 회사 등 전문적인 부분까지 이야기할 필요는 없습니다. 우리가 주로 사용하는 서비스를 이용 목적과 연결해서 설명하면 자연스럽습니다.

◆마무리
인터넷은 정보의 보고라는 점과 편의성과 신속성 때문에 유용하지요. 하지만 그만큼 잘못된 정보도 존재하기 때문에 무조건 의존할 수 없습니다(not to depend on).

MP3 271

2. When you surf the Internet, what kind of electronic devices do you usually use? Tell me about the equipment that you use for surfing the Internet.

인터넷 서핑을 할 때 어떤 종류의 전자 기기를 주로 사용합니까? 인터넷 서핑을 위해 사용하는 기계에 대해 말해 주세요.

■Nowadays, there are various media tools to surf the Internet. ●One of the tools that people use the most is probably the smart phone. I also surf the Internet a lot on my smart phone. The smart phone can easily access web sites because I can use wireless Internet service anytime, anywhere. The next most used electronic device is the laptop. ◆It also allows you to use the Internet wirelessly, so I can surf the Internet wherever I am.

요즘에는 인터넷 서핑을 할 수 있는 다양한 미디어 도구가 있습니다. 그중에 사람들이 가장 많이 사용하는 도구는 아마도 스마트폰일 것입니다. 저 역시 스마트폰으로 인터넷 서핑을 많이 합니다. 스마트폰은 무선 인터넷 서비스를 언제, 어디서든 사용할 수 있어서, 웹사이트에 쉽게 접속할 수 있습니다. 스마트폰 다음으로 제가 가장 많이 사용하는 것은 노트북입니다. 노트북 역시 무선 인터넷을 사용할 수 있어서 제가 어디에 있든지 인터넷 서핑을 할 수 있습니다.

■기기

인터넷과 관련된 질문들 중에는 기기에 대한 질문을 빼놓을 수 없습니다. 인터넷 서핑을 할 수 있는 기기로는 컴퓨터와 노트북, 태블릿 PC, 스마트폰이 있습니다.

●주로 쓰는 기기

One of the tools that people use the most라는 표현으로 주로 쓰는 기기를 소개합니다. 인터넷에는 '접속한다(access)'라는 표현을 흔히 씁니다. access a web site easily(웹사이트에 쉽게 접속하다)

◆기기의 쓰임

기기를 통해 뭔가를 '할 수 있다'는 표현은 can 이외에도 동사 allow를 쓸 수 있습니다. allow you to use(사용할 수 있다)

3. How did you first become interested in surfing the Internet? How did you feel when you first surfed the Internet?
처음에 인터넷 검색에 관심을 갖게 된 계기는 무엇입니까? 처음 인터넷을 했을 때의 느낌은 어땠나요?

■I don't know exactly when, but I saw my sister surfing the Internet and she looked like she was really enjoying herself. For me, surfing the Internet was unfamiliar to me and it seemed too complicated. When I followed my sister and logged on to the Internet for the first time, it was not harder than I'd thought and the whole process went smoothly and quickly. ●It was an amazing and overwhelming experience to be able to access such a wide variety of information around the world easily and immediately.

■인터넷을 시작한 계기
처음으로 인터넷을 접했을 때를 정확하게 기억하기란 쉽지 않습니다. 그만큼 인터넷은 우리의 생활이기 때문이지요. 이럴 때는 I don't know exactly when으로 시작합니다.

●느낌
생생한 표현을 위해 알맞은 형용사를 잘 골라야 합니다. exciting(신나는), hard(어려운), complicated(복잡한), easy(쉬운), interesting(흥미로운), amazing, awesome(놀라운), brilliant(빛나는), overwhelming(굉장한)

정확히 언제인지는 모르겠지만 언니가 인터넷 서핑을 하는 것을 보고 무척 재미있어 보였습니다. 저에게 인터넷 검색은 잘 모르는 분야였고, 너무 복잡해 보였습니다. 제가 언니를 따라 처음으로 인터넷에 접속했을 때 그것은 생각보다 어렵지 않았고 모든 과정이 자연스럽고 빠르게 진행되었습니다. 전 세계의 다양한 정보들을 이렇게 쉽고 빠르게 접속할 수 있다는 사실만으로도 놀랍고 가슴 벅찬 경험이었습니다.

• Ask me!

MP3 273

그동안 컴퓨터가 계속 질문했지만, 이제는 역으로 질문을 해달라는 요청을 받습니다. 주제별로 할 수 있는 질문을 미리 생각해 두세요. (컴퓨터는 응시자의 질문에 답변하지 않습니다)

Q. You probably surf the Internet. I also surf the Internet a lot. Ask me three or four questions about my Internet surfing routine.

당신은 인터넷 서핑을 할 것입니다. 저 역시 인터넷 서핑을 많이 합니다. 저의 인터넷 서핑 습관에 대해 서너 가지 질문해 보세요.

You surf the Internet. I surf the Internet every day as well. Let me ask you a few questions about it. ■When and where do you usually surf the Internet? What electronic device do you usually use to surf the Internet? What kind of information do you get the most from surfing the Internet? Thank you.

■추가 질문

How did you feel when you first surfed the Internet? 인터넷 서핑을 처음 시작했을 때 어떤 느낌이었나요?

What do you think are the pros and cons of Internet surfing? 인터넷 서핑의 장단점이 무엇이라고 생각합니까?

당신도 인터넷 서핑을 하는군요. 저도 매일 인터넷 서핑을 합니다. 그에 대해 몇 가지 질문을 하겠습니다. 주로 언제, 어디서 인터넷 서핑을 하십니까? 인터넷 서핑을 할 때 주로 어떤 전자 기기를 이용하십니까? 인터넷 서핑을 통해 가장 많이 얻는 정보는 무엇입니까? 감사합니다.

• 자주 쓰는 표현

OPIc 답변으로 유용한 표현들을 듣고, 나에게 필요한 것을 골라 큰 소리로 말해 보세요.

1. 인터넷 서핑 MP3 274

- **Surfing the Internet** has become **one of my daily habits.**
  인터넷을 하는 것은 제 일상 습관 중의 하나가 되었습니다.
- I'**m addicted to** surfing the Internet. Now I become anxious if I don't do it.
  저는 인터넷에 중독되었습니다. 이제는 인터넷 검색을 하지 않으면 불안해집니다.
- I **spend all my time** in my room surfing the Internet.
  저는 방에서 인터넷 검색을 하면서 모든 시간을 보냅니다.
- I found one of my old friends **on the Internet.**
  저는 인터넷으로 오랜 친구 한 명을 찾았습니다.
- I can surf the Internet **not only with** a computer **but also with** a smart phone.
  저는 컴퓨터뿐 아니라 스마트폰을 가지고도 인터넷 서핑을 할 수 있습니다.
- As soon as I get home, I **open my web browser.**
  집에 돌아오자마자 저는 인터넷부터 합니다.
- When I surf the Internet, I **lose all track of time.**
  저는 인터넷 서핑을 할 때면 시간 가는 줄을 모릅니다.

I can surf the Internet not only with ____________ but also with ____________.

2. 정보 검색 MP3 275

- I can **search for lots of information** on the portal site.
  저는 포털 사이트에서 많은 정보를 찾을 수 있습니다.
- I can **search for information** about what I want to know **using the search engine.**
  검색 엔진을 이용해 알고 싶은 정보를 찾을 수 있습니다.
- I can **collect data and reference materials** I need for the project.
  저는 프로젝트에 필요한 데이터나 자료를 수집할 수 있습니다.
- If there are some difficult terms, I **use an online dictionary.**
  어려운 용어들이 있으면 저는 온라인 사전을 이용합니다.
- I can **look up** any word using the online English dictionary.
  그 웹사이트에서 온라인 영어 사전을 이용해 어떤 단어도 찾아볼 수 있습니다.
- The web site **offers an enormous amount of information** on cars.
  그 웹사이트는 자동차에 대한 방대한 양의 정보를 제공하고 있습니다.
- You can **check your destination's weather** and must-bring items before you travel.
  여행을 가기 전에 목적지의 날씨와 꼭 가져가야 하는 필수품들을 확인할 수 있습니다.

I can ____________ on the portal site.

3. 공유와 소통 MP3 276

+ One of the services the web site provides is a **music-sharing system.**
  그 사이트에서 제공하는 서비스 중 하나는 음악 공유 시스템입니다.
+ The web site **enables us to download** some useful software for free.
  그 웹사이트에서 몇몇 유용한 소프트웨어를 무료로 다운받을 수 있습니다.
+ I usually **upload and download** files for free online.
  저는 주로 온라인에서 무료로 파일을 올리고 내려 받습니다.
+ I can **post my photos and comments** on Facebook.
  제 페이스북에 사진과 댓글을 포스팅할 수 있습니다.
+ I **have my own homepage** on which I can upload my pictures and **post my writings.**
  저는 제 사진과 제가 쓴 글을 올릴 수 있는 홈페이지를 운영하고 있습니다.
+ I can **send an e-mail or message** to other group members.
  그룹 멤버들에게 이메일이나 메시지를 보낼 수 있습니다.
+ Sometimes we **chat or instant message each other** on the net.
  가끔 우리는 인터넷에서 채팅을 하기도 하고 서로에게 메시지를 보내기도 합니다.

One of the services the web site provides is ____________.

4. 생활편의 MP3 277

+ I **take the class** online. 저는 그 수업을 온라인에서 듣습니다.
+ You can **order whatever you want** from online shopping malls.
  당신은 온라인 쇼핑몰을 통해서 원하는 것은 무엇이든지 주문할 수 있습니다.
+ When I don't have enough time to go shopping, I simply **order the things I need** online.
  쇼핑을 하러 갈 충분한 시간이 없을 때 간단하게 온라인으로 필요한 물건들을 삽니다.
+ I can **manage my bank accounts** online.
  온라인 은행에서 제 계좌를 관리할 수 있습니다.
+ You don't have to go to the bank to withdraw money if you are **using an online banking system.**
  온라인 뱅킹 시스템을 이용하면 돈을 찾으러 은행에 직접 가지 않아도 됩니다.
+ You can usually **get a discount from online book stores.**
  온라인 서점을 이용하면 보통 할인을 받을 수 있습니다.

When I don't have enough time, I simply ____________ online.

UNIT 05 전화

기출문제

MP3 278

1. You may talk on the phone with your family or friends. Who do you usually talk to? What do you usually talk about?
당신은 가족이나 친구들과 전화로 대화를 나눌 것입니다. 누구와 통화를 하나요? 무슨 이야기를 나눕니까?

■I like chatting with friends whether it is on the phone or in person. That's why I talk a lot on the phone. The person I am most likely to talk to during the day is my best friend. ●Because we use mobile phones, we talk about our day to day life regardless of time and place. When I'm out, I talk on the phone a lot with my family. I let them know if I'm going to eat out or stay out late to hang out with my friends.

저는 전화로든, 만나서든 친구들과 이야기하는 것을 좋아합니다. 그래서 전화 통화를 많이 합니다. 하루 중 가장 많이 통화하는 사람은 가장 친한 친구입니다. 휴대전화를 사용하기 때문에 때와 장소를 가리지 않고 일상에 대해 이야기합니다. 밖에 있을 때는 가족들과 통화를 많이 합니다. 제가 저녁을 먹고 들어간다거나 밖에서 친구들과 노느라 늦는 경우에는 가족들에게 전화를 걸어 알립니다.

■통화 상대
전화 통화는 일상에서 매우 흔한 행동입니다. 가족, 친구, 거래처 등 다양한 사람들과 다양한 이유로 통화합니다. 하지만 막상 누구와 무슨 이야기를 하냐는 질문을 받으면 우왕좌왕하면서 산만하게 대답하기 쉽습니다. 그러니 가장 자주 통화를 하는 한 사람을 정해서 이야기하는 것이 좋습니다.

●통화 습관
자주 통화하는 시간대와 장소, 통화 횟수에 대해서 이야기할 수 있습니다. 보통 전화 통화를 하는 사람을 가족, 친구로 나누어서 가족과는 어디서 무슨 이야기를 나누는지 설명하고, 친구 중에서는 누구와 가장 많이 통화를 하는지를 설명하면, 전반적인 통화 패턴에 대해 정리가 됩니다.

MP3 279

2. I'd like to know where you usually are when you chat on the phone. Do you usually use your cell phone or a home phone to chat? Tell me about it.

주로 언제, 어디에서 전화 통화를 하시는지 알고 싶습니다. 통화할 때 보통 휴대전화를 사용하나요, 집 전화를 사용하나요?

■When I talk with my friends, I mostly do it on my mobile phone in my room. ●When I am working, I use an office phone because I have to make a lot of phone calls to customers. Also, when I am on the go, I make phone calls from my car because my car has a bluetooth phone call system. Except when I am in the office, I use my cell phone because I can make phone calls regardless of time and place.

친구랑 통화할 때 저는 대부분 제 방에서 휴대전화로 통화를 합니다. 일할 때는 사무실 전화를 사용합니다. 고객들에게 전화를 많이 걸어야 하기 때문입니다. 이동할 때는 차에 블루투스 통화 시스템이 있기 때문에 차 안에서 통화를 많이 합니다. 사무실에 있을 때를 제외하고는 시간과 장소에 상관없이 전화를 할 수 있기 때문에 저는 휴대전화를 사용합니다.

■통화 기기

1번 질문과 비슷해 보이지만 당황하지 말고, 통화 기기와 통화 장소에 대해 초점을 맞춘 답변을 하세요. 보통은 휴대전화로 통화하지만, 집이나 사무실에서는 유선 전화기를 씁니다.

●통화 장소

통화를 하는 장소를 집과 직장, 거리로 나누어 설명할 수 있습니다. 장소와 밀접하게 연관된 것이 시간입니다. 근무시간과 퇴근 후, 그리고 평일과 주말 등으로 나누어 설명할 수 있습니다.

MP3 280

3. Talking on the phone today has changed a lot compared to the old days. Do you remember the first time you used a mobile phone? When was it? What changes have you experienced since you first got your mobile phone?

전화 통화는 과거와 비교해서 요즘 많이 변했습니다. 휴대전화를 처음 갖게 된 때를 기억합니까? 언제였나요? 그 이후로 무슨 변화가 있었나요?

■I got my first cell phone when I was in high school. At first, I used it only for calls and texts. However, since I changed my phone to a smart phone, it's more like having a small computer in my hand. ●Today's smart phone is the multi-functional device. It makes it possible for us to watch videos and listen to music while on the go. You can also access the Internet, so you can check e-mails and instantly process your banking needs with your smart phone. ◆Thanks to the smart phone, I think our life style has become more convenient.

■과거와 현재의 비교

우리 일상생활에서 전화가 차지하는 비중이 크고, 오늘날 기기의 변화 때문에 전화 관련 주제는 출제 빈도가 높습니다. 시험 전에 꼭 스마트폰의 기능과 관련된 돌발 질문에 대비하세요.

●기능의 변화

전화기에서 스마트폰으로 바뀌면서 다양해진 기능에 대해 설명 해보세요. multi-functional device(멀티 기능 기기)로서, access the Internet(인터넷 접속하기), check the e-mail(이메일 확인하기), take pictures(사진 찍기) 등 대표적으로 많이 이용하는 기능을 준비하세요.

◆마무리

마지막은 Thanks to(덕분에)로 시작하여, 스마트폰으로 인해 우리 생활이 더욱 편리해졌음을 말하면서 정리합니다.

저는 고등학교 때 처음으로 휴대전화를 가졌습니다. 처음에는 휴대전화를 전화와 문자에만 사용했습니다. 하지만 스마트폰으로 바꿨을 때 이건 마치 손에 작은 컴퓨터를 가지고 있는 것 같았습니다. 오늘날의 스마트폰은 멀티 기능 장치입니다. 스마트폰은 돌아다니면서 비디오를 보고 음악을 들을 수 있게 해줍니다. 또한 인터넷에 접속할 수 있어서 이메일을 확인하고 은행 업무를 즉시 처리할 수 있습니다. 스마트폰 덕분에 우리의 생활이 더욱 편리해진 것 같습니다.

Ask me!

MP3 281

그동안 컴퓨터가 계속 질문했지만, 이제는 역으로 질문을 해달라는 요청을 받습니다. 주제별로 할 수 있는 질문을 미리 생각해 두세요. (컴퓨터는 응시자의 질문에 답변하지 않습니다)

Q. You may talk on the phone. I also like to talk on the phone with people. Ask me three or four questions about it.

당신은 전화로 통화할 것입니다. 저도 사람들과 전화로 통화하는 것을 좋아합니다. 저에게 그에 대해 서너 가지 질문해 보세요.

I just heard that you like to chat on the phone. ■Can I ask you a few questions about it? My first question is who do you usually speak with? Why do you talk to him or her a lot? The second question is when do you usually make phone calls? Finally, when you talk on the phone, do you mostly use your cell phone or your home phone? ●I would appreciate it if you could tell me about it.

■질문하기

질문에서 들은 내용을 확인하고, Can I ask you a few questions about it?으로 자연스럽게 시작합니다. 첫 번째 질문은 My first question is ~로, 그다음은 The second question is ~, 마지막 질문은 Finally ~로 시작해 보세요.

●마무리

I would appreciate it if you could tell me about it.으로 공손히 답변을 마무리하세요.

방금 당신이 전화 통화하는 걸 좋아한다고 들었습니다. 그에 대해 몇 가지 질문을 해도 될까요? 첫 번째 질문은, 주로 누구와 통화를 합니까? 왜 그 사람과 통화를 많이 합니까? 두 번째는, 주로 언제 통화를 많이 합니까? 마지막으로, 통화할 때 휴대전화를 주로 씁니까, 아니면 그냥 집전화를 씁니까? 그에 대해 말해 주시면 감사하겠습니다.

자주 쓰는 표현

OPIc 답변으로 유용한 표현들을 듣고, 나에게 필요한 것을 골라 큰 소리로 말해 보세요.

1. 통화 상대 MP3 282

- I **talk on the phone** a lot with friends.
  저는 친구들과 자주 통화를 합니다.
- I have to **call** my mom if I'm going to be late for dinner.
  저녁 시간에 늦을 것 같으면 저는 어머니께 전화를 해야 합니다.
- My boyfriend **calls** me when he takes a break.
  남자친구는 쉴 때 저에게 전화를 합니다.
- I don't **answer my mobile phone** during work hours.
  저는 업무 시간에는 사적인 전화를 받지 않습니다.
- I sometimes **call in sick.**
  저는 가끔 아파서 출근을 못한다고 전화를 하기도 합니다.

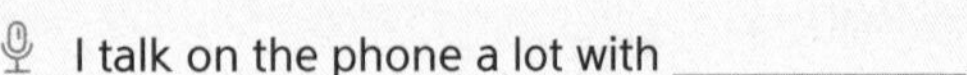

I talk on the phone a lot with ____________.

2. 통화 습관 MP3 283

- I tend to **be on the phone** for more than an hour.
  저는 한 시간 이상 통화를 하곤 합니다.
- I don't like **talking on the phone** for more than 10 minutes.
  저는 10분 이상 통화하는 것을 좋아하지 않습니다.
- My mom doesn't like it if **my phone line is busy** when she calls me.
  엄마는 전화를 했을 때 제가 통화 중인 것을 좋아하지 않습니다.
- My father always **has someone on the other line** whenever I call him.
  제가 전화를 걸 때마다 아버지는 항상 통화 중이십니다.
- I try to **keep it short** when I'm using a mobile phone.
  휴대전화를 사용할 때는 통화를 짧게 하려고 노력합니다.
- My boyfriend **hangs up on me** in the middle of a conversation when he is angry.
  남자친구는 화가 나면 통화 중에 전화를 끊어버립니다.
- I **prefer texting** to talking on the phone.
  저는 통화보다 문자를 선호합니다.
- I don't like **talking on the phone on the subway or bus.**
  저는 지하철이나 버스에서 통화하는 것을 좋아하지 않습니다.
- I don't **answer the phone** during class.
  저는 수업 시간에는 전화를 받지 않습니다.

I prefer ____________ to ____________.

3. 전화 관련 경험 MP3 284

- I have **activated call waiting** on my phone.
  저는 통화 중 대기 서비스를 신청했습니다.
- You have to use a **hands-free head set** when you drive.
  운전할 때는 헤드셋을 사용해야 합니다.
- You can **set a different ringtone** for each individual caller.
  개개인에 따로 전화벨 소리를 설정할 수 있습니다.
- My room doesn't **have good reception.**
  제 방은 전화가 잘 터지지 않습니다.
- I missed my stop because I was busy **texting.**
  저는 문자를 보내고 받다가 내릴 곳을 놓쳐버렸습니다.
- **My phone bill** is about 50,000 won every month.
  저는 전화요금으로 매달 약 5만원씩 냅니다.
- I **used my mobile phone abroad** too much so my phone bill was 100,000 won.
  저는 해외통화를 너무 많이 해서 전화요금으로 10만원을 냈습니다.

My phone bill is about ____________ won every month.

4. 전화의 변화 MP3 285

- **Mobility** is the best thing about mobile phones.
  휴대성은 휴대전화의 가장 좋은 점입니다.
- I can **talk, text, and even send photos and music.**
  저는 통화와 문자뿐 아니라 사진과 음악도 보낼 수 있습니다.
- **Thanks to smart phones**, everything **has become easier** in our daily lives.
  스마트폰 덕분에 일상생활에서 모든 것이 쉬워졌습니다.
- I use my cell phone because I can make phone calls **regardless of time and place.**
  시간과 장소에 상관없이 전화를 할 수 있기 때문에 휴대전화를 사용합니다.
- If you **use an Internet phone**, you can call for a very cheap rate.
  인터넷 전화를 사용하면 저렴한 요금으로 전화를 걸 수 있습니다.
- I use an Internet phone, and **international calls** between Internet phones are free.
  저는 인터넷 전화를 사용하기 때문에 인터넷 전화끼리 국제 통화는 무료입니다.
- Since I got a smart phone, **my life has changed** a lot.
  스마트폰이 생긴 이후로 제 삶에는 많은 변화가 있었습니다.
- A smart phone **has a lot of functions**, so sometimes it's distracting.
  스마트폰에 기능이 많아서 때로는 정신을 산만합니다.
- **Phone bills** are too high for young students to afford.
  전화요금이 어린 학생들이 내기에는 너무 비쌉니다.

____________ is the best thing about mobile phones.

UNIT 06 독서

원어민 음성 바로듣기

기출문제

MP3 286

1. You may read books. What kind of books do you read? How often do you read? Tell me about your reading habits in as much detail as possible.
   당신은 책을 읽을 것입니다. 어떤 종류의 책을 읽습니까? 얼마나 자주 읽나요? 당신의 독서 습관에 대해 가능한 한 자세히 말해 주세요.

■I like to read in English. As I believe that lots of reading helps my English improve, I try to read as much as possible. ●I mostly read the news and novels. ◆During my commute, I read the news on my smart phone. I don't mind reading anywhere anytime, however, a couple of hours before going to bed is the best time to read a book. At this time, I usually read e-books in bed. Sometimes the book is really engaging, so I stay up late reading.

저는 영어로 책을 읽는 것을 좋아합니다. 많이 읽을수록 영어 실력 향상에 도움이 된다고 믿기 때문에 되도록 많이 읽으려고 노력합니다. 가장 많이 읽는 것은 뉴스와 소설입니다. 출퇴근 시간에는 스마트폰으로 뉴스를 읽습니다. 언제, 어디서나 읽어도 되지만, 잠자리에 들기 한두 시간 전이 책을 읽기에 가장 좋은 시간이라고 생각합니다. 이 시간에 저는 침대에 누워서 주로 e-book을 읽습니다. 가끔 책이 재밌어서 늦게까지 책을 읽기도 합니다.

■독서 습관
독서와 같이 우리 일상생활과 밀접한 주제에 대한 질문을 받으면 말문이 막히기 쉽습니다. 먼저 자기가 좋아하는 책의 종류를 언급하면서, 어떤 책을 어떻게 읽는지에 대해 이야기합니다. 요즘은 책의 형태 말고도 e-book 등 다양한 매체를 통해 독서를 할 수 있기 때문에 자신이 이용하는 매체에 대해 언급해 주면 좋습니다.

●독서 장르
특징이 다른 두 개의 장르를 이야기하면 답변이 풍부해집니다. 소설에도 다양한 종류가 있으니 미리 생각해 두세요.

◆독서 시간과 장소
언제, 어디에서 책을 읽는지 구체적으로 이야기합니다. 오전과 오후 또는 주중과 주말로 나누어서 설명할 수 있습니다. 대략적인 시간을 말할 때는 about, a couple of 등의 표현을 씁니다.

MP3 287

2. Who is your favorite author? What kinds of books did he or she write? Why do you like the author?

가장 좋아하는 작가는 누구입니까? 그 사람은 어떤 책을 썼습니까? 왜 그 작가를 좋아합니까?

■My favorite author is Korean novelist Han Kang. Her name is also the name of the largest river in Korea and her father named her after the river. ●She received a prestigious writer award a few years ago and started getting attention from foreign countries. Her writing style is easy to read, but makes people think a lot. I can see the beauty and fierceness of life through her books. I am very glad to have experienced the charm of a novel through reading her books.

■작가 소개

돌발주제에 대비해 감명 깊게 읽었던 책 한 권을 미리 생각해 두세요. 작가와 줄거리에 대해 말하는 연습을 충분히 해 보세요. 자신이 좋아하는 작가가 누구인지 밝히고 간단한 소개를 합니다. 내가 좋아하는 작가(my favorite author)는 베스트셀러 작가(best-selling author)일 수도 있고, 유명한 작가(famous author), 익명의 작가(anonymous author)일 수도 있습니다.

●작가의 특징

좋아하는 작가의 문체(writing style)가 어떤지, 그것을 통해 자신은 어떤 것을 느꼈는지를 말하면 됩니다. 추상명사를 어려워하지 말고 시도해 보세요. 샘플답변에서는 beauty(아름다움), fierceness(치열함)라는 단어를 써봤습니다.

제가 좋아하는 작가는 한강이라는 한국의 소설가입니다. 한강은 한국의 가장 큰 강의 이름이고 그녀의 아버지가 그 강의 이름을 따서 이름을 지었습니다. 그녀는 얼마 전에 권위 있는 작가상을 받으면서 외국에서도 주목받기 시작했습니다. 그녀의 문체는 쉽게 읽히면서도 많은 생각을 하게 합니다. 저는 그녀의 책을 통해 삶의 아름다움과 치열함을 볼 수 있습니다. 저는 그녀의 책을 읽으면서 소설의 매력을 알게 되어 무척 기쁩니다.

PLUS

소설 장르

fiction, novel 소설
science fiction 공상과학 소설
detective story 탐정 소설
romance 로맨스
historical novel 역사소설
mystery 추리소설
thriller 스릴러
fantasy 판타지

MP3 288

3. Why did you become interested in reading? Did anyone influence you? Tell me why you are interested in reading.

왜 독서에 흥미를 갖게 되었나요? 어떤 사람이 영향을 주었나요? 어떻게 독서에 흥미를 갖게 되었는지 말해 주세요.

■The person who got me interested in reading books was my middle school Korean teacher. The teacher was such a storyteller and told students of fun episodes about writers and stories related to their books. Thanks to her, I became interested in reading books of various genres. ●At first, I sometimes felt that reading was like studying, but gradually, I realized that reading is a very important life habit.

■**독서의 계기**

어렸을 때 독서를 하게 된 계기에 대한 이야깃거리는 다양할 것입니다. 어떻게 해서 독서를 시작했는지, 누가 영향을 끼쳤는지에 대한 이야기를 들려주세요. 나에게 영향을 끼친 사람에 대해서는 the person who got me interested in으로 시작합니다.

●**마무리**

돌발주제로 나온 독서에 대해 정말 할 말이 없는 경우 어떻게 말해야 할까요? 책을 읽지 않는 경우는 Actually, I do not read a lot, but I think and try to read good books. (사실 저는 독서를 많이 하는 편은 아니지만 좋은 책을 읽으려고 항상 생각하고 노력은 합니다) 같은 문장으로 솔직히 말하는 것도 좋습니다.

제가 독서를 하도록 이끌어 준 사람은 중학교 때 국어 선생님이었습니다. 선생님은 타고난 이야기꾼이었고 작가에 대한 재미있는 에피소드나 그 책에 관련된 이야기를 들려주었습니다. 이 선생님 덕분에 다양한 장르의 책 읽기에 흥미를 갖게 되었습니다. 저는 처음에는 책 읽기가 공부처럼 느껴질 때도 있었지만 점차 독서가 인생에서 아주 중요한 습관이라는 걸 알게 되었습니다.

PLUS

문학 장르

drama 희곡
poetry 시
essay 수필
epic poetry 서사시
biography 전기
autobiography 자서전

• Ask me!

MP3 289

그동안 컴퓨터가 계속 질문했지만, 이제는 역으로 질문을 해달라는 요청을 받습니다. 주제별로 할 수 있는 질문을 미리 생각해 두세요. (컴퓨터는 응시자의 질문에 답변하지 않습니다)

Q. You probably read books. I also read books. Ask me three or four questions about it.
당신은 독서를 할 것입니다. 저 역시 독서를 합니다. 그에 대해 서너 가지 질문해 보세요.

■As you say, I try to read whenever I have time. You read as I do. Let me ask you about that. •How much reading do you do in a day? What kind of books do you like to read? When you read, where do you usually read? What book did you read most recently? I'm curious about your answers to my questions. Thank you.

■답변 시작하기
As you say를 이용해 자신의 독서 습관에 대해 언급하면서 질문을 시작해 보세요.

•추가 질문
Do you have a writer you particularly like? 당신이 특별히 좋아하는 작가가 있습니까?
Why did you first become interested in reading? 처음 독서에 관심을 갖게 된 이유는 뭔가요?

당신의 말처럼 저는 시간이 될 때마다 독서를 하려고 합니다. 저처럼 당신도 독서를 하는군요. 그에 대해 질문을 하겠습니다. 하루에 얼마나 독서를 하십니까? 어떤 종류의 책 읽기를 좋아합니까? 책을 읽을 때 주로 어디에서 독서를 합니까? 가장 최근에 읽은 책은 무엇입니까? 제 질문에 대한 답변이 궁금하군요. 감사합니다.

• 자주 쓰는 표현

OPIc 답변으로 유용한 표현들을 듣고, 나에게 필요한 것을 골라 큰 소리로 말해 보세요.

1. 독서 습관과 취향 MP3 290

- I **preferred** playing outside **to** reading indoors when I was a child.
  제가 어렸을 때는 안에서 책을 읽는 것보다 밖에서 노는 것을 더 좋아했습니다.
- I try to **read a book for at least 30 minutes** every day.
  저는 하루에 적어도 30분씩은 책을 읽으려고 노력합니다.
- I like reading **novels from various genres.**
  저는 여러 가지 장르의 소설을 읽는 것을 좋아합니다.
- I like **paperbacks.** 저는 얇은 표지의 책을 좋아합니다.
- I bought the *Harry Potter* series **in hardcover.**
  저는 양장본으로 된 <해리포터> 시리즈를 샀습니다.
- I like to read **biographies** because it is fun to find out how a person lived.
  저는 전기문 읽는 것을 좋아하는데, 어떤 사람의 일생을 아는 것이 재미있기 때문입니다.
- **Thanks to** my brother, I learned to enjoy (reading) **science fiction.**
  저는 형 덕분에 공상과학 소설에 흥미를 갖게 되었습니다.

I like to read ____________ because it is ____________.

2. 저자 소개 MP3 291

- **The author of the book** is J. K. Rowling. 그 책의 저자는 J. K. 롤링입니다.
- He is a very **talented writer.** 그는 매우 재능이 있는 작가입니다.
- She is a **prospective author.** 그녀는 매우 전도유망한 작가입니다.
- The author used a **pen name.** 작가는 필명을 사용하였습니다.
- His **writing style** is pretty sarcastic.
  그의 문체는 꽤 풍자적입니다.
- She **mostly writes about** women's lives.
  그녀는 주로 여자들의 삶에 대한 글을 씁니다.
- He **won** the Nobel **Prize** for Literature last year.
  그는 작년에 노벨 문학상을 탔습니다.
- She is one of the **bestselling authors** of the 21th century.
  그녀는 21세기의 대표적인 베스트셀러 작가입니다.
- She published her first essay about her life **under the title** *Homecoming*.
  그녀는 <홈커밍>이라는 제목으로 자신의 일생에 관한 첫 에세이를 출간했습니다.

She published her ____________ under the title ____________.

3. 책 소개 MP3 292

- **The title of the book** is *Frankenstein*. / **The book is called** *Frankenstein*.
  그 책의 제목은 <프랑켄슈타인>입니다.
- **The story is about** World War II. 제2차 세계대전에 관한 이야기입니다.
- **My favorite part of the book** is its climax. 그 책에서 가장 좋아하는 부분은 절정입니다.
- It **has a happy ending.** 그 책은 행복한 결말입니다.
- It was a **dramatic turnaround.** 그것은 극적인 반전이었습니다.
- There are **many twists in the plot.** 줄거리에는 많은 반전이 있습니다.
- The book is **based on a true story.** 그 책은 실화를 바탕으로 합니다.
- **The book was published** after the author died.
  그 책은 작가가 죽은 후에 출판되었습니다.
- I can see the beauty of life **through his book.**
  저는 그의 책을 통해 삶의 아름다움을 볼 수 있습니다.

> The book is about ____________.

4. 감상 MP3 293

- The story **touched** me. 저는 그 책에 감동받았습니다.
- It was a very **heart-warming** book. 그 책은 매우 따뜻한 이야기였습니다.
- I **learned a lot from** the book. 저는 그 책을 통해 많은 것을 배웠습니다.
- I **got** completely **lost in** the book. 저는 그 책을 전혀 이해할 수 없었습니다.
- I **finished reading** it in two days. 저는 그 책을 몇 일 안에 다 읽어버렸습니다.
- The story **captured** my **imagination.** 그 이야기는 제 상상력을 자극했습니다.
- I **couldn't put** the book **down.** 저는 그 책을 내려놓을 수가 없었습니다.
- It was **the most impressive** book I've ever read.
  제가 읽은 책 중 가장 감명 깊은 책이었습니다.
- It was not only **fun**, but also **informative.**
  그것은 재미있을 뿐만 아니라 유용한 정보를 주었습니다.
- **Through the book, I realized** how harsh life could be.
  그 책을 통해서 저는 삶이 얼마나 가혹할 수 있는지 깨달았습니다.
- I **gained a lot of knowledge** about Korean history after reading the book.
  그 책을 읽고 난 후 한국 역사에 관한 많은 지식을 얻었습니다.
- The book **made me think about** the importance of friendship.
  그 책으로 우정의 중요성에 대해 다시 생각하게 되었습니다.

> It was not only ____________, but also ____________.

UNIT 07 가구

원어민 음성 바로듣기

기출문제

MP3 294

1. Please tell me about a piece of furniture you bought recently. What kind of furniture did you get? Tell me about it in detail.
최근에 구입한 가구에 대해 말해 주세요. 어떤 가구를 샀습니까? 구체적으로 말해 주세요.

■The bookcase in my living room was getting old and had a lot of scratches. All of my family members agreed that we needed a new one. ●Last week, we went to the department store in my neighborhood. In the corner of the store, I found a really nice wooden bookcase. Plus, it was big enough to hold all of our books at home. ◆Now, my living room looks neat because the books are neatly arranged in the bookcase.

저희 집 거실에 있던 책장은 긁힌 자국도 많고 낡았습니다. 저희 가족 모두 만장일치로 새것이 필요하다고 생각했습니다. 지난주에 가족들과 동네에 있는 백화점에 갔습니다. 매장 구석에서 저는 정말 예쁜 나무 책장을 발견했습니다. 게다가 집에 있는 모든 책을 수용할 만큼 컸습니다. 지금은 책장에 책이 깔끔하게 정리되어 있어 거실이 정돈되어 보입니다.

■최근에 구입한 가구
단순히 가구가 필요해서(need), 오래된 것을 교체하려고(replace), 누군가 추천해서(recommend) 등 구매의 계기는 다양합니다. 샘플답변에서는 a lot of scratches(긁힌 자국)라는 표현으로 기존에 있던 가구의 상태를 알려줌으로써 계기를 설명합니다. 물건에 대해 get old는 '낡다'라는 뜻입니다.

●쇼핑 경험
누구와 어디로 가구를 사러 갔는지 밝힙니다. 백화점 외에도 furniture store(가구점), flea market(벼룩시장), on the Internet(인터넷으로) 등 다양한 곳에서 구매할 수 있겠죠? 구입한 가구에 대한 묘사도 빠질 수 없습니다. 샘플답변에서는 a really nice wooden bookcase라는 말로 책장이 '나무' 소재임을 알리고, big enough to hold all of our books라는 말로 크기를 묘사했습니다.

◆마무리
가구를 바꾸면 공간의 분위기도 바뀝니다. neat(정돈된) 외에 bright(밝은), modern(현대적인), cozy(아늑한)라는 표현도 쓸 수 있습니다.

2. When you buy furniture, where do you usually go? Is there any particular reason you like to go there? Who do you usually go with?
가구를 살 때 당신은 보통 어디에서 가구를 구입합니까? 그곳에 가는 특별한 이유가 있습니까? 주로 누구와 갑니까?

■Nowadays, I prefer to order furniture online. ●Before that, I went to furniture streets where all kinds of shops were clustered. But one day, I realized that the online prices were much cheaper than buying directly from the store and there were even more diverse options. ◆When buying furniture online, I don't make the decision alone. I look through the online catalogue and ask other people for advice. If I can't make up my mind, my sister helps me choose.

요새는 온라인에서 가구를 주문하는 것을 선호합니다. 그전에는 모든 종류의 가게들이 모여 있는 가구 거리에 가서 직접 가구를 보고 샀습니다. 그런데 어느 날 온라인은 가게에서 직접 사는 것보다 훨씬 저렴하고, 심지어 더 다양한 종류가 있다는 걸 알게 되었습니다. 온라인에서 가구를 살 때 저는 혼자 결정하지는 않습니다. 온라인 카탈로그를 살펴보면서 다른 사람들에게 조언을 구합니다. 제가 결정을 내리지 못하면 동생이 고르는 것을 도와줍니다.

■가구 구매 습관
가구는 다른 물건에 비해 자주 구입하지 않는 물건이죠. 그래서 이러한 구체적인 질문을 받으면 당황하기 쉽습니다. 그렇다면 평소 옷이나 책을 사는 습관을 답변에 대입해 보는 것은 어떨까요? 그러면 조금 쉽게 접근할 수 있습니다. furniture는 -s를 붙이지 않습니다. '가구 하나'는 a piece of furniture라고 말합니다.

●구매 장소
과거에는 매장에서 직접 샀다면 요즘은 온라인 매장을 이용한다고 말합니다. 온라인 매장의 장점을 말해 주면 좋은 이유가 되지요.

◆구매 결정
혼자서 꼼꼼히 따져보고 결정하는 분들도 있지만 여러 사람에게 조언을 구하는 분들도 있습니다. 스스로 결정하기 힘든 사람들은 I cannot decide for myself, so I always seek advice from close friends or family members(저는 스스로 결정하기 힘들어서 친한 친구들이나 가족들에게 반드시 조언을 구합니다)라고 할 수 있겠지요.

MP3 296

3. Tell me about your favorite piece of furniture in your home. Why do you like that piece of furniture the most? When did you first get this piece of furniture? Tell me about it.

집에서 당신이 가장 좋아하는 가구에 대해 말해 주세요. 왜 그 가구를 가장 좋아합니까? 언제 처음 그 가구를 갖게 되었습니까?

■My favorite piece of furniture is the sofa which I purchased when I first moved into this house. It is a brown leather sofa and can seat four people. ●It is really special because I bought it with my first paycheck. When I'm alone at home, I am sitting or lying on this sofa all the time except when I go to bed. The sofa is getting old and sagging more and more as time goes by but it is still my favorite piece of furniture at home.

제가 가장 좋아하는 가구는 제가 처음으로 이 집으로 이사 올 때 구입한 소파입니다. 그것은 갈색 가죽 소파이고 4인용입니다. 제 첫 월급으로 그것을 샀기 때문에 정말 특별합니다. 저는 혼자 집에 있으면 잠잘 때만 빼고는 항상 이 소파에 앉아 있거나 누워 있습니다. 소파는 시간이 지나면서 낡고 꺼지고는 있지만 여전히 집에서 제가 가장 좋아하는 가구입니다.

■좋아하는 가구

좋아하는 가구에 대해 생각해 본 적 있나요? 이번 기회에 한번 생각해 보세요. 집에서 가장 많은 시간을 보내는 곳에 있는 가구를 떠올려 보세요.

●좋아하는 이유

가구는 아주 예쁘거나, 아주 편해서(comfortable) 마음에 드는 경우가 많습니다. 또 샘플답변처럼 개인적인 의미가 있는 가구이기 때문에 좋아할 수 있습니다.

PLUS

sofa, couch 소파
cabinet 장식상
coffee table 탁자
arm chair 팔걸이의자
TV stand 텔레비전 받침대
bed 침대
bedside table 침대 머리맡에 있는 테이블
desk 책상
chair 의자
chest 장롱
bookcase 책장
wardrobe 옷장
chest of drawers 서랍장
dressing table 화장대
shoe cabinet 신발장
cupboard 찬장
dining table 식탁

Ask me!

MP3 297

그동안 컴퓨터가 계속 질문했지만, 이제는 역으로 질문을 해달라는 요청을 받습니다. 주제별로 할 수 있는 질문을 미리 생각해 두세요. (컴퓨터는 응시자의 질문에 답변하지 않습니다)

Q. You may buy furniture. I also buy furniture for my house from time to time. Ask three or four questions about it.
당신도 가구를 살 것입니다. 저 역시 때때로 집을 위한 가구를 삽니다. 그에 대해 서너 가지 질문을 해보세요.

■I like buying new furniture and changing the atmosphere of my home. Maybe you're like me. ●What kind of furniture did you buy recently? Why did you buy that piece of furniture? Did you buy it at the furniture store or did you place an order online? Are there any particular considerations you have when buying furniture? I'm curious about your answers. Thank you.

■답변 시작하기
자기 이야기를 하면서 Maybe you're like me.와 같이 동질감을 주는 말로 답변을 시작해 봅니다.

●추가 질문
Do you like antique furniture or modern furniture? 골동품 가구를 좋아합니까, 아니면 현대적인 가구를 좋아합니까?
What piece of furniture did you buy first? 처음으로 구매한 가구가 무엇입니까?

저는 새로운 가구를 사서 집 안의 분위기를 바꾸는 걸 좋아합니다. 당신도 아마 그럴 것 같군요. 최근에 어떤 가구를 샀습니까? 왜 그 가구를 샀습니까? 가구를 살 때 매장에서 삽니까, 아니면 온라인으로 주문을 합니까? 가구를 살 때 특별히 고려하는 점이 있습니까? 당신의 대답이 궁금하군요. 감사합니다.

자주 쓰는 표현

OPIc 답변으로 유용한 표현들을 듣고, 나에게 필요한 것을 골라 큰 소리로 말해 보세요.

1. 구매 계기 MP3 298

- My sofa was almost **15 years old** and was **torn in places.**
  저희 소파는 거의 15년 되었고 어떤 부분은 찢어졌습니다.
- It was such a good price that I **couldn't help buying it.**
  가격이 너무 좋아서 저는 살 수밖에 없었습니다.
- I wasn't planning to buy it, but I bought it **on impulse.**
  저는 살 계획이 없었는데 충동구매를 했습니다.
- As soon as I saw the dressing table, I thought it would **go well with** my room.
  저는 그 화장대를 보자마자 제 방과 잘 어울릴 것이라고 생각했습니다.
- When I **move into a new house**, I buy new furniture.
  새 집으로 이사 갈 때 가구를 새로 구입합니다.
- When I **give a new look to my home**, it's necessary to buy new furniture.
  저는 집을 새로 단장할 때 새로 가구를 살 필요가 있습니다.
- A new piece of furniture can **change the whole atmosphere of my home.**
  새로 산 가구 한 점이 집 전체의 분위기를 바꿀 수 있습니다.

A new piece of furniture can change ____________.

2. 구매 습관 MP3 299

- I **go to a furniture store** that sells antique chests.
  저는 고풍스러운 서랍장을 파는 가구 가게에 갑니다.
- I **go to a furniture street** where all kinds of stores are clustered.
  저는 모든 종류의 가게들이 모여 있는 가구 거리에 갑니다.
- I like imported furniture because of the unique design, so I **order online and have it shipped.**
  저는 특이한 디자인 때문에 수입 가구를 좋아해서 온라인으로 주문하고 배송 받습니다.
- I can't **make up my mind**, so my sister helps me choose.
  저는 결정을 내리지 못해서 동생이 고르는 것을 도와줍니다.
- My sister **has an eye for** furniture. 동생이 가구를 보는 눈이 있습니다.
- I **look through the catalogue** and **ask** my family **for advice.**
  저는 카탈로그를 보면서 가족에게 조언을 구합니다.
- I **compare all the prices** of each online furniture store.
  저는 각 온라인 가구점의 모든 가격을 비교합니다.
- Buying furniture is kind of **a big deal**, so I always **bring someone with me.**
  가구를 사는 것은 중대한 일이라 저는 항상 누군가를 데려갑니다.
- I prefer to **go shopping alone**, as it doesn't take a long time to make a decision.
  결정하는 데 시간이 오래 걸리지 않기 때문에 저는 혼자 쇼핑하는 것을 좋아합니다.

I look through ____________ and ask ____________ for advice.

3. 가구 묘사 MP3 300

- It is **a marble table with four legs.**
  다리가 4개 달린 대리석 테이블입니다.
- It is **a round pedestal coffee table.**
  가운데 두꺼운 다리가 하나 있는 동그란 커피 테이블입니다.
- **An oval-shaped mirror** is attached to the dressing table.
  타원형의 거울이 그 화장대에 붙어 있습니다.
- My mother bought me the dressing table **as a gift.**
  엄마가 제게 화장대를 선물로 사주셨습니다.
- Actually, the table **has been passed down from generation to generation.**
  사실 그 테이블은 세대에 걸쳐 전해 내려온 것입니다.

It is a ____________ with ____________.

4. 구입 후의 느낌 MP3 301

- It was **pretty satisfying in price and design.**
  가격과 디자인 면에서 꽤 만족스러웠습니다.
- It looked **perfect with** the other pieces of furniture in my room.
  그것은 제 방의 다른 가구와 어울려 완벽해 보였습니다.
- The design was really nice, but it was definitely not **functional.**
  디자인은 좋았지만 확실히 실용적이지는 않았습니다.
- It made the living room **look brighter** and **changed the whole atmosphere.**
  그것은 거실을 더 밝게 보이게 했고 전체적인 분위기를 바꿔주었습니다.
- It was **a good choice.** I'm so happy that I bought it.
  좋은 선택이었습니다. 저는 정말 만족합니다.

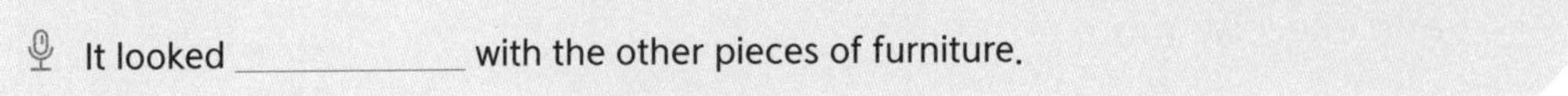
It looked ____________ with the other pieces of furniture.

UNIT 08 건강 · 병원

원어민 음성 바로듣기

기출문제

MP3 302

1. Let's talk about healthy people. What do healthy people do? What do they do to maintain their health?
건강한 사람들에 대해 이야기해 봅시다. 건강한 사람들은 무엇을 합니까? 건강을 유지하기 위해 무엇을 합니까?

■Healthy people tend to be concerned about their health. ●They do many things for their health. First of all, they have regular habits. Since they always have breakfast, they can start the day with a lot of energy. When they have meals, they watch what they eat. Plus, they relieve stress by exercising. If they don't have spare time, they try to walk a block or two. ◆I feel that I should eat balanced meals and exercise more regularly.

건강한 사람들은 자신의 건강에 대해 신경을 많이 쓰는 경향이 있습니다. 그들은 건강을 위해 많은 것을 합니다. 우선, 그들은 규칙적인 습관을 가지고 있습니다. 항상 아침 식사를 하기 때문에 하루를 활기차게 시작할 수 있습니다. 식사를 할 때는 먹는 음식에 주의합니다. 그들은 운동하면서 스트레스도 해소합니다. 시간이 부족해도 한두 블록은 걸으려고 합니다. 저도 균형 잡힌 식사를 하고 더 규칙적으로 운동을 해야 할 것 같습니다.

■건강한 사람
건강은 많은 사람들이 관심을 갖는 주제입니다. 그리고 사람들은 자기 건강을 지키기 위해 많은 노력을 하죠. 건강한 사람이란 어떤 사람들이라고 생각하나요? 건강한 사람들의 성향에 대해서 동사 tend to(~하는 경향이 있다)으로 시작합니다. be concerned about health는 '건강에 신경 쓰다'는 의미로, be health conscious라고 표현할 수도 있습니다.

●건강을 위해 하는 일
They do many things for their health(건강을 위해 많은 것을 한다)라는 말로 자연스럽게 시작해 보세요. have breakfast(아침을 먹다), start the day with a lot of energy(하루를 활기차게 시작하다), watch what they eat(식단에 주의하다) 등이 대표적인 건강인들의 습관입니다.

◆의견
I feel that I should+동사원형(~해야 한다고 생각한다)라는 표현을 이용하여, 건강을 위해 무엇을 해야 하는지 설명하면서 마무리합니다.

MP3 303

2. Please tell me about one person around you who is healthy. What is he or she like? How did you meet him or her? Why do you think this person is healthy?

주변에 있는 건강한 사람에 대해 말해 주세요. 그분은 어떻게 생겼나요? 어떻게 만났습니까? 왜 그분이 건강하다고 생각하나요?

■I think my father is the healthiest person I've ever known. He neither smokes nor drinks alcohol. He looks so young that it's hard to believe his age. ●When my father was a young man, he drank a lot of alcohol and ate a lot of fatty food. One day, he felt that he had a health problem, so he decided to start exercising and change his diet. Finally, he lost weight and got back in shape. Since then, he stayed in shape.

제가 아는 사람 중에서는 저희 아버지가 가장 건강한 사람인 것 같습니다. 아버지는 술과 담배를 하지 않습니다. 너무 젊어 보이셔서 나이를 믿기 힘들 정도입니다. 젊었을 때는 술을 많이 마시고 기름진 음식도 많이 드셨습니다. 어느 날 건강에 문제가 있음을 느끼고, 식이조절을 하고 운동을 시작하셨습니다. 마침내 체중을 빼고 건강도 되찾았습니다. 그 후로 아버지는 건강을 유지하셨습니다.

■주변의 건강한 사람

가족이나 친구 등 주변 사람들 중에 건강한 사람을 떠올려 보세요. 그 사람이 어떻게 생겼는지, 식습관이나 생활습관이 어떤지를 설명하면서 그들이 건강을 위해 하는 일을 소개합니다. neither A nor B는 'A도 B도 하지 않다'라는 의미로, 건강한 사람이 여러 가지 몸에 해로운 일을 하지 않는 것을 표현할 때 유용합니다.

●과거와의 비교

답변을 풍부하게 하기 위해서는 과거와 현재를 비교해 보는 것도 좋습니다. 과거에도 건강한 사람이었다면, 주변인들의 좋지 않은 습관과 비교해 보세요.

🔊 MP3 304

3. What kind of food do healthy people usually eat? What should you do if you want to be a healthy person? Tell me all the details.
건강한 사람들은 무엇을 먹습니까? 건강해지려면 어떻게 해야 합니까? 자세히 말해 주세요.

■I think healthy people have healthy eating habits and lifestyles. For example, they eat regularly and never skip meals. •It is also important to keep exercising more than three days a week for healthy people. ◆I try to apply these principles as well. I like meat, but I know that I should eat more vegetables and less meat to be healthy. I should exercise as often as possible. Choosing boiled or steamed food instead of deep fried food is also important.

■건강한 사람의 특징
건강한 사람은 좋은 식습관과 생활 습관을 가지고 있습니다. 정신적으로 건강한(mentally healthy) 특징도 빠질 수 없습니다. 구체적인 예를 들 때는 for example(예를 들면)을 많이 씁니다.

•유지하기
keep exercising은 '꾸준히 운동하다'라는 의미입니다. 지속과 유지를 의미하는 동사 keep은 keep a diary(일기를 꾸준히 쓰다), keep the secret(비밀을 지키다), keep the promise(약속을 지키다) 등으로 많이 쓰입니다.

◆적용하기
apply the principle은 '원칙을 적용하다'라는 의미입니다.

건강한 사람들은 건강한 식습관과 생활습관을 가지고 있는 것 같습니다. 예를 들어, 그들은 정기적으로 식사를 하고 절대로 식사를 건너뛰지 않습니다. 건강한 사람들에게는 일주일에 3일 이상 운동하는 것도 중요합니다. 저도 이 원칙들을 적용하려고 노력합니다. 저는 고기를 좋아하지만 건강을 위해 야채를 더 많이 먹고, 고기를 더 적게 먹어야 한다는 것을 압니다. 저는 가능한 한 자주 운동해야 합니다. 기름에 튀긴 음식보다는 삶거나 찐 음식을 선택하는 것도 중요합니다.

Ask me!

MP3 305

그동안 컴퓨터가 계속 질문했지만, 이제는 역으로 질문을 해달라는 요청을 받습니다. 주제별로 할 수 있는 질문을 미리 생각해 두세요. (컴퓨터는 응시자의 질문에 답변하지 않습니다)

Q. You may know about healthy people. I also try to stay healthy. Ask me three or four questions about my health habits.
당신은 건강한 사람에 대해 알고 있을 겁니다. 저 역시 건강을 지키기 위해 노력합니다. 저의 건강 습관에 대해 서너 가지 질문해 보세요.

You're trying to stay healthy. I want to be healthier, but it is not that easy. I would like to ask you some questions about your health habits. ■How do you control your diet to maintain your health? How do you eat and what kind of food do you usually eat? Do you exercise constantly? If so, how many days a week do you work out? Are there other health rules besides those? I'm curious about your answer. Thank you.

■추가 질문
Do you have any special health supplements you take regularly? 특별히 규칙적으로 먹는 건강보조식품이 있습니까?
Do you have any other habits for maintaining your health besides exercising and diet? 운동이나 식이요법 말고 건강을 지키기 위해 하는 다른 습관이 있습니까?

당신도 건강을 지키기 위해 노력하는군요. 저는 더 건강해지고 싶은데 생각대로 잘되지는 않습니다. 당신의 건강 습관에 대해 몇 가지 질문을 하고 싶습니다. 건강을 지키기 위해 식단 조절은 어떻게 합니까? 어떻게 식사하고 어떤 음식을 주로 먹습니까? 운동을 꾸준히 합니까? 그렇다면 일주일에 며칠 운동합니까? 그것 말고 다른 건강에 좋은 규칙이 있습니까? 당신의 답변이 궁금하군요. 감사합니다.

자주 쓰는 표현

OPIc 답변으로 유용한 표현들을 듣고, 나에게 필요한 것을 골라 큰 소리로 말해 보세요.

1. 건강한 삶 MP3 306

- These days, there are many **health conscious eaters.**
  요즘에는 건강을 생각하면서 먹는 사람들이 많습니다.
- Regardless of age and gender, people **work hard to stay healthy.**
  나이와 성별에 상관없이 사람들은 건강을 유지하려고 노력합니다.
- **Maintaining health** has become an important factor in people's lives.
  사람들의 삶에서 건강을 유지하는 것이 중요한 요소가 되었습니다.
- **Eating right and having a healthy life style** is an issue among many people.
  건강한 음식을 먹고 건강한 라이프 스타일을 가지는 것이 많은 사람들 사이에서 이슈입니다.

_____________ health has become an important factor in people's lives.

2. 먹는 습관 MP3 307

- I should **eat regularly** and **never skip meals.**
  저는 규칙적으로 식사를 하고 절대 끼니를 거르지 말아야 합니다.
- **In order to be healthy**, you should **eat more vegetables and less meat.**
  건강해지기 위해 고기는 적게 먹고 야채를 더 먹어야 합니다.
- I **eat organic food products** for health reasons.
  건강을 위해 유기농 식품을 먹습니다.
- They say the **secret to living in a healthy life** is eating the right kind of food.
  그들은 건강하게 사는 비결이 올바른 음식을 먹는 것이라고 말합니다.
- Throughout the day, they **drink plenty of water**, so they **have a nice complexion.**
  그들은 하루 종일 물을 충분히 마시기 때문에 피부가 좋습니다.
- If you **avoid oily food**, you can **lose weight.**
  기름진 음식을 피하면 살을 뺄 수 있습니다.
- They prefer **boiled or steamed food** to **deep fried food.**
  그들은 기름에 튀긴 음식보다는 삶거나 찐 음식을 선호합니다.
- All he does for his health is **drink a glass of fresh juice every morning.**
  그가 건강을 위해 하는 것이라곤 매일 아침 신선한 주스를 한 컵 마시는 것입니다.
- I don't smoke and I **drink in moderation.**
  저는 담배를 피우지 않고 술은 적당히 마십니다.
- From now on, I will try to drink more milk since it is **a good source of calcium.**
  우유는 칼슘의 좋은 공급원이기 때문에 저는 앞으로 우유를 더 많이 마시려고 합니다.

I should _____________ and never _____________.

3. 생활 습관 MP3 308

- I'm an **early bird**, so I **do light exercise** in the morning.
  저는 아침형 인간이라서 아침에 가벼운 운동을 합니다.
- Exercising can **help the immune system**, so I hardly catch a cold.
  운동을 하면 면역체계를 도와주어서 저는 감기에 잘 걸리지 않습니다.
- Healthy people sleep for at least 6 hours, so they always **look well rested.**
  건강한 사람들은 적어도 6시간은 자기 때문에 잘 쉰 것처럼 보입니다.
- Because of radiation exposure, I try to **reduce the amount of time** I spend using a cell phone.
  전자파 노출 때문에 저는 휴대전화 사용을 줄이려고 노력합니다.
- I **get a health checkup** at least once a year.
  저는 적어도 일 년에 한 번 건강검진을 받습니다.
- With **regular health checkups**, I can **prevent illnesses** before they occur.
  정기검진을 해서 저는 질병이 발생하기 전에 예방할 수 있습니다.
- For many people, **taking vitamins** is part of their routine.
  많은 사람들에게 비타민 섭취는 일상적인 일입니다.
- When I **don't feel well**, I consult a doctor right away.
  저는 몸이 안 좋으면 의사와 바로 상담합니다.
- I **make a dentist appointment** whenever I think it's necessary.
  저는 필요하다고 생각될 때마다 치과 예약을 합니다.

I get a health checkup at least ____________.

4. 건강의 영향 MP3 309

- Since they **feel great**, they **seem happier** and **have become more active**.
  그들은 기분이 좋기 때문에 더 행복해 보이고 더 활동적입니다.
- They **have a lot of energy**, and they **don't get tired easily.**
  그들은 에너지가 넘치고 쉽게 지치지 않습니다.
- They **look on the bright side** and always **have a smile** on their face.
  그들은 긍정적으로 생각하고 항상 얼굴에 미소를 짓습니다.
- Not only do they **look healthy**, but they also **look younger.**
  그들은 건강해 보일 뿐만 아니라 젊어 보입니다.
- I **strongly feel** that exercising is the best way to **stay fit.**
  저는 운동이 건강을 지키는 가장 좋은 방법이라고 강하게 믿습니다.
- I think it's **never too late** to start exercising.
  저는 운동을 시작하기에 결코 늦지 않았다고 생각합니다.

I think it's never too late to ____________.

UNIT 09 교통수단

원어민 음성 바로듣기

• 기출문제

MP3 310

1. Please tell me about the public transportation system in your country in as much detail as possible.
당신의 나라에 있는 대중교통 시스템에 대해 가능한 구체적으로 말해 주세요.

■There are many kinds of public transportation in my country such as the bus, subway, and taxi. ●Taking the bus or subway is more common. There are many bus stops and you can find many buses that go to various places. In addition, the subway lines are so well-structured that you can travel to almost anywhere in Seoul and many outlying areas. ◆As for me, I prefer taking the bus, because I can enjoy the view outside.

우리나라에는 버스와 지하철, 택시 같은 다양한 대중교통 수단이 있습니다. 버스나 지하철을 타는 것이 더 일반적입니다. 버스 정류장이 많고 다양한 곳으로 가는 버스들을 볼 수 있습니다. 게다가 지하철 노선은 구조가 잘되어 있어서, 서울과 외곽 지역으로 어디든지 갈 수 있습니다. 저는 바깥의 풍경을 볼 수 있어서 버스를 선호합니다.

■우리나라의 대중교통 시스템
평소 교통수단에 대해서 구체적으로 말할 기회가 있었나요? 우리 일상에 녹아 들어서 흔히 그 소중함을 생각해 본 적이 없는 주제에 대해 갑자기 말해 보라고 하면 어렵게 느껴질 수 있습니다. There are many kinds of(많은 종류의 ~이 있다)라는 표현으로 자연스럽게 시작해 보세요.

●대중교통
버스와 지하철, 택시 등은 주위에서 쉽게 볼 수 있는 대중교통입니다. 사람들이 가장 많이 이용하는 버스나 지하철의 특징이나 장단점을 설명합니다. 우리나라의 교통은 대체로 well-structured(구조화된), punctual(시간을 잘 지키는)하다고 합니다.

◆선호하는 교통수단
As for me나 In my case는 '제 경우에는'이라는 의미로, 자신이 선호하는 교통수단과 이유를 밝힐 때 유용합니다.

MP3 311

2. What are the good things about public transportation in your country?

당신의 나라에서 대중교통의 장점은 무엇입니까?

■I think our public transportation system is much better than those of other countries. ●There are bus stops all over the place, so we can easily take the bus. Buses run every 10 minutes, so you don't have to wait for too long. Subways are also well developed in big cities, so people can get around most of the city by subway. The subway is always on time, so I don't have to worry about being late. ◆In my opinion, public transportation in Korea is much more convenient than any other country's.

우리나라 대중교통 시스템은 다른 나라들보다 훨씬 잘되어 있다고 생각합니다. 여기저기 버스 정류장이 많아서 사람들이 쉽게 버스를 탈 수 있습니다. 버스가 10분마다 운행되어서 너무 오래 기다릴 필요가 없습니다. 대도시에는 지하철 역시 잘 발달되어 있어서 도시 대부분을 지하철을 타고 돌아다닐 수 있습니다. 지하철은 제시간에 와서 늦을 염려가 없습니다. 한국의 대중교통은 다른 어떤 나라들보다 훨씬 더 편리하다고 생각합니다.

■장단점 비교

대중교통 주제에서는 교통수단 각각의 장단점과 대중교통 시스템의 변화(발전)에 대한 문제를 생각해 볼 수 있습니다. 대체적으로 한국의 대중교통은 다른 나라들보다 잘되어 있다고 합니다.

●버스와 지하철

버스는 지하철에 비해 정류장이 많다는 것이 장점이고, 지하철은 버스에 비해 시간을 잘 지킨다(be on time)는 것이 장점일 것입니다.

◆의견

앞서 언급한 내용들을 정리하면서 나의 의견으로(In my opinion) 마무리합니다.

PLUS

대중교통에 따라 달라지는 표현

- 택시를 탈 때 – get into a taxi
- 택시에서 내릴 때 – get out of a taxi
- 버스[지하철]를 탈 때 – get on the bus[subway]
- 버스[지하철]에서 내릴 때 – get off the bus[subway]

- take a taxi 택시를 타다
- take the bus[subway] 버스[지하철]를 타다

MP3 312

3. Has the transportation system changed since you were a child? How is it different?

어릴 때와 비교하여, 교통 시스템이 변화했습니까? 어떻게 다릅니까?

■The modern public transportation system has made tremendous progress compared to the past. ●Bus-only lanes have become increasingly common and many new bus routes have been added recently. In addition, there is an electronic system at the bus stop telling you which buses will be arriving shortly. More subway stations and bus stops have been built and there are more new routes. We don't have to pay using cash, tokens, or bus tickets anymore because of transportation cards. Compared to the past, passengers use public transportation in a more orderly manner because of these convenient systems.

현대의 대중교통 시스템은 과거와 비교하면 엄청난 발전을 했습니다. 버스 전용 차선이 점차 보편화되어 가고 새로운 노선이 최근엔 많이 추가되었습니다. 게다가 버스정류장에서 어떤 버스가 곧 도착할 것인지 알려주는 전자시스템이 있습니다. 더 많은 지하철역과 버스정류장이 지어져서 새로운 노선이 많아졌습니다. 교통카드 덕분에 이제 더 이상 현금이나 토큰, 버스표를 사용해 요금을 낼 필요가 없습니다. 이런 편리한 시스템 때문에 과거와 비교해 승객들이 질서를 지켜 대중교통을 이용하게 되었습니다.

■교통수단의 변화

버스 전용 차선이나 새로운 노선의 추가 등 실제로 일어난 변화와 그로 인해 대중교통을 이용할 때 어떤 변화가 생겼는지를 생각해보면 더 쉽게 답변할 수 있습니다. 이러한 질문에는 compared to the past(과거와 비교하여)라는 표현이 유용합니다.

●편의성

구체적인 예시를 들어 교통수단의 변화된 점을 소개합니다. 기술이 발전하면서 삶의 편의를 위해 자동화, 전자화된 서비스들을 언급합니다.

Ask me!

MP3 313

그동안 컴퓨터가 계속 질문했지만, 이제는 역으로 질문을 해달라는 요청을 받습니다. 주제별로 할 수 있는 질문을 미리 생각해 두세요. (컴퓨터는 응시자의 질문에 답변하지 않습니다)

Q. Our country also has a public transportation system. Ask three or four questions about our public transportation system.
우리나라에도 대중교통 시스템이 있습니다. 우리나라의 대중교통 시스템에 대해 서너 가지 질문해 보세요.

I think our public transportation system is well developed compared to other countries. So I wonder about your public transportation system. Let me ask you a few questions about it. ■What kind of public transportation system does your country have? Are there many bus lines or subway lines? What kind of public transportation do people use the most? What about you? Which mode of public transportation do you use the most? I am curious. Thank you.

■추가 질문

What do you think about the fare for public transportation? Do you think it is reasonable? 대중교통요금은 어떻다고 생각합니까? 적절하다고 생각합니까?

What are the advantages and disadvantages of public transportation in your country? 당신 나라의 대중교통 장단점은 무엇입니까?

우리나라 대중교통 시스템은 다른 나라에 비해 잘 발달되어 있다고 생각합니다. 그래서 당신 나라의 대중교통 시스템은 어떤지 궁금하군요. 그에 대해 몇 가지 질문하겠습니다. 어떤 종류의 대중교통이 있습니까? 버스 노선이나 지하철 노선이 많이 있습니까? 사람들은 어떤 종류의 대중교통을 가장 많이 사용합니까? 당신은 어떻습니까? 어떤 대중교통 유형을 가장 많이 이용하십니까? 궁금하네요. 감사합니다.

자주 쓰는 표현

OPIc 답변으로 유용한 표현들을 듣고, 나에게 필요한 것을 골라 큰 소리로 말해 보세요.

1. 교통수단 MP3 314

- Many forms of transportation are **available.**
  많은 종류의 교통을 이용할 수 있습니다.
- It's sometimes faster to **use public transportation** instead of driving.
  대중교통을 이용하는 것이 운전하는 것보다 때로는 더 빠릅니다.
- Public transportation in Korea is **well-built**, and I've never seen a country with a transportation system that is as **convenient.**
  한국의 대중교통은 잘 구축되어 있으며, 한국만큼 편리한 나라를 본 적이 없습니다.
- The subway is a **cheap and convenient** form of public transportation.
  지하철은 싸고 편리한 대중교통입니다.
- The buses and subways are crowded with people **during rush hour.**
  출퇴근 시간에 버스와 지하철은 사람들로 붐빕니다.
- Because of the **bus-only lanes**, taking the bus is faster.
  버스 전용 차선 때문에 버스를 타는 것이 더 빠릅니다.

> The ____________ is ____________ form of public transportation.

2. 버스와 지하철 MP3 315

- The **bus fare** is paid as you get on the bus.
  버스를 타면서 요금을 지불합니다.
- You have to **scan your subway pass** when you walk through the turnstile.
  개찰구를 통과해 지날 때 지하철 패스를 읽혀야 합니다.
- The transfer stations are indicated on the **subway map.**
  지하철 노선도에 환승역이 표시되어 있습니다.
- Depending on the type of **bus route**, the colors of the buses are different.
  버스 노선에 따라서 버스의 색깔이 다릅니다.
- The subway is **on schedule**, so I don't have to worry about being late.
  지하철은 제시간에 와서 늦을 염려가 없습니다.
- Express subway trains are **much faster than** the regular trains.
  [illegible] 일반 열차보다 훨씬 빠릅니다.
- If you **transfer from** the bus **to** the subway or vice versa, you can **get a transfer discount.**
  버스에서 지하철, 혹은 반대인 경우에도 환승 할인을 받을 수 있습니다.
- It's **more economical** to get a transfer discount.
  환승 할인을 받으면 더 경제적입니다.

> ____________ are much faster than ____________.

3. 택시 MP3 316

- You can **get out right in front of your destination** if you take a taxi.
  택시를 타면 목적지 바로 앞까지 데려다 줍니다.
- If you take a taxi late at night, you must **pay an extra charge**.
  밤늦게 택시를 타면 할증 요금을 내야 합니다.
- Many taxis are **lined up along the street,** so it's not a problem to find one.
  거리에는 택시가 많이 줄지어 있어서 한 대 찾는 것은 문제가 아닙니다.
- Taxis in Seoul are orange, so you can easily **spot them from far away.**
  서울은 택시가 주황색이라서 멀리서도 쉽게 찾을 수 있습니다.
- If you are **stuck in traffic**, there's no use taking a taxi.
  교통체증에 걸리면 택시 타는 것이 소용이 없습니다.

> If you are stuck in traffic, there's no use ____________.

4. 선호하는 교통수단 MP3 317

- I prefer taking the subway, as it's always **on time**.
  항상 제시간에 오기 때문에 저는 지하철을 선호합니다.
- There is a subway station near my home, so it's **convenient** for me.
  저희 집 근처에 지하철이 있어서 편리합니다.
- People I know say the subway is **more convenient**, but I think the bus is better.
  주변 사람들은 지하철이 더 편하다고 하지만, 저는 버스가 더 낫다고 생각합니다.
- If the weather is nice and I have enough time, I **enjoy riding the bus.**
  날씨가 좋고 시간이 많으면 저는 버스 타는 것을 좋아합니다.
- When I'm late for an appointment, I **catch a cab.**
  약속에 늦으면 저는 택시를 탑니다.
- When people are in a hurry, they **call a taxi**.
  사람들은 급할 때 택시를 부릅니다.
- Usually I take the bus, but when I'm tired, I **hop into a taxi.**
  보통 저는 버스를 타지만 피곤하면 택시를 탑니다.

> People I know say ____________ is more convenient, but I think ____________ is better.

UNIT 10 약속

원어민 음성 바로듣기

기출문제

MP3 318

1. Please tell me about the last appointment you had. What was it? Who did you make the appointment with?
최근 약속에 대해 말해 주세요. 어떤 약속이었습니까? 누구와의 약속이었습니까?

■The last appointment I had was last Saturday. ●I met my friends near Hyehwa station in Daehangno to celebrate one of my friends' birthday. We went to a Chinese restaurant where we had made a reservation. While enjoying our meal, we chatted about all kinds of things. ◆The birthday girl wanted to grab a beer, so we went to a pub. We surprised her with a birthday cake there. We were all so happy and had a great time together.

■최근의 약속
약속에 대해 말할 때는 기본적으로 만남의 목적과 만난 시간, 만난 장소에 대해 이야기합니다. 이때 meeting과 appointment의 의미를 구분해서 사용해야 하는데, meeting은 형식적인 '회의'를 의미하고, appointment는 '공적인 약속'을 의미하며, party나 gathering은 '사교적인 모임'을 의미합니다.

●약속의 목적
누구와 어디에서 무엇을 위해 만난 것인지 구체적인 상황을 설명해 줍니다. 무엇을 했는지에 대한 설명도 중요합니다.

◆약속 장소
한 곳에서만 머물 수 있지만, 다른 곳으로 장소를 이동을 할 수도 있습니다. 시간의 흐름에 따라, 장소의 변화에 따라 설명하고 끝은 소감으로 마무리합니다.

마지막으로 약속이 있었던 것은 지난 토요일이었습니다. 친구 중 한 명의 생일을 축하하기 위해 대학로 혜화역 근처에서 만났습니다. 우리가 예약해 두었던 중국 식당에 갔습니다. 식사하는 동안 우리는 다양한 얘기를 나눴습니다. 생일의 주인공이 맥주를 한잔 마시고 싶어 해서 맥줏집에 갔습니다. 우리는 생일 케이크로 친구를 놀라게 했습니다. 같이 좋은 시간을 보내서 모두가 좋았습니다.

MP3 319

2. What do you normally do when you make an appointment? What do you have to consider? Please tell me about the steps that you take for the appointment.

보통 약속을 할 때 당신은 무엇을 합니까? 무엇을 고려해야 합니까? 약속을 정하는 과정에 대해 말해 주세요.

■There are several things I keep in mind when I make an appointment. ●First, I call the other person and we check each other's schedule. Second, we decide when and where to meet. Third, we normally decide what to do. Next, I always confirm the appointment again before hanging up. Finally, I send a text message the night before the appointment to remind that person. ◆This way, I can keep my plans without much trouble.

■약속의 과정

약속은 두 사람 이상이 앞으로의 일을 미리 정하는 것입니다. 누군가를 만날 때는 시간과 장소를 정하는 등 일련의 과정이 필요합니다. 약속을 잡는 단계를 미리 준비해 두세요.

●단계별 설명

First(첫째), Second(둘째), Next, And then(그다음으로), Finally(마지막으로)의 순서로 약속을 정하고 만나기 전까지의 단계를 설명합니다. 샘플답변에 쓰인 동사들 check, decide, confirm, remind, keep 등은 약속을 하고, 지키는 과정을 표현하는 데 유용합니다.

◆마무리

단계별 설명 후에는 This way(이러한 방식으로)로 답변을 정리합니다.

약속을 정할 때 고려해야 할 것이 몇 가지 있습니다. 첫째, 상대방에게 전화해서 서로의 일정을 확인합니다. 둘째, 언제, 어디에서 만날 것인지 정합니다. 셋째, 보통은 무엇을 할지 정합니다. 다음으로, 저는 언제나 전화를 끊기 전에 다시 한 번 약속을 확인합니다. 마지막으로, 약속을 상기시키기 위해 전날 밤에 그 사람에게 문자를 보냅니다. 이렇게 하면 대부분 차질 없이 약속을 지킬 수가 있습니다.

PLUS

decide ~하기로 정하다
check, confirm (약속을) 확인하다
remind (약속을) 상기시키다
keep (약속을) 지키다

MP3 320

3. Have you ever experienced a situation in which you cancelled an appointment due to some unexpected matter? What happened? When did it happen? Please tell me about your experience from beginning to end.

예상하지 못했던 일 때문에 약속을 취소했던 경험이 있습니까? 어떤 일이었습니까? 언제 일어난 일입니까? 그 경험에 대해 처음부터 끝까지 자세히 말해 주세요.

■It was a few years ago. My whole family planned a trip to Jeju Island to celebrate my parents' wedding anniversary. ●But the day before the trip, there was an emergency situation at work and I could not join my family on the trip. My parents were very disappointed, but I had no choice but to cancel my airline ticket. ◆I couldn't go with my family, but fortunately, the situation at work was resolved. Also, I was glad that my parents and other family members made good memories on the trip.

몇 년 전의 일입니다. 가족 전체가 부모님의 결혼기념일을 축하하기 위해 제주도로 가족여행을 계획했습니다. 그런데 가족여행 전날 회사에 응급상황이 생겨서 저는 함께 여행을 가지 못하게 되었습니다. 부모님은 무척 실망하셨지만 저는 항공권을 취소할 수밖에 없었습니다. 가족과 함께 가지는 못했지만 다행히 회사 일은 해결되었습니다. 그리고 부모님과 가족들 모두 여행에서 즐거운 추억을 쌓아서 기뻤습니다.

■약속을 취소했던 경험

어떤 이유로 인해 약속을 지키지 못했던 경험에 대해서 물어보는 질문입니다. 먼저 어떤 약속이 있었는지를 말해 줍니다. 언제 있었던 일인지 정확한 일자를 말할 필요는 없습니다. 몇 년 전(a couple of years ago), 지난해(last year), 얼마 전(not long ago) 등으로 표현합니다.

●취소 이유

이유는 다양할 것입니다. 까맣게 잊어버렸다거나(completely forgot), 다른 일이 생겼다거나(something came up) 하는 일이 우리 생활에 비일비재합니다.

◆결론

약속을 지킬 수 없어서(cannot make it), 약속을 취소하거나(cancel), 미루거나(postpone), 다시 잡기(reschedule, rearrange)도 합니다.

• Ask me!

MP3 321

그동안 컴퓨터가 계속 질문했지만, 이제는 역으로 질문을 해달라는 요청을 받습니다. 주제별로 할 수 있는 질문을 미리 생각해 두세요. (컴퓨터는 응시자의 질문에 답변하지 않습니다)

Q. Sometimes, you have to make an appointment. I also make appointments when I need to. Ask me three or four questions about the steps of my making appointments.

때때로 당신은 약속을 만들 것입니다. 저 역시 필요할 때 약속을 만듭니다. 제가 약속을 만드는 과정에 대해 서너 가지 질문을 해보세요.

You make appointments as well. Let me ask you a few questions about that. ■What kind of appointments do you usually make? What is your first consideration when making an appointment? Do you confirm in advance before your appointment? What do you do when you need to cancel your appointment? ●I would appreciate if you could tell me about this.

■추가 질문

What was your most recent appointment? 가장 최근에 한 약속은 무엇입니까?

Is there anything particularly memorable about the appointment? 약속과 관련하여 특별히 기억에 남는 일이 있습니까?

●마무리

질문만으로 답변을 끝내지 말고 정중하게 마무리하세요.

당신도 약속을 만드시는군요. 그에 대해 몇 가지 질문을 하겠습니다. 주로 어떤 약속을 잡습니까? 약속을 할 때 가장 먼저 고려하는 것은 무엇입니까? 약속 전에 미리 확인을 합니까? 약속을 취소해야 할 때는 어떻게 하십니까? 이에 대해 말해 주시면 감사하겠습니다.

자주 쓰는 표현

OPIc 답변으로 유용한 표현들을 듣고, 나에게 필요한 것을 골라 큰 소리로 말해 보세요.

1. 만날 약속 MP3 322

- I **met up with** my friends in Hongdae.
  저는 홍대에서 친구와 만났습니다.
- We'd **made an appointment** a long time ago, but we only just met yesterday.
  우리는 오래 전에 약속을 정했지만 어제서야 만났습니다.
- Last week, I **had an appointment with** my coworker to talk about a project.
  지난주에 프로젝트에 대해 이야기하기 위해 직장 동료와 약속이 있었습니다.
- I **had an important dinner appointment** two days ago.
  이틀 전에 저는 중요한 저녁 약속이 있었습니다.
- My friend asked me unexpectedly if I was **available** to see her.
  제 친구가 만날 수 있냐고 저한테 갑자기 물었습니다.
- I found out later that I had to **go see my dentist** that day.
  그날 치과에 가야 한다는 것을 나중에야 알아차렸습니다.
- It was my parents' wedding anniversary, so we **had a family gathering.**
  부모님의 결혼기념일이어서 우리는 가족 모임을 가졌습니다.

I met up with __________ in __________.

2. 약속 잡기 MP3 323

- There are several things you should **keep in mind** when you make an appointment.
  약속을 잡을 때 고려해야 할 것이 몇 가지 있습니다.
- You should always **make an appointment beforehand.**
  항상 미리 약속을 정해야 합니다.
- You should not make an appointment you **can't keep.**
  지킬 수 없는 약속은 잡지 말아야 합니다.
- If there are any changes about the appointment, you have to **let the other person know.**
  약속에 변동 사항이 있으면, 꼭 상대방에게 알려야 합니다.
- You should **show up on time.**
  제시간에 시간에 맞춰 나와야 합니다.

You should always make an appointment __________.

3. 약속에 나가서 한 일 MP3 324

- My coworkers and I wanted to **grab a few beers** in the pub nearby our office.
  직장 동료와 저는 사무실 근처에 있는 술집에서 맥주를 한잔하고 싶었습니다.
- We **had been waiting for so long** for the movie, but we finally watched it.
  그 영화를 너무나 오랫동안 기다렸는데, 결국 우리는 그것을 봤습니다.
- I wanted to **prepare a great dinner** for my family so I cooked all day.
  저는 가족을 위해 근사한 저녁을 준비하고 싶어서 하루 종일 요리를 했습니다.
- We **talk about how we've been**, and **update each other on our lives.**
  어떻게 지냈는지 이야기하고, 서로의 일상에 대서 새로운 일들을 알립니다.
- When I meet my friends, we always **go to a cafe and shoot the breeze for hours.**
  친구를 만나면, 우리는 항상 카페에 가서 몇 시간 동안 수다를 떱니다.
- My family likes **eating out**, and we like to **try exotic foods.**
  저희 가족은 외식을 좋아하고 이국적인 음식을 먹어 보는 것을 좋아합니다.
- My friend wanted to buy some new clothes, so we **went shopping.**
  친구가 새 옷을 사고 싶어 해서 우리는 쇼핑을 갔습니다.
- The weather was nice, so we decided to **walk along** the Yangjae Stream.
  날씨가 너무 좋아서 우리는 양재천을 따라서 걷기로 했습니다.
- We don't like crowded places, so we prefer **going to the suburbs.**
  우리는 붐비는 곳을 싫어해서 교외로 나가는 것을 선호합니다.

We talk about ____________.

4. 약속 후의 소감 MP3 325

- I was **having so much fun** with my friends that I didn't **realize how much time had passed.**
  친구랑 즐거운 시간을 보내고 있었기 때문에 시간이 얼마나 빨리 갔는지 몰랐습니다.
- We **had a blast** at the party last night.
  어젯밤 우리는 파티에서 정말 즐거웠습니다.
- We don't **get to see each other** very often, so whenever we meet, **it always feels special.**
  우리는 서로 자주 못 보기 때문에 만날 때마다 특별하게 느껴집니다.
- I had to work until late, so I couldn't **keep my appointment.**
  저는 늦게까지 일을 해야 했기 때문에 약속을 지킬 수 없었습니다.
- I try not to **make formal dinner appointments** on weekends, because I want to enjoy my weekend.
  저는 주말을 즐기고 싶어서 주말에는 형식적인 저녁 약속은 하지 않으려고 합니다.

I was having so much fun with ____________.

UNIT 11 집안일

원어민 음성 바로듣기

기출문제

MP3 326

1. Tell me what you do to keep your home comfortable. What kind of housework do you do at home? How often do you do them? Tell me about it.
   집을 편안하게 하기 위해 무엇을 하는지 말해 주세요. 어떤 종류의 집안일을 하나요? 얼마나 자주 합니까?

■I work on weekdays, so I try to do housework all at once on weekends. ●When I do housework, I do laundry first and clean the whole house. I clean the living room and the bedroom first and then clean the bathroom. Then, I go to the kitchen. I do the dishes and clean the sink with detergent. Finally, I sort the recyclables and take out the garbage. ◆House chores are sometimes annoying and hard, but once I am done, I always feel refreshed.

저는 주중에 일을 하기 때문에 주말에 한꺼번에 집안일을 하려고 노력합니다. 집안일은 할 때는 먼저 빨래를 하고 집 청소를 합니다. 가장 먼저 거실과 침실을 청소하고, 그러고 나서 욕실을 청소합니다. 그런 후, 부엌으로 갑니다. 저는 설거지를 하고 싱크대를 세제로 깨끗이 닦습니다. 마지막으로 재활용을 하고 쓰레기를 밖으로 버립니다. 집안일은 할 때는 귀찮고 힘들 때도 있지만, 하고 나면 항상 기분이 상쾌합니다.

■집안일 하기
개인 주택이나 아파트에 거주하는 사람이면 누구나 집안일을 한다는 전제로 자주 출제되는 돌발주제입니다. 이전에는 설문 주제에 [집안일 거들기] 항목이 있었는데, 설문조사 항목이 바뀌면서 돌발주제로 출제되고 있습니다.

●순서대로 말하기
집안일에는 시간이 걸립니다. 집 안의 장소를 옮겨가면서 순서대로 말해 보세요. 샘플답변에서는 빨래를 돌리기 시작하여, 거실과 방→욕실→부엌으로 이동하고, 마지막은 쓰레기 버리기로 이어집니다.

◆느낌
집안일이 귀찮고 힘들지만 하고 나면 기분이 상쾌해진다는 건전한 대답을 준비해 보세요.

2. Do you share household chores between family members when doing housework? What is your responsibility and what are the other's chores? Tell me about it.
집안일을 할 때 가족끼리 집안일을 나누어 하나요? 당신이 맡은 책임이 무엇이고 다른 가족들은 어떤 일을 합니까?

■I think my family doesn't share house chores so fairly. ●Most of the housework is done by my mother, and other family members do housework only when my mother requests it. Mom alone does all the cooking and cleaning. After the meal, sometimes my brother and I do the dishes. ◆On weekends, my father tries to do some house chores, but my mom isn't really satisfied with how he does them, so she always cleans up again after him.

우리 가족은 집안일을 그렇게 공평하게 나누는 것 같지 않습니다. 대부분의 집안일은 어머니가 맡아서 하시고, 다른 가족들은 어머니가 요청하실 때만 집안일을 합니다. 어머니는 혼자서 모든 요리와 청소를 하십니다. 때로 식사 후 저나 동생이 설거지를 하기도 합니다. 주말에는 아버지가 집안일을 하려고 하는데, 어머니는 아버지가 하신 일을 그다지 만족하지 않으십니다. 그래서 항상 아버지를 따라 다니면서 다시 청소하십니다.

■집안일 분배
집안일은 가족 모두가 함께 살고 있는 집 안의 일이기 때문에 가족 구성원들이 각자 맡은 일이 있을 것입니다. 집안일을 공평하게(fairly) 나눈다면 좋겠지만 샘플답변은 그러지 못하는 상황으로 시작해 보았습니다.

●맡은 일
대부분의 집안일을 하는 사람이 누구인지부터 시작합니다. 샘플답변에서는 어머니라고 했지만, 혼자 살거나 부부가 산다면 본인이 가장 많은 일을 한다고도 말할 수 있을 것입니다.

◆평일과 주말
집안일은 평일이냐 주말이냐에 따라 일의 종류나 일하는 사람이 달라질 수 있습니다. 주말에 하는 집안일에 관한 이야기로 답변에 변화를 주는 것도 좋습니다.

PLUS

집안일
clean the rooms 방을 청소하다
vacuum the house 청소기를 돌리다
mop the floor 물걸레질을 하다
sweep the yard 마당을 쓸다
take out the garbage 쓰레기통을 비우다
separate trash 분리수거를 하다
do the laundry 빨래하다
clean the bathtub 욕조를 닦다
go grocery shopping 장을 보러 가다
cook, make food 요리하다
set the table 상을 차리다
do the dishes 설거지하다

3. Have you ever had a special experience or difficulty while doing housework? What happened? When did it happen? Please tell me about it.
집안일을 하다가 특별한 경험을 하거나 어려움을 겪은 적이 있습니까? 어떤 일이었습니까? 언제 일어난 일입니까?

■When I was younger, my family had a big house cleaning day two times a year and this day was one of them. We woke up early and each person started his or her job. ●However, my mother and father started arguing because she didn't like how he was doing his chores. My father got so mad and declared that he would never do house chores again. My mother was angry too, but my sister and I were trying to calm them down, and things were soon resolved. ◆My mother promised him no more nagging and my father promised to help her even more, and things got back to normal.

■어려웠던 경험
집안일이 별일 아닌 것 같아도 일이기 때문에 어려움은 발생합니다. 가족이라고 해도 청결함의 척도가 다르고 성향 차이가 있기 때문에 기분이 상하는 일이 생기기도 합니다.

●이야기 전개
어려웠던 경험에 대해 사건을 원인과 전개, 결과의 순서로 자세히 말합니다.

◆결론
사건이 해결이 되어 갈등이 해소되는 것으로 답변을 준비해 보세요.

어릴 적에 우리 가족은 일 년에 두 번 대청소의 날이 있었고, 그날도 그중의 하루였습니다. 우리는 일찍 일어나서 각자의 일을 시작했습니다. 그런데 엄마와 아빠가 말싸움을 하기 시작했습니다. 왜냐면 엄마는 아빠의 방식이 마음에 들지 않았기 때문입니다. 아버지도 결국에는 너무 화가 나서 다시는 집안일을 하지 않겠다고 선언했습니다. 엄마도 화가 났지만 저와 여동생은 부모님을 달래 주려고 노력했고, 곧 해결되었습니다. 엄마는 아빠에게 더 이상 잔소리를 하지 않겠다고 약속했고, 아빠는 엄마를 더 많이 돕겠다고 약속하면서 평상시로 돌아갔습니다.

Ask me!

MP3 329

그동안 컴퓨터가 계속 질문했지만, 이제는 역으로 질문을 해달라는 요청을 받습니다. 주제별로 할 수 있는 질문을 미리 생각해 두세요. (컴퓨터는 응시자의 질문에 답변하지 않습니다)

Q. You probably do house chores. I also do house chores. Ask me three or four questions about it.
당신은 집안일을 할 것입니다. 저 역시 집안일을 합니다. 저에게 이에 대해 서너 가지 질문해 보세요.

You do house chores. I also do house chores as much as I can. Let me ask you a couple of things about your housework. ■When do you usually do housework? I mostly do it on weekends, and how about you? In what order do you usually do house chores? Could you tell me the first and last chores you do? ●I think your answers will be interesting. Thank you.

■추가 질문
How do you feel after doing house work? 집안일을 하고 나면 어떤 느낌인가요?
Do you share housework with family members? If so, what is your part? 당신은 집안일을 가족끼리 분담해서 합니까? 그렇다면 당신의 역할은 무엇인가요?

●마무리
흥미로운(interesting) 답변일 것 같다는 말로 마무리합니다.

당신은 집안일을 하시는군요. 저 역시 가능한 한 집안일을 합니다. 당신이 하는 집안 일에 대해 몇 가지만 물어보겠습니다. 집안일은 주로 언제 하나요? 저는 주말에 몰아서 한꺼번에 하는데 당신은 어떤가요? 집안일을 할 때는 주로 어떤 순서로 하나요? 처음에 하는 집안일과 마지막에 하는 집안일을 말씀해 주시겠어요? 흥미로운 답변일 것 같습니다. 감사합니다.

• 자주 쓰는 표현

OPIc 답변으로 유용한 표현들을 듣고, 나에게 필요한 것을 골라 큰 소리로 말해 보세요.

1. 세탁 MP3 330

- I usually **do the laundry** once or twice a week, mostly on weekends.
  빨래는 일주일에 한두 번, 주로 주말에 몰아서 합니다.
- I **wash** white clothes and colored clothes **separately.**
  저는 흰 옷과 색깔 옷을 분리하여 빨래를 합니다.
- I **wash** my underwear **by hand.**
  저는 속옷은 손빨래를 합니다.
- Before doing the laundry, I **remove the dirt and stains** by hand washing first.
  빨래를 하기 전에 먼저 손빨래로 얼룩과 때를 제거합니다.
- Many people who live alone like me **use a coin laundry.**
  요새는 저처럼 혼자 사는 사람이 많아서 셀프세탁소를 이용하는 사람이 많습니다.
- I **take** my coats **to a dry cleaner.**
  코트는 드라이클리닝을 맡깁니다.

I usually do the laundry ____________ a week.

2. 집 안 청소 MP3 331

- I **clean** the living room and the bedroom first, and then clean the bathroom.
  저는 거실과 침대 방을 먼저 청소하고 그다음에 화장실을 청소합니다.
- I first **put things in their place**, and then **do the vacuum cleaning.**
  먼저 물건들을 제자리에 정리하고 그다음에 청소기를 돌립니다.
- I clean the floor with a vacuum cleaner, and then **wipe the floor with a rag.**
  바닥을 청소기로 청소하고 그다음에 걸레로 닦습니다.
- When cleaning the bathroom, I use strong detergent to **remove odors and stains.**
  화장실을 청소할 때는 강한 세제를 써서 냄새와 찌든 때를 제거합니다.
- I **collect** paper, plastics, and plastic bags **separately** and put them in separate recycling bins.
  종이와 플라스틱, 비닐봉지를 따로 모아 분리수거통에 넣습니다.
- I can **take out garbage bags** on any day, but only in the afternoon.
  쓰레기봉투는 어느 날이라도 버릴 수 있지만 오후 시간에만 버릴 수 있습니다.

I clean ____________ first and then clean ____________.

3. 주방 청소 MP3 332

- I **do the dishes** right after the meal.
  식사가 끝나면 바로 설거지를 합니다.
- I **use a dishwasher** to do the dishes all at once.
  식기세척기를 이용해서 한꺼번에 설거지를 합니다.
- After cooking, I always **wipe down the gas stove.**
  요리를 하고 나면 항상 가스레인지를 닦습니다.
- After doing the dishes, I clean the sink **with detergent**.
  설거지를 하고 나면 싱크대를 세제로 닦습니다.

I ____________ the dishes right after the meal.

4. 집안일 분담 MP3 333

- My family tries to **distribute house chores equally**.
  우리 가족은 집안일을 공평하게 분배해서 하려고 노력합니다.
- I think my family doesn't **share house chores** so **fairly**.
  우리는 집안일을 그렇게 공평하게 나누는 것 같지는 않습니다.
- My family has a basic principle that each member cleans their own room and does their own laundry.
  우리 가족은 각자의 방은 스스로 청소하고 자기 빨래는 자기가 하는 걸 기본 원칙으로 합니다.
- My father seems to **do more housework than** my mother.
  어머니보다 아버지께서 더 많이 집안일을 하시는 것 같습니다.
- My parents are busy, so my sister and I **do most of the housework**.
  부모님이 바쁘시기 때문에 누나와 제가 대부분의 집안일을 합니다.

____________ tries to distribute house chores equally.

5. 느낌 MP3 334

- House chores are sometimes **annoying** and **hard** but once I am done, I feel **refreshed.**
  집안일은 때로는 귀찮고 힘들지만, 하고 나면 기분이 상쾌합니다.
- I clean my house when I am stressed, and after cleaning, I feel much **more relaxed.**
  저는 스트레스가 심할 때 집 안을 청소하는데, 그러고 나면 마음이 풀어진 걸 느낍니다.
- Doing house chores is **a must**, so if I do not do it, I **feel uneasy**.
  집안일은 꼭 해야 할 일이기 때문에 안 하면 마음이 불편합니다.

House chores are sometimes ____________ but once I am done, I feel ____________.

UNIT 12 호텔

원어민 음성 바로듣기

기출문제

MP3 335

1. What types of hotels do you have in your country? Where are they normally located? Are there any unique things about a hotel in your country? Tell me about it.
당신의 나라에는 어떤 유형의 호텔이 있습니까? 호텔들은 주로 어디에 위치하고 있습니까? 당신의 나라의 호텔에는 독특한 점이 있습니까?

■There are many kinds of hotels in our country. There are many business hotels in the city for business travelers. There are various sizes of hotels located near famous attractions. Big hotels are top-class hotels, mostly run by large corporations. The smaller ones are run by individuals with their own characteristics. ●If you are looking for a unique hotel in Korea, I can recommend Hanok hotels. The Hanok hotel is based on the shape of traditional Korean houses and is favored by foreigners.

우리나라에는 다양한 종류의 호텔이 있습니다. 도심에는 비즈니스 여행자들을 위한 비즈니스 호텔들이 많이 있습니다. 유명 관광지에는 다양한 크기의 호텔들이 위치합니다. 큰 호텔들은 대부분 대기업에서 운영하는 최고급 호텔입니다. 각기 나름대로의 특징을 가진 개인이 운영하는 작은 호텔들도 있습니다. 한국만의 독특한 호텔을 찾는다면 한옥 호텔을 추천할 수 있겠습니다. 한옥 호텔은 한국의 전통가옥 기반인 호텔로 외국인들이 매우 좋아합니다.

■**우리나라의 호텔**
호텔은 여행 경험과 더불어 출제되기도 하는 돌발주제입니다. 누구나 호텔을 이용해 본 경험이 있다는 전제하에서 출제되는 문제이므로 일반적인 사실을 위주로 답변을 준비해 보세요.

●**호텔 종류**
숙박시설(accommodation)을 지칭하는 표현들을 미리 확인해 두세요. 한국 고유의 전통 가옥을 본떠 만든 한옥 호텔에 설명을 덧붙이면 특색이 있는 답변이 되겠습니다.

PLUS

숙박시설
hostel 호스텔
motel 모텔
inn 여인숙, 여관
business hotel 비즈니스 호텔
resort hotel 리조트 호텔
airport hotel 공항 호텔
guest house 게스트 하우스
Hanok hotel 한옥 호텔

MP3 336

2. Describe the last hotel you stayed in. Where was it? What did the room look like? Describe the inside and outside of a hotel you have recently stayed in.

최근에 머물렀던 호텔에 대해 묘사해 주세요. 어디였나요? 방은 어떤 모습이었나요? 당신이 최근에 머물렀던 호텔의 내부와 외부에 대해 설명해 주세요.

■I recently stayed at Lucky Hotel when my family traveled together. The hotel was located by the ocean, so there was a nice outdoor garden where you could walk by the ocean. The hotel was a five star hotel, which is the top class hotel in size and facilities. ●There were luxurious chandeliers and comfortable sofas in the hotel lobby. ◆The room we stayed in was also a nice room with a beautiful ocean view. There were beds, a table, a sofa and a refrigerator in the room. I remember that everything in the hotel was perfectly designed for guests to relax in.

제가 최근에 머물렀던 호텔은 가족들과 여행을 가서 머물렀던 Lucky 호텔입니다. 호텔이 바닷가에 위치해서 바다를 보며 걸을 수 있는 멋진 야외 정원이 있었습니다. 호텔은 5성급 호텔로, 규모나 시설이 최상급이었습니다. 호텔 로비에는 고급스런 샹들리에와 편안한 소파가 있었습니다. 우리가 머물렀던 방 역시 바다 전망의 멋진 방이었습니다. 방 안에는 침대와 테이블, 소파, 냉장고가 있었습니다. 제 기억엔 호텔의 모든 것이 손님이 편안하게 쉴 수 있도록 완벽하게 디자인되어 있었습니다.

■호텔 묘사

호텔 묘사는 내 방 묘사하기와 건물 묘사하기의 결합으로 보시면 되겠습니다. 즉 호텔 건물의 외형과 내형을 묘사하면 됩니다. 관광지라면 주변 자연 경관을, 도시라면 주변 편의 시설을 이야기할 수 있을 것입니다.

●호텔 로비

화려한 호텔 로비에 대해 묘사해 보세요. luxurious(화려한), gorgeous(멋진), colorful(화려한) 같은 표현을 쓸 수 있습니다.

◆호텔 시설

front desk(프런트 데스크), lobby(로비), lounge(라운지, 휴게실), suite(스위트룸), annex(별관), revolving door(회전문), hotel safe(소지품 보관함), banquet hall(연회장), hotel gym(헬스장) 등 호텔 시설은 우리가 자주 쓰는 영어 표현들이 많습니다.

PLUS

호텔 직원

receptionist, concierge 안내직원
porter 짐꾼
bellhop 벨보이
housekeeper 방 청소 담당자

MP3 337

3. Do you have memorable memories related to the hotel? What happened? When did it happen? Please tell us about it from start to finish.

호텔과 관련하여 기억에 남는 일이 있습니까? 어떤 일이 있었습니까? 언제 일어난 일입니까? 그 일에 대해 처음부터 끝까지 자세히 말해 주세요.

■It was a few years ago. My friend and I went to Japan and stayed at a hotel. The problem was that we didn't speak Japanese at all and the staff didn't speak English very well. ●We ordered room service for dinner, but the food that arrived was not what we ordered. We realized that we hadn't communicated with them well and tried to order again, but it was not easy. ◆In the end, we decided to eat the food we had received and then swore we'd learn some Japanese.

■경험 말하기
과거 경험과 관련된 답변은 항상 과거 시제를 씁니다. 언제, 어디에서 겪은 일인지로 이야기를 시작합니다. The problem was that을 이용해 화제를 꺼내 보세요.

●호텔에서 있었던 일
호텔에서 우리는 여러 가지 서비스를 이용할 수 있습니다. 하지만 뭔가 문제가 있어서 서비스를 제대로 받지 못했다면 아쉬운 기억으로 남을 있을 수 있습니다. 반대로, 예상하지 못한 혜택을 받거나 서비스를 누릴 수 있어서 좋았던 기억에 대해 말할 수 있습니다.

◆마무리
마지막에는 이야기를 정리하는 표현 In the end(결국)로 마무리해 보세요.

몇 년 전의 일입니다. 저는 친구와 일본 여행을 가서 호텔에 머물렀습니다. 문제는 저와 제 친구는 일본어를 전혀 할 줄 몰랐고 직원들도 영어를 그렇게 잘 하지 못했습니다. 우리가 저녁 식사로 룸서비스를 요청했는데, 막상 도착한 음식은 우리가 주문한 음식이 아니었습니다. 서로 의사소통이 안 되었음을 느끼고 다시 주문하려고 했지만 쉽지 않았습니다. 결국 저희는 받은 음식을 그대로 먹기로 하고 일본어 공부를 하기로 약속했습니다.

PLUS

호텔 이용하기
check-in 체크인을 하다
check-out 체크아웃을 하다
pay an extra charge 별도 요금을 내다
ask for a wake-up call 모닝콜을 요청하다
provide free laundry service 무료 세탁 서비스를 제공하다

Ask me!

MP3 338

그동안 컴퓨터가 계속 질문했지만, 이제는 역으로 질문을 해달라는 요청을 받습니다. 주제별로 할 수 있는 질문을 미리 생각해 두세요. (컴퓨터는 응시자의 질문에 답변하지 않습니다)

Q. You probably have used a hotel before. I use a hotel occasionally when I need to. Ask me three or four questions about this.

당신은 호텔을 이용해 본 경험이 있을 겁니다. 저도 필요할 때 가끔 호텔을 이용합니다. 저에게 이에 대해 서너 가지 질문을 해보세요.

■I enjoy having a pajama party with my friends in a hotel room once in a while. Have you ever had such an experience? ●If not, when do you usually use the hotel? What kind of hotels do you have in your country? What kind of hotels do you prefer? What do you think is the most inconvenient thing about staying at a hotel? I am curious about your answer. Thank you.

■답변 시작하기

자신의 경험을 말하고 상대에게도 그런 경험이 있었는지(Have you ever had ~?)를 물으면서 질문을 시작합니다.

●추가 질문

What was the last hotel you stayed at? 가장 최근에 머물렀던 호텔은 어디입니까?

Are there any special considerations when you choose a hotel? 호텔을 고를 때 특별히 고려하는 점이 있습니까?

저는 친구들과 한 번씩 호텔에서 파자마 파티를 합니다. 당신도 그런 경험이 있습니까? 그렇지 않으면 주로 어느 때 호텔을 이용합니까? 당신 나라의 호텔에는 어떤 종류가 있습니까? 당신이 선호하는 호텔 종류는 뭔가요? 호텔에서 머무는 데 불편한 점은 무엇이라고 생각합니까? 답변이 궁금하네요. 감사합니다.

자주 쓰는 표현

OPIc 답변으로 유용한 표현들을 듣고, 나에게 필요한 것을 골라 큰 소리로 말해 보세요.

1. 호텔 MP3 339

- The hotel **accommodates** 100 guests at once.
  호텔은 100명의 고객을 한 번에 머물 수 있습니다.
- The hotel is a **five-star hotel**, which is the **top class hotel** in size and facilities.
  호텔은 5성급 호텔로 규모나 시설이 최상급 호텔입니다.
- The hotel we stayed at is a **resort hotel**, and many families stay there.
  저희가 머물렀던 호텔은 리조트 호텔로, 가족 단위 여행객들이 그곳에 머뭅니다.
- Most business hotels **have a laundry service** and I always use it when I am **on a business trip**.
  대부분의 비즈니스 호텔은 세탁 서비스를 하고 저는 출장 중일 때 항상 이 서비스를 이용합니다.
- The business hotel **offers a variety of facilities** for business travelers.
  비즈니스 호텔은 출장 온 사람들을 위한 각종 편의시설을 제공합니다.
- I have never used a hotel as I always **stay in a guest house or a pension** when traveling.
  저는 여행할 때 항상 게스트 하우스나 팬션에서 지내지, 호텔을 이용해 본 적은 없습니다.
- The reception staff in the lobby **kindly welcomes guests**.
  로비의 직원들은 친절하게 손님들을 접대합니다.
- I wanted to **keep my valuables in the hotel safe**, so I asked the concierge for this service.
  저는 귀중품을 소지품 보관함에 보관하고 싶어서 관리자에게 이 서비스를 요청했습니다.

The hotel we stayed at is a(n) ___________.

2. 호텔 이용 MP3 340

- I **stayed overnight** at the hotel.
  호텔에서 1박을 했습니다.
- I **check in** at the front desk first.
  먼저 프런트 데스크에서 체크인을 합니다.
- There was no room **available** at that time.
  그 당시엔 숙박 가능한 방이 없었습니다.
- There was no **extra charge** for breakfast.
  아침 식사로 별도 요금은 없었습니다.
- I always **ask** them to give me **a wake-up-call**.
  저는 언제나 모닝콜을 해 달라고 요청합니다.
- I asked for a '**Do Not Disturb**' sign.
  저는 '방해하지 마세요' 사인을 요청했습니다.

I stayed ___________ at the hotel.

3. 좋았던 경험 MP3 341

- **It was hard** because of the tight schedule, but it was very nice to be able to **relax at the hotel.**
  일정이 빡빡해서 힘들었는데 호텔에서 푹 쉴 수 있어서 좋았습니다.
- **It was nice** to be able to spend time with my family at a hotel **with a wonderful view.**
  멋진 전망이 있는 호텔에서 가족들과 시간을 보낼 수 있어서 좋았습니다.
- I **felt refreshed** when I left home to travel and relax at a hotel.
  집을 떠나서 여행하고 호텔에서 편안히 쉬었다 와서 재충전된 기분이었습니다.
- It was my first time staying in a hotel and it was **a memorable experience.**
  그것은 생애 처음으로 호텔에서 지냈던 일이고, 기억에 남은 경험이었습니다.
- I had a very **relaxing time** because the hotel was very clean and cozy.
  호텔이 굉장히 깨끗하고 안락해서 매우 편안했던 시간이었습니다.
- I was **surprised** that they didn't **take tips.**
  그들이 팁을 받지 않아서 놀랐습니다.

It was nice to be able to spend time with ____________ at a hotel with ____________.

4. 좋지 않은 경험 MP3 342

- I booked a nice hotel room in a resort for a wedding anniversary but **there was no reservation** under my name when we arrived.
  결혼기념일을 위해 휴양지의 멋진 호텔을 예약했는데 도착해 보니 제 이름으로 예약이 없었습니다.
- I was angry because the actual hotel room was **totally different from the online pictures.**
  인터넷 사진들과 실제 호텔 방이 완전히 달라서 화가 났었습니다.
- It was very uncomfortable since the staff at the hotel **could not speak English at all.**
  호텔 직원들이 영어를 전혀 하지 못해서 너무 불편했습니다.
- When checking out, I **had an argument with hotel staff** because of extra charges.
  체크아웃할 때 추가 요금이 나와서 호텔 직원과 언쟁을 했습니다.
- I **locked myself out.**
  (방에 열쇠를 두고 나와서) 방에 들어갈 수 없었습니다.
- When we arrived at the hotel, we **were not pleased** because the room we booked was too small.
  호텔에 도착했을 때 우리가 예약한 방이 너무 작아서 기분이 나빴습니다.

I booked ____________ for ____________.

MEMO

global21.co.kr

여러분의 목표 등급 달성을 응원합니다!